दीप त्रिवेदी | मशहूर वक्ता

दीप त्रिवेदी सायको-स्पीरिच्युअल कॉन्टेंट, आवाज, भाषा और एक्सप्रेशन का ऐसा मिश्रण प्रस्तुत करते हैं जिससे उन्हें देखने और सुनने वालों में तत्काल परिवर्तन आता है। लाखों लोग सिर्फ उन्हें सुनने-मात्र से परिवर्तित हो चुके हैं।

दीप त्रिवेदी जीवन से जुड़े हर विषय पर प्रकाश डालते हैं। उनके द्वारा लोगों के रोजमर्रा के जीवन की समस्याओं पर करी गई इंटरैक्टिव वर्कशॉप्स ने सभी के जीवन में क्रांतिकारी ट्रांसफॉर्मेशन लाया है। जीवन का ऐसा कोई पहलू नहीं है जिसे उन्होंने न छूआ हो। वे विभिन्न विषयों पर बोल चुके हैं जैसे भगवद्‌गीता, ताओ-ते-चिंग, अष्टावक्र गीता, कुदरत के रहस्य, मन के रहस्य, आत्मा के रहस्य, भाग्य के रहस्य, इत्यादि, और:

- **प्रकृति के नियम**
- **टाइम एण्ड स्पेस**
- **धर्म**
- **डीएनए-जीन्स**
- **जीवन की राह**
- **डे-स्लीप**
- **मन और बुद्धि**
- **व्यक्तित्व**
- **हीनता**
- **डर**
- **गिल्ट**
- **इन्वोल्वमेंट**
- **पक्षपात**
- **अपेक्षा**
- **स्वीकार्यशक्ति**
- **नेचरल इंटेलिजेंस**
- **ट्रान्स्फर्मेशन**
- **विवाह**
- **स्वतंत्रता**
- **भविष्य**
- **हिपोक्रेसी**
- **क्रिएटिविटी**
- **कोन्सन्ट्रेशन**
- **सुख और सफलता**
- **समृद्धि**
- **अच्छा-बुरा**
- **भगवान**
- **अहंकार**
- **क्रोध**
- **सेल्फ-कॉन्फिडेंस**
- **प्रेम**
- **कन्फ्यूजन**

लेखक की कलम से...

मन के बारे में जानना-समझना कौन नहीं चाहता? यह मनुष्य का मन ही है जो उसे चौबीसों घंटे चलाता रहता है। मन के आगे मनुष्य की एक नहीं चलती। परंतु जो लोग समझदारीपूर्वक मन के मालिक हो जाते हैं, वे जीवन में आनंद और सफलता के शिखर छूते चले जाते हैं। हालांकि यह संख्या हजारों में एक है।

मेरा यह पुस्तक लिखने का एक ही मकसद है कि मन के मालिक बढ़ाये जाएं, ताकि सफल और आनंदित लोगों की तादाद बढ़ सके। क्योंकि मन का सीधा गणित है: यदि वह आपका मालिक है तो जीवन में उपद्रव मचा देता है। और यदि वह मनुष्य के नियंत्रण में आ जाए तो यही मन एक-से-एक अद्‌भुत शक्तियों के चमत्कारिक केन्द्रों का स्वरूप धारण कर लेता है।

यहां सबसे बड़ी बात तो यह कि साधारण मनुष्य को ''मन और बुद्धि'' का फर्क भी नहीं मालूम होता है। जबकि वास्तव में दोनों के कार्यक्षेत्र व कार्यप्रणालियां सर्वथा भिन्न होती हैं। लेकिन इनका फर्क न जानने के कारण प्राय: हर मनुष्य के जीवन में ये दोनों एक-दूसरे के कार्यक्षेत्र में दखलंदाजी करते रहते हैं। और सच कहा जाए तो मनुष्यों के जीवन के इस हाल हेतु इस दखलंदाजी का बहुत बड़ा हाथ है।

सो, मैंने इस पुस्तक में कई रोचक कहानियों, चुटकुलों और दृष्टांतों के साथ मन और बुद्धि के फर्क को तथा मन की कार्यप्रणालियों और उनसे निपटने के उपायों की बड़ी ही सरल भाषा में खुलकर चर्चा की है। मुझे उम्मीद है कि यह पुस्तक आपके जीवन को नई दिशा देने में अवश्य सफल होगी। और इसी उम्मीद के साथ मैं यह पुस्तक आपको अर्पित करता हूँ।

दीप त्रिवेदी

दीप त्रिवेदी

दीप त्रिवेदी एक प्रसिद्ध लेखक, वक्ता और स्पीरिच्युअल सायको-डाइनैमिक्स के पायनियर हैं जो एक व्यापक दृष्टिकोण से ना सिर्फ लिखते हैं, बल्कि विभिन्न विषयों पर वर्कशॉप्स भी कंडक्ट करते हैं। इनकी सबसे बड़ी विशेषता यह है कि इन्हें पढ़ने व सुनने-मात्र से मनुष्य में आमूल सकारात्मक परिवर्तन आ जाता है। वे अपने कार्यों द्वारा आजतक लाखों लोगों को सुख और सफलता के मार्ग पर लगा चुके हैं।

दीप त्रिवेदी ने अपने इन कार्यों द्वारा प्रकृति, उसके नियम, उसका आचरण, उसकी सायकोलॉजी और उसके मनुष्यजीवन पर पड़नेवाले प्रभाव को बड़ी ही गहराई से समझाया है। जीवन का ऐसा कोई पहलू नहीं है जिसे उन्होंने न छूआ हो। वे कहते हैं कि सायकोलॉजी के बाबत कम ज्ञान और कम समझ होना ही मनुष्यजीवन के तमाम दुःखों और असफलताओं का मूल कारण है।

वे बेस्टसेलर्स 'मैं मन हूँ', 'मैं कृष्ण हूँ', '101 सदाबहार कहानियां', 'आप और आपका आत्मा' तथा '3 आसान स्टेप्स में जीवन को जीतो' समेत कई अन्य किताबें लिख चुके हैं। उनके द्वारा लिखी गई बेस्टसेलिंग किताब, 'मैं मन हूँ' कई राष्ट्रीय एवं अंतर्राष्ट्रीय भाषाओं में प्रकाशित हो चुकी हैं। समाज में उनके असीमित योगदान के लिए दीप त्रिवेदी को साल 2018 के Times Power Men Award से सम्मानित किया गया है।

मनुष्यजीवन की गहरे-से-गहरी सायकोलॉजी पर उनकी पकड़ का अंदाजा इसी बात से लगाया जा सकता है कि मनुष्यजीवन और 'भगवद्गीता' पर

सर्वाधिक वर्कशॉप्स कंडक्ट करने का रेकॉर्ड उन्हीं के नाम पर है जिसमें उन्होंने 58 दिनों में गीता पर 168 घंटे, 28 मिनट और 50 सेकंड तक एक लंबी चर्चा करी है। इसके अलावा अष्टावक्र गीता और ताओ-ते-चिंग पर भी सर्वाधिक वर्कशॉप्स कंडक्ट करने का रेकॉर्ड उन्हीं के नाम पर दर्ज है। ये सारे रेकॉर्ड्स राष्ट्रीय एवं अंतर्राष्ट्रीय रेकॉर्ड बुक्स में दर्ज हैं। साथ ही मनुष्य के जीवन, सायकोलॉजी, आत्मा, प्रकृति के नियम, भाग्य तथा अन्य विषयों पर सर्वाधिक (लगभग 12038) कोटेशन लिखने का रेकॉर्ड भी उन्हीं के नाम दर्ज है। भगवद्गीता पर उन्हें उनके सायकोलॉजिकल कार्यों के लिए ऑनरेरी डॉक्टरेट की उपाधि भी प्रदान की गई है। उनके द्वारा लोगों के रोजमर्रा के जीवन की समस्याओं पर करी गई इंटरैक्टिव वर्कशॉप्स ने सभी के जीवन में क्रांतिकारी ट्रांसफॉर्मेशन लाया है। ये तमाम वर्कशॉप्स भारत में लाइव ऑडियन्स के सामने आयोजित किये गए हैं।

दीप त्रिवेदी की खास बात यह है कि वे जीवन के गहरे-से-गहरे पहलुओं को छूते हैं और उन्हें सरलतम भाषा में लोगों के सामने प्रस्तुत करते हैं जिससे कन्फ्यूजन की कहीं कोई गुंजाइश ही नहीं बचती है। वे अपनी किताबें और वर्कशॉप्स में जिस अनोखी स्पीरिच्युअल-सायकोलॉजिकल भाषा और एक्सप्रेशन का इस्तेमाल करते हैं उससे उन्हें पढ़ने तथा सुनने वालों में उसका तात्कालिक प्रभाव भी होने लगता है और यही बात उन्हें इस क्षेत्र का पायनियर बनाती है।

दीप त्रिवेदी के बारे में और अधिक जानने के लिए विजिट करें:

www.deeptrivedi.com

अनुक्रमणिका

आठवां संस्करण : 2022
मूल्य : ₹299/-

भारत में मुद्रित

संकल्पना, चित्रण व साज-सज्जा :

www.aatmaninnovations.com

प्रकाशक : आत्मन इनोवेशन्स् प्रा. लि.
प्रकाशन का स्थान : मुंबई

ISBN 978-81-926690-3-8

मेरा परिचय

मैं मन हूँ। मेरा अस्तित्व उतना ही पुराना है जितना कि यह ब्रह्मांड। और मनुष्य के अस्तित्व से लेकर उसके जीवन के तमाम उतार-चढ़ावों तक का मैं ही एक 'साक्षी' हूँ। या यह कहूं कि एक मेरे कारण ही यह मनुष्य अस्तित्व में है, तो भी गलत नहीं होगा। हर मनुष्य चौबीसों घंटे मुझसे ही चलायमान है। उसके जीवन के तमाम उतार-चढ़ाव, उसकी तमाम सफलता-असफलता या उसके सारे सुख-दुःखों का मैं ही सबसे महत्वपूर्ण और मूलभूत कारण हूँ। मजा यह कि अपने अस्तित्व के इतने वर्षों बाद भी यह मनुष्य 'मेरे-बाबत' पूरी तरह अनजान है। और सच कहूं तो यही उसके तमाम दुःखों व उसकी तमाम असफलताओं का मूल कारण है। आज इतने वर्षों बाद मेरी करुणा ही मुझे अपने अस्तित्व, अपनी

कार्यप्रणाली तथा अपने प्रभावों के बाबत चर्चा करने को मजबूर कर रही है। लेकिन ऐसी कोई भी चर्चा छेड़ने से पूर्व मैं एक अति-सोचनीय विषय की ओर आपका ध्यान आकर्षित करना चाहता हूँ।

सोचो, मनुष्य-जीवन का ध्येय क्या है? एक वाक्य में कहूं तो शायद ''आनंद और सफलता''। निश्चित ही मैंने भी देखा है और आपने भी गौर किया होगा कि हर कोई अपनी ओर से आनंद व सफलता पाने के प्रयास में चौबीसों घंटे लगा ही रहता है। और ऐसा आज से नहीं, मनुष्य अस्तित्व में आया तब से चला आ रहा है। यहां यह भी स्वीकारना होगा कि हर बीतते युग के साथ मनुष्य की बुद्धि का विकास ही हुआ है। और यह मैं ऐसे ही नहीं कह रहा, अपना जीवन संवारने हेतु उसके लगातार किये प्रयासों के परिणाम हमारी आंखों के सामने है ही। पेट भरने के लिए जंगली फल-फूल व कच्चे मांस खानेवाले मनुष्यों ने आज खान-पान की लाखों स्वादिष्ट व पौष्टिक बानगियां ईजाद कर ली हैं। जंगलों में रहकर हर ऋतु का कोप भोगनेवाले मनुष्यों ने आज धूप व ठंड से पूरी तरह रक्षा करने में समर्थ घरों का निर्माण कर लिया है। वहीं पेड़ के पत्ते पहनकर घूमनेवाले इस मनुष्य ने आज अपनी सुंदरता निखारने हेतु हजारों तरीके के रंगबिरंगी पोशाकों का निर्माण भी कर ही लिया है।

यही क्यों, अकेले-अकेले व सिर्फ अपने लिए जीनेवाले मनुष्य ने समाज तथा सामाजिक सोच का भी विकास किया है। आज अपने अथक प्रयासों से उसने पूरी धरती को एक कर दिया है। और इसका सबसे बड़ा परिणाम तो यह आया है कि आज का मनुष्य अब सिर्फ अपनी ही नहीं, पूरी मनुष्यता की भी चिंता करने लगा है। आज करोड़ों मनुष्य व लाखों समाजसेवी संस्थाएं मनुष्यों के उद्धार हेतु लगी हुई हैं। हजारों-लाखों अनाथालय से लेकर विकलांग-गृह व अस्पताल से लेकर बाल क्रीड़ा केन्द्र तक बनाए गए हैं। मनुष्य के साथ अन्याय न हो, इसलिए कानून व न्यायालय भी बनाए गए हैं। साथ ही मनुष्य सुखी व आनंदित रहे, इस हेतु अनेक धर्मों व धर्मग्रंथों की भी रचनाएं की गई हैं। मनुष्य की मान्यता के अनुसार तो इस धरती पर उसके उद्धार हेतु हजारों अवतारी पुरुष व भगवान भी आए हैं, और उनकी सोच सही मानें तो जरूरत पड़ने पर आगे भी आते ही रहेंगे। यही क्यों, मनुष्य के उद्धार हेतु हजारों विधियां व पूजाएं भी दुनिया-भर के धर्मों और उनके धर्मगुरुओं ने सुझाई ही हैं। और इधर मनुष्य तो हर हाल में अपना उद्धार चाहता ही हैः सो देखते-ही-देखते आज की पूरी मनुष्यता धार्मिक व पूजा-पाठ करनेवाली हो गई है।

और यह कम पड़ रहा था तो विज्ञान ने मनुष्य को सुखी व आनंदित करने का बीड़ा उठा लिया। फिर तो मनुष्य-जाति के इतिहास के श्रेष्ठ बुद्धिमानों की फौज ही इसमें

लग गई। उन्होंने वह क्रांति ला दी कि जहां आज से सिर्फ दो सौ वर्ष पूर्व तक दस में से करीब पांच बच्चे पैदा होते ही मर जाते थे, वहीं देखते-ही-देखते विज्ञान ने यह संख्या दो प्रतिशत के करीब पहुंचा दी है। मनुष्य के बेहतर स्वास्थ्य के लिए ना सिर्फ ब्लड-टेस्ट खोजा गया, बल्कि उसकी अधिकांश बीमारियों का इलाज भी खोज लिया गया। यही नहीं, हार्ट से लेकर नी-ट्रांसप्लांट तक की बड़ी सर्जरी भी विज्ञान ने आसान व आम कर दी। एक तरीके से विज्ञान के इन प्रयासों ने पूरा-का-पूरा मनुष्य-जीवन ही बदलकर रख दिया।

हालांकि विज्ञान भी विज्ञान है। उसने ना सिर्फ मनुष्य की लंबी उम्र व स्वास्थ्य तथा स्फूर्ति की ही चिंता की: बल्कि इससे आगे बढ़कर उसके आराम, वैभव व प्रगति की भी उसने बड़ी चिंता की। उसके आराम हेतु उसने अच्छे घरों के साथ-साथ एअर कंडीशनर, कार तथा लिफ्ट जैसी लाखों वस्तुओं का आविष्कार किया। मनुष्य के आनंद व वैभव हेतु विज्ञान ने टीवी, डीवीडी तथा मूवीज वगैरह की खोज की। वहीं उसे प्रगति की राह पर लगाने हेतु संचार के क्षेत्र में तो उसने क्रांति ही ला दी। हवाईजहाज व रेडियो से लेकर उसने मोबाइल फोन्स तक का आविष्कार किया। एक तरीके से तो विज्ञान ने पूरी दुनिया को मनुष्य की पहुंच के भीतर ला दिया। और यह विज्ञान का ही प्रताप है कि अब बच्चों को बचपन से ही शिक्षित भी किया जाने लगा है। निश्चित ही यह भी इसी उम्मीद के साथ कि इससे वे अपना जीवन सुख, सफलता और आनंद से भर सकेंगे। मैं यानी 'मन' मनुष्य के अपने जीवनोद्धार के लिए किये इन सारे प्रयासों की सराहना करता हूँ। मानता हूँ कि धर्म, समाज, विज्ञान व शिक्षा ने अपनी ओर से मनुष्य का जीवन सुख, शांति व आनंद से भर देने हेतु जोरदार प्रयास किए हैं। पर यहां विनम्रता से मैं आपका ध्यान इस ओर आकर्षित करना चाहता हूँ कि क्या परिणाम में सचमुच मनुष्य के जीवन में सुख, शांति व आनंद आ गए हैं? ...मुझे तो नहीं लगता।

मैं तो आज भी मनुष्य के जीवन में क्रोध, अहंकार, दुःख, असफलता, चिंता, तनाव, बोरियत, हिंसा सब का वैसा-का-वैसा ही साम्राज्य देखता हूँ जैसा कि आदिकाल में था। और आप अपने स्वयं पर व आसपास वालों पर निष्पक्षता से गौर करेंगे तो हर दूसरे-तीसरे जीवन में यही सत्य पाएंगे।

और यह वाकई बड़ी दुःखद बात है। लाखों वर्षों के इतने प्रयास के बाद भी यदि मनुष्य दुःख और चिंताओं से इस कदर घिरा हुआ है तो फिर अब इस तथ्य से ज्यादा दिनों तक आंख नहीं फेरी जा सकती है। वैभव व प्रगति के इतने शिखर छूने के बाद भी यदि मनुष्य मर-मरकर ही जी रहा है तो यह सचमुच बड़ा निंदनीय है। अब चाहे जो हो, पर हकीकत यही है। और इस हकीकत पर गौर करने से यह सवाल उठना भी लाजिमी ही है कि क्या चाहे जो करो मनुष्य-जीवन में दुःख ही हैं? ...तो क्या धर्म, विज्ञान व समाज मनुष्य को सुखी करने में पूरी तरह से असफल हो गए हैं? निश्चित ही यह सोचने वाली बात है कि कुदरत की सबसे अद्‌भुत रचना ''मनुष्य''...क्या दुःख, अशांति व चिंता भोगने ही संसार में आता है? नहीं, यह तो संभव ही नहीं। सुखी, सफल व आनंदित होना मनुष्य का एकाधिकार है। कुदरती तौर पर इस अनुभव की किसी और के पास कोई सत्ता नहीं।

चलो यह भी मान लिया; फिर हम सुखी क्यों नहीं हो पाते हैं? गड़बड़ कहां है? शास्त्रों में या भगवान में? विज्ञान में या समाज में? ...या फिर हमारे होने के ढंग में?

...अभी बताता हूँ। दरअसल मनुष्य के भीतर उठने वाले इन सारे भावों का ताल्लुक सिर्फ 'मन' यानी मुझसे है। और गौर से समझा जाए तो मनुष्य के पूरे जीवन की बागडोर उसके भावों के अधीन है। और इस लिहाज से देखा जाए तो मैं सीधे तौर पर मनुष्य-जीवन की परम-सत्ता हुआ कि नहीं? हुआ ही। क्योंकि इसका सीधा अर्थ यह हुआ कि आनंद व सफलता का अनुभव भी मनुष्य मेरे कारण करता है, और दुःख व असफलता भी उसके जीवन में एक मेरे ही कारण आते हैं। इन सबका धर्म, विज्ञान, समाज या शिक्षा से कोई सीधा ताल्लुक नहीं बैठता। यहां सबसे ज्यादा आश्चर्य में डालने वाली बात तो यह है कि मनुष्य ने चारों दिशाओं से अपने उत्थान हेतु तमाम प्रयास किए, परंतु अपने मन की कार्यप्रणाली या उसकी सत्ता को ठीक से पहचानने के कोई विशेष प्रयास उसने कभी नहीं किए। और यहां यह स्पष्ट कर दूं कि मुझे समझे बगैर तथा मेरी शक्तियों का ठीक से उपयोग किए बगैर यह मनुष्य ना तो कभी सुखी व शांत हो सकता है, और ना कभी सफल व आनंदित ही हो सकता है। हालांकि मैं यह भी नहीं कह रहा कि मुझे जानने, समझने व समझाने के प्रयास बिल्कुल नहीं हुए; जरूर हुए, पर वे सारे आधे-अधूरे और उपरा-ऊपरी

ही साबित हुए। अतः आज मेरी करुणा मेरे बारे में सबकुछ विस्तार से बताने को उकसा रही है ताकि भविष्य का मनुष्य सुखी व आनंदित हो सके।

और अपने इस प्रयास की शुरुआत मैं आपके ही युग के एक महान वैज्ञानिक एडीसन के जीवन के एक दृष्टांत से करता हूँ। आप शायद जानते ही होंगे कि एडीसन को पृथ्वी प्रकाशमय करने हेतु एक फाइबर खोजना था जिससे बल्ब जल उठे। उन्होंने प्रयोग प्रारंभ किया और एक के बाद एक फाइबर का उपयोग करते चले गए। जो-जो फाइबर नाकाम होते गए, उन-उन को वे ''बल्ब नहीं जल सकता'' की सूची में शामिल करते चले गए। और अंततः छः हजार से ऊपर फाइबर आजमाने के बाद उन्होंने वह ''कार्बन-फिलामेंट'' खोज ही निकाला जिसने बल्ब को प्रकाशमान कर दिया।

ठीक इसी तर्ज पर आप भी अपना जीवन रोशनी से भर देना चाहते हैं, और उस हेतु युगों से अनेक फाइबर रूपी उपाय आप भी आजमाते ही आ रहे हैं; परंतु बात फिर भी नहीं बन रही। ...क्यों? क्योंकि जो फाइबर आपके जीवन को जगमगाने में एक नहीं हजार बार नाकाम हो चुके हैं; ...आप फिर-फिर वे ही फाइबर आजमाते चले जा रहे हैं। वे ही मंदिर, मस्जिद और चर्च तथा वे ही पूजा-पाठ। वे ही बुद्धि पर भरोसा और वे ही शिक्षाएं। वही सामाजिक परंपराएं और वही धर्मशास्त्र। वो ही किस्से-कहानियां, वो ही सिद्धांत और वे ही तमाम घिसे-पिटे सबक। लेकिन इतना नहीं समझ पा रहे हैं कि ये सब एक नहीं हजार बार आजमाने के बावजूद आप अपना जीवन खुशियों से भरने में नाकाम रहे हैं। खैर, अब वक्त आ चुका है जब आपको कुछ नया समझना व करना ही होगा। आखिर आप मनुष्य हैं, कभी-न-कभी तो आपको इस सिलसिले का अंत लाना ही होगा। और इस सिलसिले का अंत मुझे भलीभांति समझे बगैर संभव नहीं। आप यह तय जान लें कि मेरे ''शक्ति-रूपी फिलामेंट'' का उपयोग किए बगैर आपका जीवन रोशन होनेवाला नहीं। सो, आज इस हेतु मैं स्वयं आपकी सहायता को आया हूँ, ताकि अपनी संरचना और कार्यप्रणाली के बाबत आपको विस्तार से बता सकूं।

मेरा अस्तित्व

यदि मैं अपने बारे में यानी आपके मन के बारे में कुछ कहूं तो मैं सारे मनुष्यों में समान रूप से उपस्थित हूँ। और थोड़ी समझ बढ़ाएंगे तो पाएंगे कि मनुष्य-जीवन की पूरी बागडोर ही मेरे हाथों में है। वहीं यदि प्रभाव की बात करूं तो इस मनुष्य-जीवन का कोई पहलू मुझसे अछूता नहीं। और मेरी कार्यप्रणाली की चर्चा करूं तो वह इतनी तो कोम्प्लीकेटेड है कि मेरे बाबत आपको कुछ भी समझाना इतना आसान नहीं। क्योंकि आपका सबकुछ मैं होते हुए भी आपके लिए तो बिल्कुल अनजाना विषय हूँ। मुझे समझने व पकड़ने में बड़े-से-बड़े बुद्धिमानों ने मुंह की खाई है। अतः सर्वप्रथम मैं आपको अपने अस्तित्व के बाबत बताना चाहूंगा। क्योंकि सबसे बड़ी बात तो यह है कि इतनी प्रगति कर लेने के बावजूद विज्ञान पूरी तरह से मेरे अस्तित्व को लेकर भ्रमित है।

हालांकि इसका भी एक बुनियादी कारण है। दरअसल विज्ञान ''दृश्यमान'' वस्तुओं के निरीक्षण-परीक्षण कर उनकी कार्यप्रणाली खोजने का नाम है। विज्ञान वस्तुओं के मिलन और टकराव से होने वाले परिणामों की खोज का नाम है। और इसे मैं अपनी भाषा में कहूं तो विज्ञान टाइम और स्पेस के भीतर की वस्तुओं की कार्यप्रणाली खोजने का नाम है। जो वस्तु प्रयोगशाला के टेबल पर नहीं आती; विज्ञान उसके अस्तित्व को नहीं मानता। ...उसे मानना चाहिए भी नहीं। क्योंकि उसका ''अदृश्य'' पर यह अविश्वास ही उसकी सारी प्रगति का राज है। विज्ञान प्रगति कर ही इस आधार पर रहा है कि अपने अथक प्रयासों से एक दिन वह सबकुछ जान लेगा। विज्ञान टिका ही इस विश्वास पर है कि एक दिन ऐसा आएगा जब इस संसार में कुछ भी रहस्य नहीं रह जाएगा। निश्चित ही विज्ञान के विश्वास व प्रयासों की सराहना की जानी चाहिए। अपनी इसी दृढ़ता के बल पर उसने ना सिर्फ चांद और मंगल तक अपने कदम फैला लिए हैं, बल्कि ''ब्लैक होल'' भी खोज निकाला है; तथा बिग-बैंग थियरी पर भी प्रयोग कर डाले हैं। यही नहीं, उसने तो अब बिग बैंग थियरी पर आधारित लार्ज हैड्रॉन कोलाइडर जैसे प्रयोग प्रारंभ कर दिए हैं।

खैर! मैं वापस अपने अस्तित्व पर लौट आऊं तो विज्ञान के प्रयास और उसका विश्वास अपनी जगह है, परंतु हकीकत यह है कि संसार के रहस्य तो बहुत दूर की बात है; दरअसल विज्ञान मेरे अस्तित्व तक भी नहीं पहुंच सकता। क्योंकि मैं अपनी तमाम तरंगों, भावों व शक्तियों के साथ हर मनुष्य की नाभि में अपने कोम्पलीकेटेड मैकेनिज्म के साथ मौजूद तो हूँ परंतु टाइम और स्पेस के दायरे से पूर्णतः मुक्त हूँ। यानी यदि विज्ञान की भाषा में कहूं तो मेरा आपके शरीर में कोई भौतिक अस्तित्व नहीं है। और यही कारण है कि विज्ञान ने मेरे अस्तित्व को कभी नहीं स्वीकारा है। और इसी के फलस्वरूप उसने हमेशा ब्रेन को ही मनुष्य का प्रमुख केन्द्र माना है। लेकिन मैं यहां स्पष्ट कर दूं कि ब्रेन आपके जीवन को सिर्फ दस प्रतिशत ही प्रभावित कर रहा है। आपके बाकी जीवन पर पूरा-का-पूरा प्रभाव सिर्फ मेरा है। हालांकि मैं आपको आपके मन और बुद्धि का फर्क आगे समय आने पर बताऊंगा। अभी तो मैं आपको अपनी उपस्थिति तथा मेरे विज्ञान की पहुंच के बाहर होने वाली बात विस्तार से बताता हूँ।

और इस बात को प्रारंभ करते हुए यदि मैं अपनी एकदम सरल पहचान दूं तो मैं आपके अच्छे-बुरे भावों, तथा बुद्धि से हजारों-लाखों गुना परिणामकारी कई शक्तियों का मिला-जुला एक केन्द्र हूँ। और चूंकि विज्ञान की भाषा में "मैं" स्वयं अदृश्य हूँ...इसलिए मेरे सारे भाव व मेरी तमाम शक्तियां भी अदृश्य हैं। सुख, दुःख, ईर्ष्या, पछतावा, क्रोध, चिंता, व्यथा, मस्ती, मूड; ये सारे भाव मेरे ही द्वारा उत्पन्न हैं और इन जैसे अनगिनत भावों को आप एक मेरे ही कारण भोगने को बाध्य भी हैं। अब गौर से समझो तो मनुष्य इन झेलते भावों के अलावा है क्या? भावों की इस आवन-जावन के अलावा उसके जीवन की दूसरी वास्तविकता ही क्या है? वह ऐसा एक पल नहीं गुजारता जब वह किसी अच्छे या बुरे भावों में न जी रहा हो। और-तो-और, जब वह कुछ नहीं कर रहा होता है तो 'बोर' होने की मनोदशा में ही जी लेता है। ...यानी आपका जीवन मैं, मैं और सिर्फ मैं हूँ।

अब सवाल यह कि विज्ञान तो मेरे अस्तित्व को मानता नहीं। सत्य यह भी है कि पिछले पांच सौ वर्षों में जो वैज्ञानिक हुए हैं, उनसे ज्यादा बुद्धिमान मनुष्य एकसाथ इस संसार में कभी पैदा नहीं हुए। इन्कार मैं उनकी भावनाओं से भी नहीं करता; निश्चित ही उन्होंने मनुष्य के सुख-शांति और प्रगति की बड़ी चिंता की है। वे यह भी जानते हैं कि तमाम शारीरिक कष्ट मनुष्य-जीवन को नर्क बना देते हैं। उन्हें यह आभास भी है ही कि सुख और शांति ही मनुष्य की प्रमुख चाह है। लेकिन दिक्कत यह आई कि विज्ञान ने अपनी सीमित समझ से मनुष्य के सुख व शांति का ताल्लुक उसकी प्रगति तथा उसके आराम व मनोरंजन से बिठा दिया। फिर तो विज्ञान ने वह प्रगति की कि आराम, वैभव व मनोरंजन

की एक-से-एक साधन-सामग्रियों की खोजकर ली। और निश्चित ही उसने ये सारे प्रयास मनुष्य का जीवनस्तर सुधारने हेतु ही किए। यह भी मानना ही होगा कि प्रगति, आराम, मस्ती, आनंद, मनोरंजन वगैरह मनुष्य-जीवन की परम आवश्यकता है। निश्चित ही इन सबने मनुष्य का जीवनस्तर कहां-से-कहां पहुंचा भी दिया है। फिर भी सामने विज्ञान को यह बात तो माननी ही होगी कि इन सबका भी मनुष्य के जीवन पर असर उपरा-ऊपरी ही हुआ है। आपको भी अनुभव है ही कि विज्ञान के खोजे वैभव के कैसे भी उपकरणों का दायरा मनुष्य के शारीरिक सुखों से ऊपर नहीं उठ पाया है। ...मानसिक रूप से तो मनुष्य इन सारे वैभवों के बावजूद दुःख, चिंता व क्रोध से घिरा ही रहा है।

और जब वैभव के इन तमाम तरीकों से बात बनती नहीं दिखी तो विज्ञान ने 'ब्रेन' की कार्यप्रणाली पर प्रयोग करने प्रारंभ किए। उसने यह खोजने के प्रयास किए कि चिंता में 'ब्रेन' कौन-सा केमिकल छोड़ता है, और कौन-सी ग्लैंड कौन-सा रस छोड़ती है। इन सब में उसे आंशिक सफलता भी मिली। इससे विज्ञान ने तारण यह निकाला कि 'ब्रेन' द्वारा यह केमिकल छोड़ने पर मनुष्य को इन-इन भावों के झटके सहने पड़ते हैं। और जल्दबाजी में उसने यह तारण भी निकाल लिया कि मनुष्य के तमाम भावों के उतार-चढ़ाव के पीछे 'ब्रेन' ही है। पर यहां मैं यह स्पष्ट कर दूं कि विज्ञान का यह तारण कतई सही नहीं है। क्योंकि भाव मैं भेजता हूँ और 'ब्रेन' उस पर सिर्फ अपनी प्रतिक्रिया देता है। अब इन प्रतिक्रियाओं की विज्ञान कितनी ही एनालिसिस कर ले, लेकिन उससे बहुत कुछ उसके हाथ आने वाला नहीं। क्योंकि वह कभी कोई ऐसी दवाई या ऐसा इंजेक्शन नहीं खोज पानेवाला जिससे 'ब्रेन' अमुक केमिकल छोड़ना ही बंद कर दे, या उसके बाद मनुष्य को चिंता पकड़े ही नहीं।

खैर! आगे जब इससे भी बात नहीं बनी तो विज्ञान ने डीएनए और जीन्स भी खोज लिए। निश्चित ही उसकी इस खोज हेतु विज्ञान को सौ-सौ सलाम। विज्ञान की यह एक ऐसी उपलब्धि है जिसने मनुष्य से संबंधित कई रहस्यों पर से परदा उठा दिया। लेकिन फिर भी दुःख या चिंता के तल पर बात वहीं-की-वहीं रह गई। क्योंकि डीएनए तथा जीन्स मनुष्य की शारीरिक बनावट, उसकी उम्र, उसकी त्वचा का कलर वगैरह के बाबत तो सबकुछ तय कर सकते हैं...परंतु उसकी चिंता, व्यथा या क्रोध वगैरह पर वे अपना कोई भी प्रभाव बनाने में असमर्थ हैं। हालांकि इस संदर्भ में एकबार फिर विज्ञान को सलाम करना ही होगा कि उसने डीएनए तथा जीन्स की डिकोडिंग और री-इंजीनियरिंग तक पर भी कार्य चालू कर दिया। निश्चित ही ये सारे विज्ञान के छुए वे शिखर हैं जिसकी जितनी तारीफ की जाए, कम है। लेकिन सवाल यह कि इन सबसे भी हासिल क्या हो रहा है?

मनुष्य की कुछ बीमारियां हमेशा के लिए दूर हो गई, उसकी उम्र बढ़ गई; परंतु उसके द्वारा सहे जा रहे भावों के उतार-चढ़ावों का क्या? ...यानी कुल-मिलाकर विज्ञान के इन सारे प्रयासों का ताल्लुक भी मनुष्य के केवल उम्र या स्वास्थ्य से ही बिठाया जा सकता है, मन में उठ रहे भावों तक इनकी कोई पहुंच नहीं।

आप कहेंगे, यह सब तुम अपने-आप ही कहे जा रहे हो...पर हम कैसे विश्वास करें? मैं जानता हूँ कि मैं अपने बाबत छाये रहस्य पर से परदा इस वैज्ञानिक युग में उठा रहा हूँ; अतः मैं जो कुछ भी कहूंगा, मुझे सिद्ध भी करना ही पड़ेगा। और मैं उस तैयारी से ही आपके सामने आया हूँ। लेकिन यहां दिक्कत यह कि चूंकि मेरा कोई भौतिक अस्तित्व नहीं है, अतः मेरे बाबत विज्ञान की प्रयोगशाला में तो मैं कुछ सिद्ध करने से रहा। यूं भी यदि मैं टाइम और स्पेस के भीतर होता तो विज्ञान कबका मेरी एनालिसिस कर मनुष्य के जीवन से चिंता व क्रोध गायब कर चुका होता। परंतु इसका अर्थ यह नहीं कि मैं किसी भी लैब में सिद्ध नहीं होता। 'मनुष्य' मेरी जीती-जागती लेबोरेटरी है। जो कोई थोड़ी भी बुद्धि लगाएगा, उसे मेरे अस्तित्व को पहचानने में जरा भी देर नहीं लगेगी। ...बस आप मेरी कही बातों को अपने भीतर महसूस करना प्रारंभ करें। क्योंकि मेरा अस्तित्व भी आपके भीतर है और मेरी लेबोरेटरी भी आपका एहसास ही है।

खैर, अब इसी संदर्भ में मैं अपनी बात आगे बढ़ाता हूँ। आप यह तो मानेंगे कि विज्ञान ने शरीर संबंधित अधिकांश खोजबीन कर ली है। विज्ञान खून की चन्द बून्दों से आपके शरीर के कौन-से अंग में क्या गड़बड़ है; यह बताने में सक्षम हो गया है। यह भी मानना ही होगा कि उन गड़बड़ियों को दूर करने हेतु विज्ञान तमाम प्रकार की दवाइयों का निर्माण भी कर ही चुका है। यही क्यों, अब तो आपके शरीर का इलाज करने हेतु वह अनेकों प्रकार की सर्जरी करने में भी समर्थ हो चुका है। लेकिन इन सबके बावजूद विज्ञान की मजबूरी तो देखो कि भले ही वह मेरे अस्तित्व से इन्कार करे, परंतु मेरे सारे भावों को तो उसे भी स्वीकारना ही पड़ता है। दुःख-सुख हो या चिंता, उसके अनुभव खुद वैज्ञानिकों को भी होते ही हैं। क्या यह हास्यास्पद नहीं है कि एकतरफ विज्ञान अदृश्य से इन्कार करता है, और दूसरी तरफ वैज्ञानिक स्वयं अदृश्य भावों को रोज-रोज झेल रहे हैं। सो, आज नहीं तो कल विज्ञान को अदृश्य के अस्तित्व को स्वीकारना ही होगा। आखिर जो है उससे विज्ञान भी कब तक मुंह फेर पाएगा? भले ही अदृश्य का सिद्धांत विज्ञान के सिद्धांत से मेल न खा रहा हो, परंतु एक-न-एक दिन तो वैज्ञानिकों को भी मेरे अदृश्य भावों को ''अदृश्य'' के रूप में पहचानना ही होगा। क्योंकि अपने तमाम प्रयासों के बाद भी विज्ञान कभी उन्हें आपके शरीर में नहीं खोज पाएगा।

आप स्वयं अपनी बुद्धि से सोचें कि क्या विज्ञान कभी कोई ऐसा टेस्ट खोज पाएगा जिससे कोलेस्ट्रोल या ब्लड सूगर की ही तरह वह यह बता सके कि किस व्यक्ति के चिंता का लेवल क्या है? क्या कभी कोई ऐसा थर्मामीटर विज्ञान बना पाएगा जिससे क्रोध बोर्डर लाइन को क्रॉस कर गया है या नहीं; यह जाना जा सके? क्या विज्ञान कभी ब्लड प्रेशर या यूरिक एसिड की गोलियों की तरह मनुष्य के भय या असुरक्षा को नियंत्रित करने की गोलियां खोज पाएगा? क्या वह किसी के जीन्स या डीएनए से यह बता पाएगा कि इसके जीवन में कितनी चिंताएं व कितनी परेशानियां आनेवाली हैं? क्या विज्ञान कभी ऑपरेशन कर मनुष्य के भीतर छिपे दुःख को सदैव के लिए निकाल बाहर फेंक सकेगा? ...सवाल ही नहीं उठता। क्योंकि यह सब टाइम और स्पेस के बाहर की दुनिया की बात है, और विज्ञान की उस तक कोई पहुंच नहीं।

अतः पहले आप बुद्धिमत्तापूर्वक मेरे इस अदृश्य अस्तित्व को तथा मेरी अदृश्य दुनिया को पहचानें। उसके बाद निश्चित ही मेरे साथ प्रयोग कर आप अपने चिंता व दुःख से हमेशा के लिए छुटकारा पा सकते हैं। आनंद व सफलता आपका भाग्य हो सकता है यदि आप अपने में स्थित मुझे ठीक-ठीक पहचानने में सफल हो जाएं। कुल-मिलाकर आपका जीवन एक सुखदायी यात्रा हो सकता है, यदि आप मेरे साथ प्रयोग करने की प्रज्ञा हासिल कर लें।

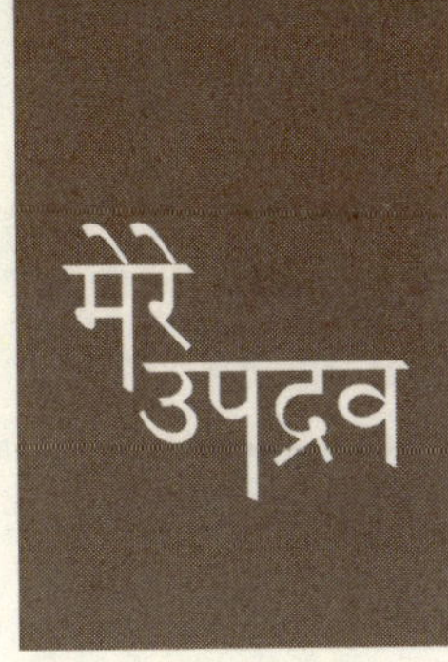

मेरे उपद्रव

अब इससे पहले कि मैं अपनी कार्यप्रणाली, अपने तौर-तरीकों और अपनी शक्तियों का विस्तार से वर्णन करूं, आपको अपने उपद्रवों के बारे में कुछ बताना चाहता हूँ। यूं तो मेरे उपद्रवों से आप लोग ना सिर्फ वाकिफ हैं, बल्कि काफी हद तक परेशान भी हैं। और चूंकि उनसे किसी-न-किसी परिप्रेक्ष्य में आपका पाला रोज पड़ता ही रहता है, अतः उनको महसूस करना आपके लिए कोई मुश्किल कार्य नहीं। ...अब सोचो यह कि क्या आपमें से कोई स्वयं को मूर्ख साबित करना या अपना अहित करना चाहता है? नहीं... तो क्या इतना सोचने-मात्र से आपकी मूर्खताओं पर लगाम कस जाती है? क्या आपकी चाह से आप अपने हित की रक्षा कर पाते हैं? नहीं। ...क्योंकि आप यह सब बुद्धि से सोचते हैं, जबकि ये सारे उपद्रव मेरी गहराइयों से निकलते हैं।

चलो, अपनी इस बात को मैं एक उदाहरण से समझाने की कोशिश करता हूँ। एकबार एक बाईस वर्षीय नवयुवक बगीचे में आराम से बैठा हुआ था। बड़ी ही शांत मनोदशा में वह विराजमान था। तभी उसका एक मजाक करने का आदी मित्र टहलते-टहलते वहां आ टपका। शायद उससे मित्र की शांत मनोदशा देखी नहीं गई। वह दूर से ही दौड़ता हुआ मित्र के पास आया और बड़ी गंभीरतापूर्वक शरारत करते हुए बोल पड़ा- अरे, तुम यहां बैठे हो और वहां तुम्हारी पत्नी किसी के साथ घूमने गयी हुई है। बस यह सुनते ही उसने अपना पारा खो दिया और उसके मुंह से अनायास ही निकल गया- जिंदा नहीं छोडूंगा कुलटा को। अभी बोलते तो बोल पड़ा पर दूसरे ही क्षण उसे ध्यान आया कि मेरी तो अभी शादी ही नहीं हुई है। ...लेकिन अब बहुत देर हो चुकी थी। मूर्खता का प्रदर्शन तो हो ही चुका था।

अब आप उसकी हालत पर हंस सकते हैं। उसका मजाक भी उड़ा सकते हैं। पर ऐसा ही कुछ सबके साथ अक्सर घटता ही रहता है। हालांकि इनके कारणों पर मैं चर्चा आगे करूंगा, अभी तो मैं "मेरे" द्वारा किए जानेवाले उपद्रवों के आपके जीवन पर पड़नेवाले प्रभाव की ही चर्चा कर रहा हूँ। और उस बाबत यह स्पष्ट समझ लें कि चूंकि आप मेरी कार्यप्रणाली से पूरी तरह अनजान हैं, इसलिए रोज-रोज मेरे उपद्रवों के शिकार होते रहते

हैं। ...चलो, मेरी इसी बात को मैं एक और उदाहरण से समझाने का प्रयास करता हूँ। दो दोस्त थे। बड़ी अच्छी मित्रता थी उनमें। एक साधारण घर का युवक था और दूसरा पैसेवाले घर का लड़का था। हालांकि धन का यह फासला दोनों की मित्रता में कोई बाधा न था। लेकिन मेरे होते-सोते वह भी कब तक? एक दिन ऐसा हुआ कि गरीब दोस्त को स्कूटर की आवश्यकता पड़ी। घर पे कुछ मेहमान आने वाले थे, सो उसे सामान वगैरह लाने की जल्दी थी। उधर उसके अमीर दोस्त के पास स्कूटर था ही, बस उसने उससे एक दिन के लिए स्कूटर मांगना तय किया। और तय करते ही वह उसके पास स्कूटर मांगने चल पड़ा। अभी वह कुछ ही कदम चला था कि उसके मन ने एक विचार पकड़ा, कहीं ऐसा तो नहीं कि वह ना कह दे। फिर तुरंत दूसरा विचार आया कि ऐसा थोड़े ही है, इतने सालों की दोस्ती में मैंने कभी उससे कुछ नहीं मांगा है, भला दोस्ती में वह एक स्कूटर के लिए इन्कार थोड़े ही करेगा। परंतु मैं तो मैं हूँ- स्वभाव से ही उपद्रवी। बस पकड़ा दिया दूसरा विचार। वह फिर सोच में पड़ गया-वह जरूर मना करेगा। वह दिखता है इतना सीधा थोड़े ही है। वह जरूर बहाना बनाएगा कि उसमें पेट्रोल नहीं है। कोई बात नहीं, मैं भी कह दूंगा कि ला चाबी, पेट्रोल मैं भरवा लूंगा।

बस इसी सोच के साथ वह फिर विश्वास से भर गया। लेकिन अभी दो कदम ही चला था कि उसके मन ने एक नया उपद्रव पकड़ लिया। ...वह स्कूटर नहीं देने के हजार बहाने खोजेगा, उसकी दोस्ती-यारी सब ऊपरी ही है। वह तो यही कह देगा कि स्कूटर का टायर ही खराब है। या कहेगा आज मेरे घर पे भी कुछ मेहमान आए हैं; सो आज तो स्कूटर देना संभव नहीं। बस इतना सोचते-सोचते उसे क्रोध आ गया। ...और उसी दरम्यान वह दोस्त के घर भी पहुंच गया। पहुंचते ही उसी क्रोधित अवस्था में उसने घंटी बजाई। दरवाजा दोस्त ने ही खोला। वह क्रोध में तो था ही; बस दोस्त के प्रकट होते ही चिल्ला पड़ा-भाड़ में जाओ तुम और तुम्हारा स्कूटर। बहुत देख लिए पैसे वाले, तुम लोग कभी किसी के मित्र हो ही नहीं सकते। जाओ, आज से तुम्हारी-मेरी दोस्ती खत्म। बेचारा दोस्त तो हक्का-बक्का रह गया। उसे बात ही समझ नहीं आई। कौन-सा स्कूटर और कहां के अमीर? ...पर उधर उसका गरीब दोस्त अपनी भड़ास निकालकर चलता बना।

कहने का तात्पर्य मैं उटपटांग तरंगें पैदा करने की फैक्ट्री हूँ। और मुझ पर कोई नियंत्रण न होने की वजह से अधिकांश मनुष्य मेरा उपद्रव सहने को मजबूर हैं। न चाहते हुए भी उनसे पागलपन हो ही जाता है। ...लाख ना चाहते हुए भी मेरे उपद्रवों के कारण सबके आपसी रिश्ते बिगड़ ही जाते हैं। यानी कुल-मिलाकर कहूं तो सबकुछ ठीक होते हुए भी एक मेरे कारण ही मनुष्य नित नई-नई मुसीबतों में फंसता रहता है।

लो, इसी बात पर आपको एक और रसप्रद वाकया सुनाता हूँ। करीब दो सौ वर्ष पुरानी यह बात है। एक छोटा-सा गांव था जिसमें अकरम व सलमान नामक दो युवकों की दोस्ती काफी मशहूर थी। दोनों की उम्र करीब पन्द्रह-सोलह वर्ष थी। पिछले दस वर्षों से दोनों का पढ़ना, खाना-पीना, घूमना सब साथ-साथ ही होता था। दोनों में एकबार भी कभी कोई अनबन नहीं हुई थी। लेकिन अचानक एक दिन दोनों में बहुत बड़ा झगड़ा हो गया और देखते-ही-देखते बात इतनी बढ़ गई कि दोनों ने एक-दूसरे को लहूलुहान कर दिया। यह तो अच्छा हुआ कि तभी कुछ गांववालों का उधर से गुजरना हो गया और उन्होंने दोनों को छुड़वा दिया। लेकिन बात तो गंभीर स्वरूप ले ही चुकी थी, सो सभी ने पकड़कर उन्हें पंचायत के सामने पेश कर दिया। उधर पूरा मामला सुन तथा उनकी हालत देख पूरी पंचायत हतप्रभ् रह गई। वहीं दूसरी ओर इस खबर को पूरे गांव में फैलते भी देर न लगी। बात ही आश्चर्य में डालने वाली थी - दो अभिन्न-मित्रों ने एक-दूसरे को लहूलुहान कर दिया। जिसने सुना, वही पंचायत की ओर दौड़ पड़ा।

उधर हतप्रभ् पंचायत ने दोनों से पूछा कि तुम दोनों ने एक-दूसरे का यह हाल क्यों किया? पर दोनों चुप। कहें तो क्या कहें? पंचायत ने अपना यह सवाल दो-तीन बार दोहराया, परंतु दोनों फिर भी चुप। ...आखिर जब सख्ती से पूछा गया तो दोनों एक-दूसरे से बात बताने को कहने लगे। कमाल था, मारपीट करते शरम नहीं आई थी, पर अब बताने में शरम आ रही थी।

इस पर पंचायत ने कड़क आवाज में सलमान से पूरी बात बताने को कहा। बेचारा बड़ा शरमाते हुए बोला- बात यह हुई कि हमदोनों एक पेड़ के नीचे शांति से बैठे हुए थे। ऐसे ही कुछ यहां-वहां की बातें कर रहे थे। तभी बात-बात में मैंने अकरम से कहा कि मैं सोचता हूँ कि आखिर हम कितने दिन मां-बाप के पैसों पे पलेंगे? क्यों न कुछ व्यवसाय कर अपनी स्कूल की फीस व जेबखर्च स्वयं कमाने की कोशिश करें?

पंचायत को कुछ समझ ही नहीं आया क्योंकि यह तो अच्छी बात हुई; फिर इसमें झगड़े की बात कहां से आई? ...पूछने पर सलमान ने बात आगे बढ़ाते हुए कहा- दरअसल मेरा प्रस्ताव सुनते ही अकरम ने भी हां-में-हां मिलाई, उसने तो यहां तक कहा कि तुमने तो मेरे मुंह की बात ही छीन ली। ...बस इसी तरह बात आगे बढ़ती रही। फिर कुछ सोच-विचार कर मैंने कहा कि मैं सोच रहा हूँ कि दो भैंस ही खरीद लूं। दो-तीन घंटे का काम है- उनका दूध दूहूंगा व बेचूंगा। इस पर अकरम बोला कि मैं भी सोच रहा हूँ कि कोई छोटा-सा खेत खरीद लूं। तीन-चार घंटे की मेहनत में इतना तो उग ही जाएगा कि स्कूल की फीस व जेबखर्च निकल आए। उसकी यह बात सुनते ही मेरे मुंह से निकल गया कि यह तो और भी अच्छी बात हुई। मुझे अपनी भैंसों को चारा चराने कहीं दूर नहीं

ले जाना पड़ेगा। मैं उन्हें चारा चराने तुम्हारे ही खेतों में ले आया करूंगा। बस मेरे इतना कहते ही उसने बड़ी कड़क आवाज में इसका विरोध किया। उसने स्पष्ट कहा कि खबरदार जो तुम्हारी भैंसे मेरे खेत में घुसी। यह सुन मैं भी ताव खा गया और तुरंत बुलंद आवाज में कहा- वे चारा चरने तो तुम्हारे ही खेत में आएगी। मेरे मुख से ऐसा सुन वह बुरी तरह भन्ना गया और उसने धमकी ही दे डाली कि मेरे खेत में तुम्हारी भैंसें घुसी तो उनकी टांगें तोड़ दूंगा। यह सुन मैं भी बुरी तरह क्रोध से भर गया। मैंने चेताते हुए कहा कि मेरी भैंसों को हाथ भी लगाया तो तुम्हारा सर फोड़ दूंगा। बस इसके साथ ही दोनों ने अपना आपा खो दिया और मारपीट पर उतर आए।

देखा मेरे उपद्रवों का कमाल! भैंस अभी खरीदी नहीं है, खेत अभी लिया नहीं है; फिर भी मामूली-सी बातचीत में दस वर्ष पुराने दोस्तों में मारपीट हो गई। मैं कहना यही चाहता हूँ कि इन वर्णित घटनाओं को थोड़ा अपने जीवन में भी खोजें, निश्चित ही आपके भीतर बैठा मैं यानी आपका मन आपसे भी ऐसे उपद्रव करवा ही लेता होऊंगा। और थोड़ा गौर करेंगे तो पाएंगे कि वाकई जब मैं उपद्रवों पर उतर आता हूँ तो आपकी तमाम समझदारी व बुद्धिमानी पर ताले पड़ जाते हैं। मेरे द्वारा आप पागलपन करने पर मजबूर कर दिये जाते हैं।

अब यदि एकबार आप मान लें कि मेरे द्वारा किये जानेवाले उपद्रवों पर आपका कोई वश नहीं और उससे आपकी बुद्धि मौके-बेमौके भ्रष्ट हो ही जाती है, तो मैं आगे उसके उपायों पर चर्चा करूं। क्योंकि उपचार किया ही उसका जा सकता है जो माने कि... हां मैं बीमार हूँ। अपने को बेवजह स्वस्थ माननेवाले का तो पकड़कर जबरदस्ती इलाज किया नहीं जा सकता है। और आपको यह तो मानना ही पड़ेगा कि मेरे इन उपद्रवों को ना तो आपके कोई उपाय नियंत्रित कर पाए हैं, और ना ही इनसे आपको आपकी बुद्धि बचा पाई है। और वहीं इनका निकाल लाने में आपकी शिक्षा व आपका समाज दोनों बुरी तरह फेल हो चुके हैं। मानना तो यह भी पड़ेगा कि ना तो आपके धर्म और ना आपके शास्त्र ही इसका कोई स्थायी समाधान खोज पाए हैं। क्योंकि मैं उन सबसे विशाल, स्वतंत्र व अनूठी सत्ता हूँ। सो, मुझसे बचने के उपाय सिर्फ मैं ही बता सकता हूँ। और मेरी बात भी उसी के काम आएगी जो मेरी बताई बातों में ही इन उपद्रवों से बचने के उपाय खोजेगा। ...वरना सोचो, विज्ञान के द्वारा प्रदान की गई सारी प्रगति व तमाम सुविधाओं का क्या तुक, यदि मन ही उदास व पागल हो? हालांकि इससे पहले कि मैं मेरे उपद्रवों से बचने के उपायों पर चर्चा प्रारंभ करूं, पहले मैं अपनी संरचना के बारे में आपको बताना चाहता हूँ।

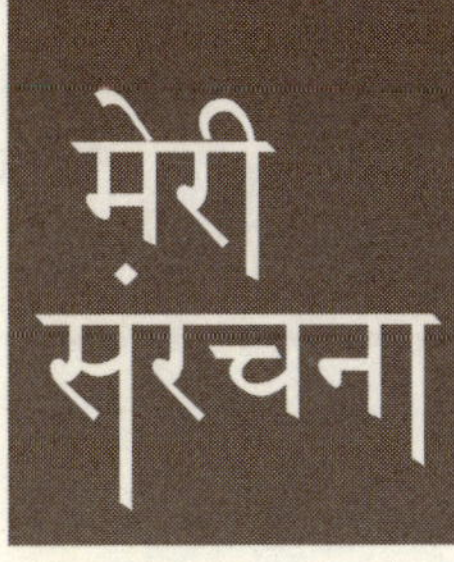

मेरी संरचना

चलो, यदि आप मान लेते हैं कि आप बीमार हैं तो मैं आगे आपको मेरी संरचना के बारे में बताता हूँ। इससे आपको ना सिर्फ मुझे समझने बल्कि मेरे उपद्रवों से बचने में भी बड़ी सहायता मिलेगी। और इस बाबत कोई भी चर्चा प्रारंभ करने से पूर्व मैं आपको एकबार फिर याद दिला दूं कि मैं अपने सम्पूर्ण कोम्प्लीकेटेड मैकेनिज्म के साथ आपकी नाभि में अदृश्य रूप से स्थित हूँ। और चूंकि अदृश्य हूँ इसीलिए विज्ञान की पकड़ से बाहर हूँ। और अपने मैकेनिज्म की बात करूं तो मेरे तरंगों की भिन्नता के आधार पर मुझे सात प्रमुख भागों में विभाजित किया जा सकता है। उनमें से कुछ उपद्रवी हैं तो कुछ अद्‌भुत शक्तियों से भरे पड़े हैं:

मेरे उपद्रव मचाने वाले स्वरूप

1) कोन्शियस माइंड (Conscious Mind)
2) सब-कोन्शियस माइंड (Subconscious Mind)
3) अन-कोन्शियस माइंड (Unconscious Mind)

मेरी शक्तियों के केंद्र

1) सुपर-कोन्शियस माइंड (Super Conscious Mind)
2) कलेक्टिव कोन्शियस माइंड (Collective Conscious Mind)
3) स्पोंटेनियस माइंड (Spontaneous Mind)
4) अल्टीमेट माइंड (Ultimate Mind)

मेरे इन सातों स्वरूपों के स्वभाव सर्वथा भिन्न हैं। और उस पर खूबी यह कि आप जब भी व जिस भी मन में रहते हैं, उसका स्वभाव स्वतः ही बाहर प्रकट हो जाता है। वहीं यदि मन के प्रकारों की बात करूं तो भले ही इनमें से कुछ उपद्रवी व खतरनाक हैं- परंतु

साथ ही कुछ विलक्षण शक्तियों से भी भरे ही पड़े हैं। और इसका सीधा अर्थ समझो तो आपके जीवन का फैसला सिर्फ आप कौन-से मन में जी रहे हैं...उससे होता है।

और अब इससे पहले कि आगे मैं आपको मेरे इन सातों स्वरूपों के बारे में विस्तार से कुछ समझाऊं, आपको छोटे बच्चों का मन समझना होगा। और उसी से आपको मेरे तमाम स्वरूपों, उनके प्रभाव व उनके क्रियाकलापों को समझने में आसानी होगी। तथा यहां यह भी स्पष्ट कर दूं कि संभावना के हिसाब से सभी बच्चे करीब-करीब एक-सा मन लेकर पैदा होते हैं। ...यानी पैदा होने के समय मन के तल पर बच्चों में ज्यादा भेदभाव नहीं होता। बच्चों में जो भी आपसी भेद होते हैं वे उनके डीएनए तथा जीन्स के कारण होते हैं। और जाहिरी तौर पर उनके वे सारे भेद उनकी शारीरिक बनावट, स्वास्थ्य व ब्रेन तक ही सीमित रहते हैं।

फिर बच्चों के मन पर लौट आऊं तो बच्चे प्रमुखता से दो ही भाषा जानते हैं। एक प्रेम की व दूसरी क्रोध की। और ये दोनों ही संसार की सबसे शक्तिशाली ऊर्जा है। विश्व के परिप्रेक्ष्य में देखें तो भी ऊर्जा वस्तुओं के मिलन यानी 'प्रेम' से प्रकट होती है; या फिर उनकी टकराहट यानी 'क्रोध' के कारण उत्पन्न होती है। वैसे ही यदि आप किसी में कुछ परिवर्तन लाना चाहते हैं, तो वह या तो आप उससे प्रेम जताकर ला सकते हैं या फिर क्रोध कर आप यह कमाल दिखा सकते हैं। वैसे ही यदि आपको अपने में कोई परिवर्तन लाना हो तो भी आपको स्वयं से यही दो भाषा बोलनी होती है। परंतु दुर्भाग्य से आज हर एक में इन दो का ही अभाव है। अब जीवन को बढ़ाने वाली क्रोध व प्रेम नामक ये दो परम शक्तियां मनुष्य में से क्यों गायब हो गई, यह चर्चा मैं बाद में करता हूँ। अभी तो यह स्पष्ट कर दूं कि बच्चा इन दो महाशक्तियों की परम उपस्थिति के साथ जीवन में सफलता पाने की तमाम संभावनाएं लेकर पैदा होता है। आप भी गौर से देखना; बच्चे को कोई मनपसंद वस्तु मिल जाती है तो वह प्रेमपूर्ण तरीके से मस्त हो जाता है। वहीं यदि कुछ उसके मन-मुताबिक नहीं होता है, या फिर उसकी पसंद की कोई वस्तु उससे छीन ली जाती है तो वह क्रोध में भरकर उपद्रव पर उतर आता है। बस वह तीसरी कोई बात या भाषा समझता ही नहीं। ...यानी बच्चा ऊर्जा का अक्षय भंडार लेकर ही पैदा हुआ होता है।

वहीं बच्चों की अन्य विशेषता के बाबत बात करूं तो वे कुछ विशेष जानते भी नहीं हैं। बहुत हुआ तो वे अपनी मां को पहचानते हैं। बाकी रिश्तों से उन्हें कोई लेना-देना नहीं होता। जिसके साथ अच्छा लगता है उसके साथ खेल लेते हैं - जिसके साथ नहीं जमता उससे दूर हट जाते हैं। ऊंच-नीच या अपने-पराये के भेदभाव उनमें नहीं होते। व्यर्थ की जानकारियां भी उनसे कोसों दूर होती हैं। वहीं उन्हें अपने धर्म, देश, जाति या समाज

बाबत भी कुछ नहीं मालूम होता है। और आपने गौर किया ही होगा कि उनका इन बातों से काम अटकता भी नहीं है। थोड़ी-सी बुद्धि लगाएंगे तो समझ जाएंगे कि उपरोक्त तमाम विशेषताएं ही उनकी कभी न खत्म होनेवाली मस्ती का राज है। और यही एक बुनियादी कारण है कि बच्चे सबको प्रिय होते हैं।

वैसे बच्चों की एक और विशेषता कहूं तो चूंकि वे प्रेम व क्रोध नामक संसार की दो सबसे शक्तिशाली ऊर्जा का ही उपयोग करते हैं; सो वे प्रायः ऊर्जा से भरपूर होते हैं। अतः आप अन्य कुछ भी करना पर बच्चों को कभी कमजोर समझने की भूल मत करना। आपने भी गौर किया होगा कि बच्चे कितना ही उपद्रव कर लें, कभी नहीं थकते हैं। कितना ही खेलकर उठे हों, परंतु फिर खेलने का मौका मिला नहीं कि झट से तैयार। उनके उपद्रवों का आलम तो यह होता है कि बारी-बारी दिनभर चार वयस्क उन्हें सम्भालने में लगे रहें तो चारों थक जाएंगे, लेकिन ये बच्चे कभी नहीं थकेंगे। बड़े-से-बड़े रियाजी एथलीट से कह दिया जाए कि दिनभर वह करो जो बच्चा कर रहा है, तो चन्द घंटों में ही वह ढेर हो जाएगा। बच्चा कुर्सी के नीचे घुसेगा और टेबल पर निकलेगा। चढ़ाव तो वह दिन में बीस-तीस बार चढ़-उतर जाएगा। एथलीट तो घबराकर कहेगा कि इसके साथ खेलने से तो ओलिंपिक में मेडल पाना ज्यादा आसान है। ...कुल-मिलाकर इन सारी बातों का सार यह कि प्रेम और क्रोध दो ही संसार की सबसे शक्तिशाली ऊर्जा हैं। जिस मनुष्य ने इन दो को खो दिया, वह ऊर्जाहीन हो गया।

खैर! आगे यदि बच्चों के बुद्धिमत्ता की बात करूं तो वे अति-बुद्धिशाली भी होते ही हैं। उन्हें कब...क्या चाहिए और वह कैसे मिल सकता है...इसका पूरा ज्ञान होता है। और यही कारण है कि उन्हें जो चाहिए, वे हासिल करके ही रहते हैं। ऐसा मुस्कुराएंगे, और ऐसा तो लाड़ से बोलेंगे कि इन्कार की गुंजाइश ही नहीं छोड़ेंगे। और अगर फिर भी बात न बनी तो क्रोध, उपद्रव व जिद्द तो है ही। पूरा घर सर पे उठा लेंगे, आपका जीना मुश्किल कर देंगे; ...पर जो चाहिए वह हासिल करके ही रहेंगे।

वहीं उनके आकर्षण का तो कहना ही क्या? कौन है जो बच्चों से प्रेम नहीं करता? कौन है जो उन्हें ज्यादा-से-ज्यादा देना नहीं चाहता? बच्चों के आकर्षण का आलम तो यह है कि बड़े-से-बड़ा क्रूर मनुष्य भी उनके साथ दुष्टता नहीं कर पाता। कई बार तो गुंडे या लुटेरों के बीच फंसे मां-बाप भी बच्चों के कारण बच जाते हैं। साथ में बच्चा देख हर कोई दया खाने को मजबूर हो जाता है।

इसके अलावा भी बच्चों के अन्य गुणों की बात की जाए तो निर्दोषता, भोलापन, चंचलता और कोन्सन्ट्रेशन यह सब उनके स्वाभाविक गुण होते हैं। और कोन्सन्ट्रेशन...?

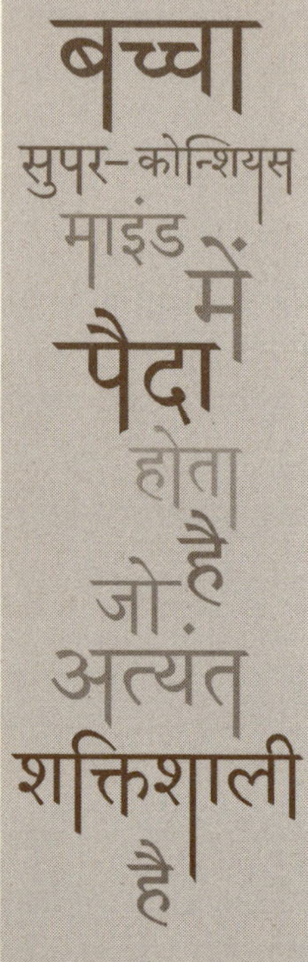

कोन्सन्ट्रेशन की तो बात ही मत करो। ध्यान तो उनका परम होता है। आपने भी देखा ही होगा कि बच्चे कितने ध्यान से खेलते हैं। सोचो, यदि उतना ही कोन्सन्ट्रेशन बड़ों में आ जाए तो क्या वे जीवन की हर सफलता हासिल न कर लें? और उनके भूलने की बात का आलम तो यह है कि दो मिनट पहले जिस बच्चे से झगड़े थे, अगली ही कुछ मिनटों में उसी के साथ फिर प्रेम से खेलने लग जाते हैं। और उत्साह तो उनमें इतना होता है कि कितनी ही बार गिरे...फिर-फिर उठकर खड़े हो जाते हैं।

अब इनके विपरीत थोड़ा बड़ों पर गौर करें; किसी एक बात में उनका ध्यान लगता ही नहीं। कहां गया वह कोन्सन्ट्रेशन जो बचपन में उनके पास था? और बड़ों का उत्साह...? उसकी तो पूछो ही मत। एक-दो बार असफलता हाथ लगी नहीं कि बैठ गए सर पे हाथ रखकर; आत्महत्या तक का विचार आ जाता है मन में। ऐसे में निर्दोषता, भोलापन या ऊर्जा की तो बात ही करना बेकार है। चलो यह सब तो ठीक, पर यहां सबसे सोचनीय विषय यह कि ये सारी गड़बड़ हो कहां गई?

...तो यही समझाने हेतु तो बच्चों और आपके मन का फर्क मैं आप लोगों को समझा रहा था। दरअसल बच्चा जिस माइंड में पैदा होता है उसे सुपर कोन्शियस माइंड कहते हैं। यह माइंड चूंकि सिर्फ प्रेम व क्रोध से भरा रहता है, अतः ऊर्जा से भरपूर होता है। दुनिया में जितने भी सफल व सुखी लोग हुए हैं, फिर वे जानते हों या न जानते हों; परंतु वे सभी कम-से-कम सुपर कोन्शियस माइंड में जीते ही आए हैं। और यदि बात विस्तार से समझाने हेतु मैं आपको इस सुपर कोन्शियस माइंड की चन्द विशेषताएं बताऊं तो सबसे बड़ी बात तो यह कि इसमें ऊर्जा की कोई कमी नहीं होती। व्यर्थ की जानकारियों का भी इसमें सर्वथा अभाव होता है। साथ ही उत्साह, ध्यान व लगातार नया करने की चाह तो इसमें

कूट-कूटकर भरी होती है। और ऊपर से क्रोध व प्रेम की ऊर्जा से भरे होने के कारण यह माइंड जो चाहे वह करने में भी पूरी तरह सक्षम होता है। अब यदि इस पूरी बात का सार कहूं तो वह यह कि सफल मनुष्यों व बच्चों के गुणों में बड़ी समानताएं होती हैं। क्योंकि दोनों सुपर-कोन्शियस मांइड के आस-पास ही जीते हैं। यदि ऐसा है, तब तो सवाल यह उठता है कि सुपर कोन्शियस माइंड में पैदा हुआ यह बच्चा किन मनों में व क्यों पहुंच जाता है? ...तथा उन मनों के स्वभाव क्या हैं? ...बिल्कुल बताता हूँ। यही बताने हेतु तो इतनी पृष्ठभूमि बनाई थी। और यही समझना आपके लिए अत्यंत जरूरी भी है। क्योंकि यही आपके जीवन का टर्निंग-प्वाइंट है। यदि यहां सम्भाल लिया तो आपको सफल व सुखी होने से कोई नहीं रोक सकता है।

खैर! वापस मुख्य बिंदु पर लौट आऊं तो जैसे ही बच्चा बड़ा होने लगता है, मां-बाप तथा परिवारवाले उसे तरह-तरह की समझाइश व ज्ञान देना शुरू कर देते हैं। उसे उसका धर्म और उसकी जाति बताई जाती है। अपने व परायों का भेद उसके मन में पैदा किया जाता है। जीवन के व्यर्थ उद्देश्य पकड़ाकर उसे कुछ बनने हेतु उकसाया जाता है। बस इन सबसे उसका कोन्शियस माइंड बनना शुरू हो जाता है। और यह कोन्शियस माइंड बहुत कमजोर होता है। भय व असुरक्षा वह बात-बेबात पकड़ता ही रहता है। और यहां यह कहने की जरूरत नहीं कि भय और असुरक्षा पकड़ते ही उसका उत्साह व ध्यान कमजोर पड़ने लगता है। ...यानी यहीं से बच्चे की दुर्गति होना शुरू हो जाती है।

लेकिन मामला यहीं नहीं अटकता; फिर उस छोटे-से बच्चे को कुछ बनने हेतु स्कूल भेज दिया जाता है। बेचारा बच्चा जो पूर्ण-स्वतंत्रता में जी रहा होता है, उसे भारी बस्ता उठाकर स्कूल जाने को मजबूर किया जाता है। न चाहते हुए भी उसे पढ़ाया जाता है। यही नहीं, फिर उसे अच्छे मार्क्स लाने हेतु भी उकसाया जाता है। और स्कूलों की तो बात ही क्या करना? ...जो बच्चा प्रेम चाहता था, जो खेलना चाहता था; उसे स्कूल में अनुशासन के नाम पर सताया जाता है। हालत यह हो जाती है कि स्कूल में टीचरों से तो उसे प्रेम नहीं ही मिलता है, कुछ बड़ा होने पर बेचारे को घर में भी प्रेम मिलना बंद हो जाता है। और इस तरह हंसता-खेलता एक फूल ''पढ़ाई'' के नाम पर मुरझा दिया जाता है। इससे धीरे-धीरे बच्चे की जिद्द कमजोर हो जाती है। जिद्द कमजोर होते ही उसकी जुझारू-क्षमता भी कमजोर पड़ने लगती है। विश्व का कोई भी चार-पांच वर्षीय बच्चा खेलकूद व स्वतंत्रता छोड़कर अनुशासन में रहना नहीं चाहता है। और यही कारण है कि अधिकांश बच्चे रोते हुए ही स्कूल जाते हैं, कुछ शक्तिहीनों को छोड़कर। और मजा यह कि जो बच्चे हंसते हुए स्कूल जाते हैं, उनके मां-बाप बड़े तनके बताते हैं कि देखो मेरा बच्चा स्कूल जाते वक्त नहीं

रोता है। अरे, मूर्ख होगा। बड़ा होकर वह कोई आज्ञाकारी क्लर्क न बन जाए तो अच्छा है। यह बात खासकर मैं के.जी. या पहली-दूसरी कक्षा के बच्चों के बारे में कह रहा हूँ। हां, एकबार उनके मित्र बन जाएं और उनमें बाहर की दुनिया जानने-समझने की इच्छा जागृत हो जाए, फिर तो उनका स्कूल में रस जाग ही सकता है।

खैर, यह भी छोड़ो। फिर तो मां-बाप, परिवार व स्कूल के टीचरों द्वारा बच्चे को व्यवहार सिखाया जाने लगता है। क्रोध नहीं करने का, बड़ों का कहना मानने का, सबके काम करने का...वगैरह-वगैरह। ...अब बच्चा जो ऊर्जा का भंडार है, जो स्वस्फुरित अपनी मरजी से जीना चाहता है, उसे अकारण मुर्दा व नौकर बनने की प्रेरणाएं दी जाने लगती हैं। बच्चे को शुरू-शुरू में ये बातें रुचिकर तो नहीं लगती, परंतु प्रलोभनों और तारीफों का सहारा लेकर उसे ऐसा करने पर मजबूर किया जाता है। बात नहीं बनती तो कभी-कभी उसे डांटकर या धमकाकर भी ऐसा करने को विवश किया जाता है। गौर करने वाली बात तो यह कि इन सारी कोशिशों में बच्चों की सबसे महत्वपूर्ण दो ऊर्जा...क्रोध व प्रेम दबती चली जाती है।

...और सबसे खतरनाक दुष्परिणाम इसी के आते हैं। यह बात बड़े ध्यान से समझने जैसी है। दरअसल बच्चों का जिस मात्रा में प्रेम दबता है, उसका वही दबा हुआ प्रेम रूपांतरित होकर उसे भावुक बना देता है। फिर वह हताशा, सहानुभूति, दया वगैरह भावों से ओतप्रोत होता चला जाता है। और फिर उसके यही सारे भाव उसके सब-कोन्शियस माइंड का निर्माण करते चले जाते हैं। इसी बात को सीधे-सीधे सायकोलॉजी की भाषा में कहूं तो जिस मात्रा में बच्चे का प्रेम दबता चला जाता है, उसी मात्रा में उसकी भावुकता सब कोन्शियस माइंड में संग्रहित होती चली जाती है।

लेकिन दुर्भाग्य से बच्चों की दुर्दशा की कहानी यहीं समाप्त नहीं होती। बच्चा स्कूल जाना नहीं चाहता-पर जाना पड़ता है। वह खेलना व उपद्रव करना चाहता है- लेकिन मौका नहीं मिलता। अपने मन का मालिक होने के कारण वह स्वतंत्र रहना चाहता है- जबकि उसे अनुशासन में रहना पड़ता है। परिणामस्वरूप मौके-बेमौके उसका क्रोध दबता चला जाता है। और उसका यह दबा हुआ क्रोध धीरे-धीरे कर चिंता, व्यथा, भय, ईर्ष्या, जैसे जीवन को नष्ट करने वाले भावों में रूपांतरित होकर उसके अन कोन्शियस माइंड में एकत्रित होना शुरू हो जाते हैं।

फिर इसके आगे की कहानी तो आप सब जानते ही हैं। जैसे-जैसे बच्चा बड़ा होता है, वह क्रोध के साथ-साथ अपनी स्वाभाविक ऊर्जा भी खोता चला जाता है। धीरे-धीरे कर ध्यान व उत्साह जैसे महत्वपूर्ण गुण भी उसमें से तिरोहित होते चले जाते हैं। ...और

बदले में दुःख, चिंता, भय व हताशा जैसे खतरनाक दुर्गुणों का वह भंडार बनता चला जाता है। और फिर जीवनभर वह यही संग्रहित चिंता, हताशा, भय या दुःख मौके-बेमौके निकालता चला जाता है। आप यह मत सोचना कि विषय चिंता का है इसलिए आप चिंता कर रहे हैं; दरअसल तो चिंता आपके अन-कोन्शियस माइंड में भरी पड़ी है इसलिए वह विषय खोजकर बाहर निकल पड़ती है।

लेकिन मैं जानता हूँ कि आप ऐसे नहीं मानेंगे। सो, इसे एक उदाहरण से समझें। एकबार एक व्यक्ति ने अखबार में पढ़ा कि करीब दस लाख वर्ष बाद सूर्य नहीं उगेगा। अब सीधी बात है कि सूर्य नहीं उगेगा तो पृथ्वी का अस्तित्व नष्ट हो जाएगा। बस उसे चिंता पकड़ ली। अब दस लाख वर्ष क्या सौ वर्ष बाद भी सूर्य उगे या नहीं, इससे उसे क्या फर्क पड़ रहा था? परंतु भीतर पड़ी चिंता को तो बाहर निकलने का बहाना चाहिए ही होता है। ...बस इस दबे क्रोध के कारण ही आप सबका यह हाल हो गया है।

लेकिन मनुष्य की दुर्गति की दास्तान यहीं कहां रुकती है! पहले तो सुपर-कोन्शियस माइंड में पैदा हुए बच्चे को व्यर्थ की जानकारियों व उद्देश्यों से भरकर आप उसका कोन्शियस माइंड बनाना प्रारंभ कर देते हैं। और फिर उसके क्रोध और प्रेम को दबाते हुए उसका सब-कोन्शियस और अन-कोन्शियस माइंड मजबूत कर उसे चिंता, दुःख, भय, सहानुभूति, लगाव वगैरह भावों से भर देते हैं। लेकिन इतने से भी आप बुद्धिमानों का मन कहां भरता है? सो, आगे आप उसे यह भी समझा देते हैं कि जाहिर में भावों की अभिव्यक्ति अच्छी नहीं। अपने मन में क्या चल रहा है, यह दूसरों को पता नहीं चलना चाहिए। बस बेचारा चिंता, दुःख व भय के साथ-साथ अपनी भावनाएं भी दबाना शुरू कर देता है। और क्रोध व प्रेम तो वह फिर जीवनभर दबाता चला जाता है। आगे इसका और भी खतरनाक परिणाम आता है। फिर ये दबे चिंता, भय, दुःख और लगाव तथा सहानुभूति अन-कोन्शियस व सब कोन्शियस माइंड में ना सिर्फ हमेशा के लिए मजबूती से संग्रहित हो जाते हैं, बल्कि पड़े-पड़े मल्टीप्लाई भी होते रहते हैं। फिर बेचारा यह मनुष्य, मनुष्यों की ही कृपा से इन भावों के धक्कों से कभी नहीं उभर पाता है। चिंता व दुःख में जीवन गुजारना उसका भाग्य हो जाता है। यहां यह स्पष्ट समझ लेना कि चिंता, दुःख, भय, असुरक्षा वगैरह भीतर पड़े हैं तो बाहर निकल रहे हैं। यह मत समझना कि आपका जीवन कुछ ऐसा है या परिस्थिति ऐसी है, इसलिए आपको चिंता पकड़ रही है...या फिर इसलिए आपको इन भावों में जीना पड़ रहा है।

हालांकि यह बात विस्तार से मैं आपको आगे समझाऊंगा। अभी तो सौ बातों की एक बात यह कि बच्चों को बड़ा करते न आना और जाने-अनजाने उनके कोन्शियस,

सब-कोन्शियस तथा अन-कोन्शियस माइंड मजबूत करते चले जाना ही उनकी दुर्गति का सबसे बड़ा कारण है। और आपके इन चक्करों से बचा लाखों में कोई एक ही सफल व सुखी नजर आ रहा है। ...और वह भी वो, जो अपने सुपर-कोन्शियस माइंड की स्थिति को सम्भाले रखने में सफल हो पाया है। यह दो तरीके से सम्भव है: एक, या तो बच्चा स्वयं इतना जिद्दी व शक्तिशाली हो कि वह किसी और के चक्कर में पड़े ही नहीं, या दूसरा मां-बाप व टीचर इतने समझदार हों कि उसके साथ व्यर्थ की जबरदस्ती न करें। लेकिन मेरी यह बात पत्थर पे लिख लेना कि दुनिया का कोई भी बच्चा अपने सुपर-कोन्शियस माइंड की स्थिति बचाए रखे बगैर किसी भी क्षेत्र में कभी भी सफल व सुखी नहीं हो सकता। ...साथ ही यह भी तय जानें कि जिस किसी भी बच्चे ने अपना सुपर-कोन्शियस माइंड सम्भाल लिया, उसे सफल व सुखी होने से कोई नहीं रोक सकता।

और आपका विज्ञान भी करीब-करीब यही बात कहता है। यदि वैज्ञानिक कहते हैं कि बच्चे का अस्सी प्रतिशत से ज्यादा मानसिक विकास उसके बचपन में ही हो जाता है, तो वे गलत निष्कर्ष पर नहीं पहुंचे हैं। उनकी बात सौ-फीसदी सही है। इस हेतु वे वाकई बधाई के योग्य भी हैं। मैंने भी यहां यही समझाया कि किसी भी बच्चे की प्रतिभा क्या होगी, यह इस बात पर निर्भर करता है कि कितना वह अपने सुपर-कोन्शियस माइंड को सलामत रख पाता है। और निश्चित ही इसका पूरा दारोमदार परिवार व स्कूल के टीचरों पर है। उन्हें बच्चों की इच्छा व उनकी स्वच्छंदता का सम्मान करना सीखना ही होगा। उन्हें बच्चों को भेदभाव वाली बातें सिखाने व उनपर उटपटांग तथा बिन-जरूरी अनुशासन लादने से हर हाल में बचना ही होगा। और व्यर्थ के बुद्धिहीन शिक्षाओं से तो उसे सर्वथा दूर रखना होगा। बच्चा...बच्चा है, उसे व्यर्थ गंभीर करें ही मत। स्कूल में वातावरण ही ऐसा बच्चों के अनुकूल बनाएं कि बच्चों का घर पर मन ही न लगे। उसे अपने घर की याद आए ही नहीं। ...तब तो सब बचा रहेगा। परंतु यदि स्कूल बच्चे को काटने को दौड़ रही हो तो फिर ऐसी स्कूल में जाने से तो स्कूल न जाना ही उसके लिए बेहतर होगा। वरना ध्यान रखना, बड़ा होते-होते बच्चा अपने सारे महत्वपूर्ण गुण खो देगा। और मेरी इस बात को मनुष्य का ''आज'' भी चिल्ला-चिल्लाकर सिद्ध कर ही रहा है। मनुष्य ने चाहे जितनी प्रगति कर ली हो, परंतु सफल मनुष्यों के अनुपात को वह आज भी उतना नहीं सुधार पाया है जितना इतनी प्रगति के बाद सुधर जाना चाहिए था। आज भी लाखों में दस-बीस ही सफल हो पाते हैं। और इसका मात्र और एकमात्र कारण मनुष्य का अपने बच्चों को पालने नहीं आना है। क्योंकि बच्चों की स्वाभाविक प्रतिभा को निखारना तो लाखों में दस-बीस को ही आता है।

खैर! यह तो हुई आपके द्वारा की जाने वाली गलतियों की चर्चा। दूसरी ओर इसी संदर्भ में एक और बात भी अत्यंत महत्वपूर्ण है। और वह मेरे स्वभाव को लेकर है,

तथा उसे भी विस्तार से समझना उतना ही जरूरी है। दरअसल बात यह है कि मैं स्वभाव से ही पूर्ण स्वतंत्र व स्वच्छंद हूँ। यदि मुझे व्यर्थ दबाकर रखने की कोशिश की गई तो उसके दुष्परिणाम मनुष्य को भुगतवाकर ही छोड़ता हूँ। ...हालांकि मेरे इस स्वतंत्र स्वभाव के कारण मेरी बड़ी बदनामी भी हुई है; युगों से मनुष्य अपने जीवन के कष्टों के लिए मुझे जवाबदार ठहराता आ रहा है। ...जबकि मैंने अपनी स्थिति स्पष्ट कर दी है। मैं स्वभाव से स्वतंत्र हूँ और किसी भी प्रकार की जबरदस्ती मुझे पसंद नहीं। अतः याद रख लेना कि मेरे साथ की जाने वाली किसी भी प्रकार की जबरदस्ती का परिणाम भोगना ही पड़ेगा। और यहां सबसे महत्वपूर्ण यह कि मेरा स्वभाव बदलने वाला नहीं, बदलना आपको मेरे साथ किया जाने वाला आपका व्यवहार ही पड़ेगा। अतः यदि बच्चा सुपर-कोन्शियस माइंड से कोन्शियस व अन-कोन्शियस माइंड तक गिरता है, तो इसका दोष परिवार, समाज व शिक्षा को ही देना; मुझे नहीं। यदि आप वाकई मनुष्य के सुखी व संपन्न होने का अनुपात बढ़ाना चाहते हैं, तो अपनी शिक्षा-प्रणाली में आवश्यक फेरबदल कर लेना। मां-बाप व परिवार को "बच्चों" को कैसे बड़ा करना, यह सिखाना। ...परंतु मुझपर दोषारोपण कतई मत करना। आप मेरे स्वभाव को मारने की कोशिश करेंगे तो मैं प्रतिकार पर उतर ही आऊंगा। यूं भी अपने स्वभाव को बचाने का इस प्रकृति में सबको अधिकार है। अतः मेरे साथ छेड़खानी करें ही मत।

यदि आप यह सीख जाएंगे तो मेरे तीनों कमजोर स्वरूपों को यानी कोन्शियस, सब-कोन्शियस व अन-कोन्शियस माइंड को अपने में मजबूत होने ही नहीं देंगे। और इस संदर्भ में मैं कह ही चुका हूँ कि कोन्शियस माइंड व्यर्थ की जानकारियां एकत्रित करने से बनता है, जबकि अन-कोन्शियस व सब-कोन्शियस माइंड क्रोध व प्रेम दबाने से मजबूत होते हैं। ...वरना तो मनुष्य को दुःख, चिंता, ईर्ष्या, फ्रस्ट्रेशन वगैरह पकड़े ही क्यों? क्योंकि कोई बच्चा वह लेकर थोड़े ही पैदा हो रहा है। और ना ही मेरे कारण मनुष्य इन सब भावों में जीने को मजबूर है। यह तो चूंकि वह मेरे स्वभाव के बाबत ना-समझी बरत रहा है, इस कारण वह उसके दुष्परिणाम भोगने को मेरे द्वारा बाध्य किया जा रहा है; वरना आपने क्या किसी बच्चे को चिंता करते देखा है? अतः मनुष्य के दुःखी व असफल जीवन के लिए आपको किसी को दोष देना है तो वह आप अपने स्वयं को देना। और यह भी अच्छे से समझ लेना कि ये सारी चूकें आपसे मेरी कार्यप्रणाली न समझने के कारण हो रही है।

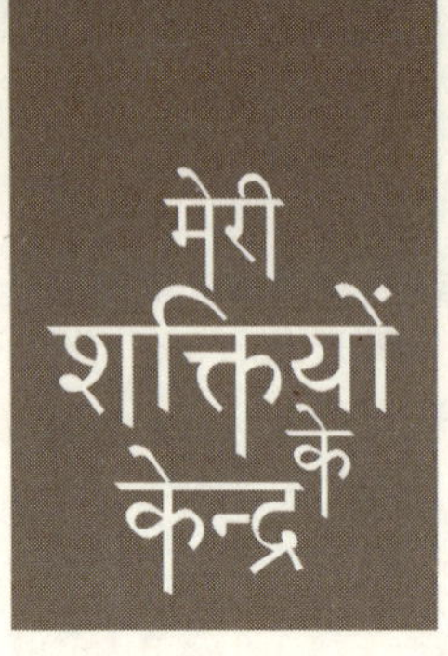

यहां भी मेरा कमाल देखो। मैं अपने नटखटपन से बाज तो अपने बारे में बताते वक्त भी नहीं आया। मैंने अपने उपद्रवी स्वरूपों के बारे में आपको पहले बता दिया। हालांकि साथ ही मैंने यह भी समझा ही दिया था कि वे मेरे स्वाभाविक स्वरूप नहीं हैं, वे सब आपकी नासमझी के कारण अस्तित्व में आते हैं। ...वरना जहां तक मेरा सवाल है, तो मैं आपको यह बता दूं कि वास्तव में मैं एक-से-एक अद्‌भुत शक्तियों का भी स्रोत हूँ। आपके पूरे अस्तित्व में एक मैं ही हूँ जो ना सिर्फ सम्पूर्ण कुदरत के अस्तित्व से जुड़ा हुआ हूँ, बल्कि आपके जीवन को आगे बढ़ाने वाले तमाम परिणामकारी कार्य करने में भी सक्षम हूँ। यानी कुदरत की परम-सत्ता से आपका कम्यूनिकेशन भी सिर्फ एक मेरे थकी ही संभव है, और जीवन में सफलता प्राप्त करने हेतु भी आप मेरे ही शक्ति के केन्द्रों के मोहताज हैं। और इस अंतिम वाक्य को और स्पष्ट करूं तो मेरे इन शक्ति के केन्द्रों को सक्रिय किए बगैर कोई मनुष्य कभी भी सुखी व सफल नहीं हो सकता है। वहीं कौन कितना सुखी व सफल होगा, इस बात का भी सीधा ताल्लुक सिर्फ मेरे शक्तियों के केन्द्र उस मनुष्य में किस अनुपात में सक्रिय हैं...उस पर निर्भर है। अन्यथा आप बाहर से हजार उपाय क्यों न कर लें, कितना ही ज्ञान क्यों न ओढ़ लें, या कितनी ही मेहनत क्यों न कर लें; लेकिन आप जीवन में ना तो स्थायी तौर पर सुखी रह सकते हैं और ना ही कोई बड़ी सफलता हासिल कर सकते हैं। ...वरना शिक्षा, मेहनत, इरादे, धर्म, समाज या परिवार तथा मित्रों की तो कहीं किसी के पास कोई कमी नहीं। फिर क्यों लाखों में दस-बीस ही अपना जीवन सार्थक बना पा रहे हैं? सिर्फ और सिर्फ इसलिए कि लाखों में दस-बीस ही अपने भीतर मेरे शक्ति के केन्द्रों को सक्रिय कर पा रहे हैं।

अब इससे पहले कि मैं अपने उन शक्ति के केन्द्रों के बाबत विस्तार से चर्चा करूं, मैं आपको यह बता दूं कि वे सक्रिय अपने ही प्राकृतिक नियमों से होते हैं। इसमें न तो प्रकृति किसी के साथ कभी पक्षपात करती है, और ना ही मेरे तल पर इस बाबत कभी कोई पक्षपात किसी के साथ होता है। मनुष्य की इतनी असफलता का एकमात्र कारण उसका

मेरी शक्ति के केन्द्रों से अनजान होना है। ऐसे में उन शक्ति के केन्द्रों को सक्रिय कर पाना या उन्हें सक्रिय करने के नियम जानना तो बहुत दूर की बात हो गई। होगा, अभी तो मैं आपको अपनी शक्तियों के बाबत बताऊं। वैसे उस बाबत भी क्या बताऊं? मैं तो ऐसी-ऐसी शक्ति से भरा पड़ा हूँ कि जिसकी आप कल्पना तक नहीं कर सकते। मनुष्य-जाति का इतिहास थोड़ा ध्यान से पढ़ेंगे तो आपको हर सफलता के पीछे 'मैं' ही 'मैं' नजर आऊंगा। जितने भी सफल, सुखी व बड़े लोग हुए हैं, सबने जाने-अनजाने मेरी शक्तियों का भरपूर उपयोग किया ही है।

यह बात पूरी दृढ़तापूर्वक समझ लेना कि कहीं कोई इसलिए सफल व सुखी नहीं है कि वह अच्छा आदमी है। कोई इसलिए भी सुखी व सफल नहीं है कि वह बड़ा ही सज्जन व्यक्ति है व समाज के सारे नियम मानकर चलता है। ना ही कोई अपनी डिग्रियों या मेहनत के कारण सुखी व सफल है। तथा नियमित मंदिर-मस्जिद जाता है इसलिए तो कोई भी सफल नहीं है, यदि ऐसा होता तब तो विश्व में "सफल-व्यक्तियों" की बाढ़ ही आ गई होती। क्योंकि मंदिर-मस्जिद तो सौ में से निन्यानवे लोग जा रहे हैं। पर नहीं..., सफलता दिलाना या मनुष्य को सुखी व प्रसन्न रखना मेरा काम है, और मेरा उपरोक्त में से किसी बात से कोई ताल्लुक नहीं। मैं तो अपने नियमों से सबमें समान रूप से सक्रिय हूँ। या तो मेरी शक्तियों का उपयोग कर लो, या फिर मेरे विध्वंसक स्वरूपों का भोग बनने हेतु तैयार रहो। यानी या तो सफलता के शिखर छू लो, या फिर जीवनभर मुसीबतों की गहरी खाइयों में गोते खाते रहो। बीच की कोई राह मेरे तल पर है ही नहीं।

और इस बात को अच्छे से समझाने हेतु मैं यहां एकबार फिर समझा दूं कि बच्चा प्रायः सुपर कोन्शियस माइंड में पैदा होता है जो कि स्वाभाविक रूप से मेरी शक्ति का अद्भुत केन्द्र है। यदि परिवार, समाज या स्कूल ने बच्चे की इच्छा, उसकी प्रज्ञा, उसके स्वभाव व उसकी जिद्द को पहचानकर उसे सहयोग देना सीख लिया, तो वह उस नन्हीं-सी उम्र में ही मेरी शक्ति के केन्द्रों में गोते खाना शुरू कर देगा। वहीं यदि अनुशासन या व्यर्थ के ज्ञान के नाम पर उसे दबाया या उसकी प्रतिभा की अवहेलना कर उसके साथ जबरदस्ती की गई, तो वह बेचारा जल्द ही मेरे विध्वंसक स्वरूपों का भोग बनने पर मजबूर हो जाएगा। ...यानी बच्चे का लालन-पालन ही वह निर्णायक घड़ी है, जो उसके जीवन की दशा व दिशा दोनों तय कर देती है। अतः बच्चे का उत्साह बढ़ाएं, उसकी प्रतिभा व शक्तियों को पहचानें, तथा उसकी इच्छाओं का सम्मान करें। हां, ...जहां आवश्यक है, उसे गाइड करें। उसे संसार के तौर-तरीके सिखाएं। परंतु इस पूरी प्रोसेस में उसका प्रेम व क्रोध न दबने पाए, इसका विशेष रूप से ध्यान रखें। ...बच्चा जिद्दी है, शैतान है, ऐसा मत सोचें; सोचें यह कि

वह ऐसा है इसका अर्थ ही यह है कि वह शक्तिशाली है, ऊर्जा से भरपूर है। बस उसकी इस ऊर्जा को उसकी प्रतिभा की दिशा में ढाल दीजिए, फिर देखिए कैसे उसकी शक्तियों के केन्द्र सक्रिय हो जाते हैं।

कुल-मिलाकर बच्चे के साथ चाहे जो करें, पर इस बात का विशेष ध्यान दें कि उसका क्रोध व प्रेम न दबने पाए। यदि एक मात्रा से ऊपर वह दब गया तो उसका कोन्शियस के साथ-साथ सब-कोन्शियस व अन-कोन्शियस माइंड बनना भी चालू हो जाएगा। और यह स्पष्ट समझ लें कि ये तीनों माइंड खराब भावों व धक्कों के स्टोरेज-टैंक हैं। ...फिर जीवनभर बच्चा उन टैंकों से आई सप्लाई झेलता रहेगा। इसीलिए विज्ञान कहता है कि सीखने योग्य वस्तु तो बच्चा चार या पांच वर्ष तक की उम्र में ही सीख जाता है। ...और वह यही है जो मैं कह रहा हूँ कि उसका सुपर-कोन्शियस माइंड बच पाया है या नहीं?

खैर, यह बात दोहराकर मैंने एकबार फिर आपसे होनेवाली सबसे बड़ी चूक की ओर आपका ध्यान आकर्षित किया। बस यह कभी मत भूलना कि बचपन ही मनुष्य के जीवन का टर्निंग प्वाइंट है। नादानीवश वहां चूक गए...तो चूक गए। सो, उम्मीद करता हूँ कि अब आप यह तो समझ ही गए होंगे कि मेरी शक्ति के इन केन्द्रों को आपको क्यों बचाए रखना है। साथ ही मेरे विध्वंसक स्वरूपों से कैसे बचना, यह भी आप समझ गए होंगे। सो, अब मैं आपको अपने शक्ति के केन्द्रों व उनकी कार्यप्रणाली के बाबत विस्तार से बताता हूँ। मेरी शक्तियों के मोटा-मोटी तौर पर चार प्रमुख केन्द्र हैं:

1) सुपर-कोन्शियस माइंड
2) कलेक्टिव कोन्शियस माइंड
3) स्पोंटेनियस माइंड
4) अल्टीमेट माइंड

1) सुपर-कोन्शियस माइंड (Super Conscious Mind)

वैसे तो इस स्वरूप के बारे में मैं काफी बातें विस्तार से बच्चों का मन समझाते वक्त कह ही चुका हूँ। जैसा कि मैंने बताया था कि ध्यान, उत्साह व आत्मविश्वास इस मन का स्वाभाविक गुण होता है। जिस किसी भी मनुष्य ने जीवन में जो भी बड़ी सफलताएं पाई हैं, फिर वह चाहे जानता हो या न जानता हो; परंतु उसने यह सफलता इसी मन के सक्रिय होने के कारण पाई है।

इस बात को थोड़ा थॉमस आल्वा एडीसन के जीवन से समझें, जिन्होंने ना सिर्फ बल्ब खोज दुनिया को रोशन किया, बल्कि कुल 1093 पेटेंट अपने नाम रजिस्टर भी कराए।

आपको ज्ञात ही होगा कि सात वर्षीय एडीसन को स्कूल में टीचर ने कमजोर विद्यार्थी कहा था। उनका कहना था कि वह हर बात में फिजूल के सवाल बहुत पूछता रहता है। जब उसकी टीचर-मां नैन्सी को इस बात का पता चला तो वह अपने पुत्र का यह अपमान बर्दाश्त नहीं कर पाई। उसे अपने पुत्र की प्रतिभा पर पूरा भरोसा था। बस उसने एडीसन को स्कूल से ही उठवा लिया। ...इसके बाद एडीसन की मां ने एक-दो स्कूल में और कोशिश की। लेकिन ना तो एडीसन ही बदले और ना ही स्कूलों का रवैया उनके प्रति बदला। बस उनकी मां ने उन्हें घर पर ही पढ़ाने का निर्णय लिया। इस एक निर्णय ने एडीसन का जीवन ही बदल दिया। एडीसन को स्कूल में बार-बार बेइज्जत होने से छुटकारा मिल गया। और कहने की जरूरत नहीं कि इस कारण उन्हें अपना प्रेम या क्रोध भी नहीं दबाना पड़ा। ...और निश्चित ही उस कारण उनके कोन्शियस, सब-कोन्शियस, या अन-कोन्शियस माइंड मजबूत नहीं हुए। मां द्वारा प्रेमपूर्वक पढ़ाये जाने से उन्हें कोई अड़चन नहीं थी। उधर मां को भी अपना लाड़ला चाहे जितने सवाल पूछे, कोई शिकायत नहीं थी।

तीन-चार वर्ष मां से शिक्षा प्राप्त करते-करते विज्ञान और उसके प्रयोगों की ओर उनका आकर्षण जागा। और घर के हालात देखते हुए इस हेतु उन्हें स्वयं कमाना जरूरी था। तो एडीसन को इससे क्या ऐतराज था? उधर मां की ओर से उन्हें पूर्ण प्रेम व विश्वास उपलब्ध ही था। ग्यारह वर्षीय बालक स्वयं कमाने हेतु कभी फल की दुकान लगाने लगा तो कभी ट्रेन में अखबार बेचने लगा। और उन कमाये पैसों से उन्होंने घर पर, तथा मौका मिलते ही ट्रेन में अपनी लेबोरेटरी स्थापित की। परंतु बालक प्रयोग करेगा तो गड़बड़ी तो होगी ही। अनेकों बार उनकी लेबोरेटरी कभी पिता द्वारा तो कभी ट्रेन के कंडक्टर द्वारा बंद करवा दी गई। परंतु जैसा मैंने कहा कि उत्साह, ध्यान व आत्मविश्वास सुपर-कोन्शियस माइंड का स्वाभाविक गुण होता है। और अंत में कभी न थकने और न हारनेवाले अनपढ़ एडीसन ने ना सिर्फ सर्वाधिक आविष्कार किए, बल्कि बल्ब का आविष्कार कर दुनिया को रोशन भी कर दिया। आप एडीसन का पूरा जीवन पढ़ेंगे तो स्वतः ही समझ जाएंगे कि उनकी सारी उपलब्धियां उनके ध्यान, उत्साह व आत्मविश्वास को ही आभारी हैं।

...शायद अब आप समझ गए होंगे कि बच्चों के सुपर-कोन्शियस माइंड को बचाए रखने का कितना महत्व है। इसके अलावा वह हजार काम करे या कितनी ही डिग्रियां हासिल क्यों न कर ले; वह सफल व सुखी कभी नहीं हो सकता है। इसी बात को विश्व में कर्मठता का प्रतीक मानी जानेवाली 'हेलेन केलर' के जीवन से भी समझा जा सकता है। हंसती-खेलती प्रतिभावान हेलेन जब सिर्फ पौने-दो वर्ष की थी तो उन्हें तेज बुखार ने जकड़ लिया। बुखार तो ठीक हुआ, पर इससे उनके बोलने, सुनने व देखने की क्षमता जा

चुकी थी। ऐसे में उनकी मां कैथरीन केलर व उनके पिताजी आर्थर केलर ने मातम मनाने की बजाए नन्हीं हेलेन पर ध्यान देना ही उचित समझा। उसका जीवन पूरी तरह अंधकारमय हो जाने के बावजूद उन्होंने उसे इतना प्यार दिया कि उसका सुपर-कोन्शियस माइंड पूरी तरह सलामत रहा। उसकी हर इच्छा पूरी करने के कारण इतना बड़ा हादसा हो जाने के बावजूद हेलेन को अपना क्रोध और प्रेम नहीं दबाना पड़ा।

बस फिर जब हेलेन सात वर्ष की हुई तो उन्हें ''ऐन'' के रूप में एक टीचर मिली, जिसने हेलेन के मन में पढ़ने की इच्छा जगाई। यह अपने-आप में एक चमत्कार था। बोलने, सुनने व देखने की क्षमता खो चुकी हेलेन ने तात्कालिक प्रभाव से पढ़ना शुरू कर दिया। उसकी टीचर ऐन उसे कार्डबोर्ड पर उभरे शब्दों के जरिए पढ़ाती थी। अब तीनों प्रमुख इन्द्रियां खो चुकी हेलेन को तो इससे ज्यादा रुचिकर और कुछ लगने का सवाल ही नहीं उठता था। बस ऐन की लगन व हेलेन के उत्साह का ऐसा तो तालमेल हुआ कि जल्द ही हेलेन ने शब्द पढ़ना और फिर उन शब्दों से वाक्य बनाना भी सीख लिया। और फिर ग्यारह वर्ष की होते-होते हेलेन ने टाइप करना भी सीख लिया। इससे उसे अपने भावों को अभिव्यक्त करने का मौका मिला। यानी अंधकार में जी रही हेलेन का दुनिया से संपर्क स्थापित हो गया। फिर तो पढ़ने की उसमें ऐसी लगन जागी कि उसके लिए लकड़ी के गत्ते पर उभरे शब्दों में किताबें बनवायी जाने लगी। और जिसे स्पर्श कर वह पूरी-की-पूरी किताब जहन में उतारने लगी। इससे पूरे विश्व में इस नन्हीं-सी 'हेलेन' के डंके बज गए। वह रातोंरात विश्वप्रसिद्ध हस्ती हो गई। यहां तक कि फिर तो अपनी लगन से उन्होंने स्नातक की डिग्री भी हासिल की। निश्चित ही यह पूरे विश्व के लिए एक ऐतिहासिक क्षण था।

इधर हेलेन की यात्रा यहीं समाप्त नहीं हुई। फिर तो उन्हें समाजशास्त्र में रुचि जागी। जिससे उनके मन में करुणा उत्पन्न हुई। और फिर उत्साहित हेलेन अपंगों के जीवन की बेहतरी के लिए कुछ करने को मचल उठीं। इस हेतु उन्होंने कड़ी मेहनत कर होठ व जबान की स्थिति के तालमेल से शब्दों की अभिव्यक्ति करना भी सीख लिया। अब क्या था, उन्होंने समाजवाद व अपंगों के उद्धार हेतु संबोधन देना प्रारंभ कर दिया। इसने हेलेन की ख्याति में चार चांद लगा दिए। उन्हें सुनने व समझने के लिए हजारों की भीड़ एकत्रित होने लगी। वह होठ हिलाती और उनका ट्रांसलेटर हेलेन के जबान व होठों की स्थिति से वह क्या कहना चाहती हैं, यह अभिव्यक्त कर देता। बस संवाद बैठ जाता। इस दरम्यान हेलेन ने बारह किताबें भी लिखी। यहां तक कि कभी न थकने वाली उत्साहित हेलेन ने सत्तर वर्ष की उम्र में अपंगों के उद्धार हेतु कुल बारह वर्ष तक उत्तर-पूर्व के कई देशों की यात्रा

भी की। यह वाकई उनके ध्यान, उत्साह व आत्मविश्वास की पराकाष्ठा हो गई। वह जिस भी देश में जातीं, वहां के राष्ट्राध्यक्ष समेत उस देश के हर क्षेत्र की सारी प्रतिभाएं उनसे मुलाकात करने को लालायित हो उठती। यहां तक कि 87 वर्ष में जब उनकी मृत्यु हुई, उससे पूर्व अमेरिका के कुल बारह प्रेसिडेंट्स से उनका संवाद हो चुका था। आप जरा इस ऐतिहासिक जीवन तथा उनकी उपलब्धियों पर गौर करें। इस पूरी यात्रा में सिवाय एकेन्द्रित-ध्यान, उत्साह व आत्मविश्वास के और क्या है? ...सोचनेवाली बात यह कि यदि सुपर कोन्शियस माइंड देखने, सुनने व बोलने की क्षमता खो चुकी हेलेन को इतनी ऊंचाई पर पहुंचा सकता है, तो वह आम मनुष्यों के जीवन में क्या-से-क्या नहीं कर सकता है?

कुल-मिलाकर कहने का तात्पर्य यह कि जीवन में बड़ी सफलता हेतु उत्साह, आत्मविश्वास, कोन्सन्ट्रेशन वगैरह होना चाहिए, यह सभी जानते हैं। मनुष्य स्वयं भी इन सब को पाना चाहता है तथा दूसरे भी उसे मौके-बेमौके इस बाबत टोकते ही रहते हैं कि ये सब अच्छे गुण बढ़ाओ। ...परंतु सवाल यह कि आपके चाहने या किसी के कहने से आप का उत्साह बढ़नेवाला नहीं। उससे कुछ हो जाता होता तो सभी कबके उत्साह व आत्मविश्वास से भर गए होते।

...ये सारे गुण बाजार में भी उपलब्ध नहीं हैं, वरना तो आपने खरीदकर उनकी भरपाई कर ली होती। यह तो सीधे-सीधे सुपर-कोन्शियस माइंड का स्वभाव है। उसके सक्रिय हुए बगैर आप लाख सोचें या हजार उपाय क्यों न कर लें, आपका उत्साह या आत्मविश्वास बढ़नेवाला नहीं। ...ना ही आपका कोन्सन्ट्रेशन बढ़नेवाला है। यह सब तो सुपर कोन्शियस माइंड के सक्रिय होने पर ही संभव है। तथा उसके सक्रिय होने की एक ही शर्त है, और वह है आपके कोन्शियस, अन-कोन्शियस व सब-कोन्शियस माइंड का कमजोर होना।

सो मुझे उम्मीद है कि आप अब हजार उपाय छोड़ आप में स्थित मेरे सुपर-कोन्शियस स्वरूप को सक्रिय करने पर ध्यान देंगे। और कम-से-कम बच्चा, जिसका सुपर-कोन्शियस माइंड सक्रिय होता ही है, उसके साथ व्यर्थ की छेड़छाड़ कर उसके सुपर-कोन्शियस माइंड को कमजोर नहीं ही करेंगे।

2) कलेक्टिव कोन्शियस माइंड (Collective Conscious Mind)

मेरा यह स्वरूप जब अपने प्रगाढ़ रूप में प्रकट होता है तब वह स्वतः ही सभी मनुष्यों के मन से कनेक्ट हो जाता है। निश्चित ही इसके इस गुण के कारण यह स्वरूप मनुष्य-जीवन को कई ऊंचाइयां प्रदान करने में भी सक्षम है। साथ ही आपके लिए राहत

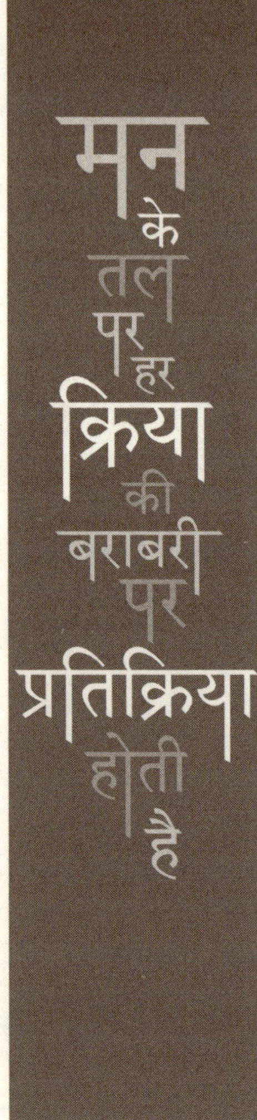

की बात यह कि मेरा यह स्वरूप कम या ज्यादा ही सही, परंतु यह हरेक में कुछ-न-कुछ मात्रा में सक्रिय रहता ही है। अतः मेरे इस स्वरूप की सक्रियता से कई ऐसे वाकये बनते हैं और कई ऐसी घटनाएं घटती हैं...जहां अधिकांश लोग एक-जैसा सोचने पर मजबूर हो जाते हैं।

हालांकि, मेरी इस बात को आप वैसे ही नहीं समझेंगे। सो मैं आपको यही बात कुछ उदाहरणों से समझाने की कोशिश करता हूँ। आपने गौर किया होगा कि अचानक ही कोई गाना रातोंरात सबको पसंद आने लग जाता है; और फिर वह गाना 'हिट' हो जाता है। कभी किसी नेता का दिया नारा अचानक सबको जंचने लग जाता है, और जिसके चलते वह देखते-ही-देखते बड़ा नेता बन जाता है। यानी, मेरा एक वह स्वरूप भी है जहां अधिकांश लोग एक-सी पसंद-नापसंद रखते हैं। आपको यह बात अच्छे से समझाने के लिए मैं लेडी-डायना का उदाहरण देता हूँ। माना वह हमेशा सुर्खियों में रहीं, माना उनके वस्त्र व फैशन हमेशा चर्चा में रहे, माना उनकी समाज-सेवाओं ने भी लोगों का ध्यान अपनी ओर आकर्षित किया; लेकिन वह कतई इतनी लोकप्रिय नहीं थीं कि उनकी मृत्यु पर विश्व ही थम जाए। फिर भी कमाल यह कि पूरे विश्व ने उनकी शवयात्रा देखी। जितने लोगों ने 'डायना' की शवयात्रा टी.वी. पर देखी, वह एक ऐसा वर्ल्ड रिकार्ड है जो शायद ही कभी टूटे। क्या हो गया? कुछ नहीं, बस एक साथ सबके कलेक्टिव कोन्शियस माइंड ने धक्का मारा। शायद अब आप मेरे इस स्वरूप की उपस्थिति व उसकी कार्यप्रणाली दोनों अच्छे से समझ गए होंगे।

यहां एक बात विशेष रूप से ध्यान रखना कि कलेक्टिव कोन्शियस माइंड के धक्के सहना, इसके सकारात्मक रूप से क्रियाशील होने का सबूत नहीं है। जिसका यह मन क्रियाशील हो जाता है उसे कभी ऐसे धक्कों का शिकार नहीं होना पड़ता है। उल्टा उसे तो लोगों की सामूहिक पसंद-नापसंद

का ठीक-ठीक अंदाजा लग जाता है। यानी आज की प्रोफेशनल-भाषा में कहा जाए तो वह लोगों की ''नब्ज'' अच्छे से पहचानने लग जाता है। अब आज के जमाने में लोगों की नब्ज पहचानना कितना महत्वपूर्ण है, यह बताने की कतई आवश्यकता नहीं। लोगों की नब्ज पहचानने व दबाने हेतु हर वर्ष हजारों करोड़ रुपये ''मार्केटिंग-सर्वे'' पर खर्च किए जाते हैं। कैसा प्रोडक्ट चलेगा? क्या लिखेंगे तो चलेगा? चुनाव में कौन-सा नारा दें तो जीतेंगे? कौन-से विषय पर फिल्म बनायी जाए तो चलेगी? कुल-मिलाकर भीड़ की पसंद-नापसंद क्या होगी; इस पर क्या नेता, क्या अभिनेता और क्या कंपनियां; सब निर्भर हैं। और कहने की जरूरत नहीं कि जिसका यह मन सक्रिय हो गया हो, वह तो लोगों की पसंद-नापसंद से सीधे-सीधे ही जुड़ जाता है। फिर तो वह चाहे जिस क्षेत्र में कूद पड़े, ...रातोंरात सफलता उसके कदम चूमने ही लगती है।

हालांकि लोगों की सामूहिक नब्ज पहचानना इस मन की एकमात्र विशेषता नहीं। जिसका यह मन सक्रिय हो जाता है वह दूसरा चाहे कहीं बैठा हो, भले ही उसे उससे मिले लंबा वक्त गुजर गया हो, परंतु बावजूद इसके, जरा-सा ध्यान लगाने पर उसे इस समय वह क्या सोच रहा है या क्या करना चाह रहा है, इसका भी बड़ी आसानी से अंदाजा हो जाता है। इसे ही आप आजकल की भाषा में 'टेलीपैथी' कहते हैं। इसका सीधा फायदा यह होता है कि कोई आपके खिलाफ कुछ करने की सोच रहा हो तो आपको पहले ही पता चल जाता है। और जब पता चल गया तो उससे आप सावधान भी हो ही जाएंगे। अब ऐसा मनुष्य संकट में फंसे तो भी कैसे? बस शांति व सुख उसका भाग्य हो जाता है। यही नहीं, यदि किसी व्यक्ति का कलेक्टिव कोन्शियस माइंड अपने टॉप पर सक्रिय हो जाए, तो वह थोड़ा-सा ध्यान लगाने पर चाहे जिसे, अपने विचार बदलने हेतु भी मजबूर कर सकता है। ...कहने का तात्पर्य जिसका कलेक्टिव कोन्शियस माइंड सक्रिय हो जाता है, वह सफलता व आनंद के कई शिखर स्वतः ही छू लेता है।

चलो छोड़ो, यही बात मैं आपको आपके मतलब की भाषा में समझाता हूँ। यूं भी मतलब की बात समझने में आपका वैसे ही कोई सानी नहीं। सो, आपके सीधे मतलब की बात यह कि यह कलेक्टिव-कोन्शियस माइंड सक्रिय सबमें रहता है, पर फर्क उसके कमजोर या मजबूत होने का है। और चूंकि अधिकांश लोगों का यह माइंड कमजोर होता है, इसलिए जीवनभर उनका शोषण होता रहता है। इस कारण वे काम व मेहनत तो भरपूर करते हैं, परंतु बावजूद इसके, सुकून और सफलता उनसे हमेशा कोसों दूर रहती है।

कारण साफ है। उनके कमजोर कलेक्टिव-कोन्शियस माइंड के कारण वे हमेशा सामान्य-मानसिकता का शिकार रहते हैं। और इस कारण उनके भय व लोभ को सहलाकर

हर कोई उनका शोषण करता चला जाता है। आप ने कभी गौर नहीं किया होगा, परंतु ये सारे धर्मगुरु ''धर्म'' के नाम पर आपका कितना शोषण कर रहे हैं, इसका अंदाजा है आपको? आपके यहां बच्चा पैदा हो या किसी की शादी हो, कोई मर गया हो या कुछ; आप उन्हीं के आसरे सबकुछ करने पर मजबूर हैं। यहां तक कि मौके-बेमौके भी वे आपको झूठे आश्वासनों के नाम पर या किसी बात से डराकर कोई-न-कोई धार्मिक विधि करवाते ही रहते हैं। और यह सबकुछ मुफ्त में नहीं हो रहा, हर बात की आपको दक्षिणा तो देनी ही पड़ रही है।

...यह कम है तो मंदिर, मस्जिद व चर्च जाकर भी आपको चढ़ावा चढ़ाने की आदत इन लोगों ने लगवा ही दी है। आपकी इस गुलामी के फलस्वरूप पांच करोड़ से ज्यादा लोग आज विश्व में आपके ही सहारे पल रहे हैं। यही क्यों, उन लोगों के पास कितना धन हो गया है उसका तो आप अंदाजा ही नहीं लगा सकते। मंदिर व चर्च किस कदर धनवान होते चले जा रहे हैं, कभी इस बाबत सोचा है आपने? और यह धन उनके पास आ कहां से रहा है? यह सब आपके खून-पसीने की कमाई है। अब सोचिए यह कि आपकी मेहनत किसी दूसरे के काम आएगी तो आप जीवन में आगे बढ़ेंगे कैसे? सोचिए यह कि इन सब बातों से सिवाय गुलामी व द्ररिद्रता के आपको मिल क्या रहा है? आप कभी इस तरह क्यों नहीं सोचते कि सभी मंदिर-मस्जिद-चर्च जा रहे हैं, कितनों के कष्ट दूर हो गए या कितने सुखी और सफल हो गए जो आपके हो जाएंगे?

सीधी बात है, इस प्रकार के फिजूल के शोषण को आप बाध्य हैं, क्योंकि आपका कमजोर कलेक्टिव -कोन्शियस मांइड सबके प्रभाव में आ रहा है। समझ यह नहीं आता कि आप क्यों पांच करोड़ लोगों को पाल रहे हैं? थोड़ी बुद्धि यह क्यों नहीं लगाते कि जो स्वयं कुछ करने में सक्षम नहीं हैं, और आपकी दान-दक्षिणा पर जीवित हैं, वे आपका उद्धार क्या कर देनेवाले हैं? क्यों नहीं अपने मेहनत की कमाई उन्हें देने की बजाए उनसे मेहनत करवाते? और कुछ नहीं तो सब मिलकर उनसे जबरन खेती ही करवा लीजिए, देखिए अनाज के भाव पूरे विश्व में रातोंरात कम हो जाते हैं कि नहीं?

और फिर आपका शोषण केवल धर्म या धर्मगुरु ही तो नहीं कर रहे हैं। स्वास्थ्य के नाम पर डरा-डराकर कुछ डॉक्टर्स भी आपका शोषण कर ही रहे हैं। कभी यह दवाई तो कभी यह टेस्ट। कभी यह विटामिन की गोली तो कभी कोई पाउडर या टॉनिक। आप कभी नहीं सोचते कि क्या वाकई आपको इन सबकी जरूरत है? थोड़ा-सा गौर करने पर आप पाएंगे कि तंदुरुस्ती व बीमारी के नाम पर भी कई लोग आपके मेहनत की कमाई लूटने में लगे ही हुए हैं।

वहीं बड़ी-बड़ी कंपनियां व उनके विचित्र प्रोडक्ट्स का तो कहना ही क्या? आपको जरूरत हो या न हो, वे लुभावने विज्ञापनों के जरिए आपको उसकी आवश्यकता महसूस करवा ही देते हैं। और बच्चों को तो वे जाने कितने फिजूल के प्रोडक्ट्स जबरन जंचवा देते हैं। क्या कभी आप कोई प्रोडक्ट खरीदते वक्त उसकी आवश्यकता परखते हैं? ...नहीं, बस आप अपने कमजोर कलेक्टिव-कोन्शियस मांइड के कारण अपनी क्षमतानुसार वे सब खरीदने को बाध्य किए जाते हैं।

वैसे ही कई शिक्षण-संस्थाएं भी आपका धड़ल्ले से शोषण कर रही हैं। साधारण सुविधाओं व मामूली-सी रेप्युटेशन के नाम पर वे आपके बच्चों की पढ़ाई की कितनी फीस वसूल रहे हैं? समझने वाली बात यह कि इन प्राथमिक शिक्षाओं से कितनों का भला हो गया? लेकिन भला-बुरा कौन देखता है, अभी तो समाज में रेप्युटेशन का सवाल है; बच्चों को महंगी स्कूल में पढ़ने को डालना ही पड़ेगा।

और फिर ऐसे में नेताओं का तो कहना की क्या? एक-से-एक नारे व लुभावने वादे। कभी धर्म के नाम पर झगड़वाना तो कभी समाज या जाति के नाम पर। और कभी-कभी तो राष्ट्र की शान के लिए झगड़वाना। आप सोचते ही नहीं कि इन सबसे भी आपको हासिल क्या हो रहा है? सिर्फ आपके समय व ऊर्जा का दुरुपयोग हो रहा है। आपकी गुलामी व आपके शोषण बढ़ते जा रहे हैं। कोई इन सब चक्करों में पड़ने से आपका जीवन-स्तर थोड़े ही सुधर रहा है। चलो इन सब पर लुटाने के बाद आप अपनी मेहनत की कमाई का कुछ बचा भी लेते हैं, तो रातोंरात धन बढ़ाने की स्कीम बताकर लूटनेवाले बचा हुआ सबकुछ लूट ले जाते हैं। कुल-मिलाकर आपके हिस्से तो सिर्फ मेहनत, स्ट्रगल व टेन्शन्स ही आते हैं।

सो, यदि आप इन तमाम शोषणों से बचना चाहते हैं तो झूठे आश्वासनों के चक्कर में पड़ना बंद कर दें। अपने जीवन की सम्पूर्ण जवाबदारी स्वयं उठाएं। सहारे खोजें ही मत, बस आपका कलेक्टिव-कोन्शियस माइंड मजबूत हो जाएगा। इससे आपका बेवजह बात-बात पर सबसे प्रभावित होना स्वतः ही बंद हो जाएगा। और जब किसी बात या व्यक्ति से गलत प्रभावित होंगे ही नहीं, तो आपका शोषण कोई कर ही कैसे पाएगा?

...वरना तो आपका हाल आप देख ही रहे हैं। मेहनत आप कर रहे हैं और मजे दूसरे लूट रहे हैं। कमा आप रहे हैं और प्रगति दूसरे की हो रही है। वाकई मेरे इस कलेक्टिव कोन्शियस माइंड के प्रगाढ़ता से सक्रिय न होने के कारण आपका इस कदर शोषण हो रहा है कि आपका जीवन संकट व संघर्ष का दूसरा नाम होकर रह गया है। क्यों आप इस

सामूहिक-सोच के शिकार हो रहे हैं? क्या आपको यह स्पष्ट नहीं दिख रहा है कि जो सब सोच व कर रहे हैं, वही आप भी सोच और कर रहे हैं; फिर ऐसे में आपका कुछ अलग से हो, ऐसा आप सोच ही कैसे सकते हैं?

सो, क्यों नहीं आप अपनी अलग से सोच बनाते? समूह में शामिल ही क्यों होते हैं? समूह चाहे धर्म के नाम पर बनाए गए हों या जाति के नाम पर, क्या फर्क पड़ता है? फिर चाहे वे राष्ट्र के नाम बनाए जाएं या आवश्यकता के नाम पर; आपका तो शोषण ही होगा। यह सीधी बात अच्छे से गले उतार लें कि आपकी दुनिया में समूहों का सिर्फ शोषण होता है। ...कमाल तो सिर्फ व्यक्ति करता है। क्योंकि ना तो व्यक्ति का शोषण करने में किसी को रस है, और ना ही कोई कर सकता है। और यही कारण है कि ''व्यक्ति'' को यही समूह सलाम करते हैं। यहां कहने की जरूरत नहीं कि व्यक्ति वह है, जिसका कलेक्टिव कोन्शियस माइंड मजबूत है। और समूह वह है जो अपने कमजोर कलेक्टिव कोन्शियस माइंड के कारण शोषण का शिकार है।

अतः यदि आप कलेक्टिव कोन्शियस माइंड नामक मेरे शक्ति के इस अद्‌भुत केन्द्र को सक्रिय करना चाहते हैं, तो हर प्रकार के समूह से बचें। अपने निर्णयों व पसंदों में इंडिविड्यूअलिटी यानी निजता लाएं। अपनी आवश्यकता ठीक-ठीक पहचानें। व्यर्थ के आसरे व आश्वासन खोजें ही मत। सामूहिक उपद्रवों का हिस्सा कभी मत बनें।

जल्द ही आप ना सिर्फ सबके भीतर क्या चल रहा है यह जान पाएंगे, बल्कि अपने अनुसार सबके विचार बदल भी पाएंगे। और सबकी सामूहिक पसंद-नापसंद पर तो आपकी ऐसी पकड़ हो जाएगी कि पूछो ही मत। और हर प्रकार के शोषण बंद हो जाएंगे, वह अलग। ...फिर भला आपको सुखी व सफल होने से कौन रोक पाएगा?

3) स्पोंटेनियस माइंड (Spontaneous Mind)

मुझे उम्मीद है कि आप कलेक्टिव कोन्शियस माइंड व उसके प्रभाव को समझ गए होंगे। सो, अब मैं आपको अपने स्पोन्टेनियस माइंड के अस्तित्व व उसके प्रभावों के बाबत समझाता हूँ।

दरअसल स्पोंटेनियस माइंड प्रकृति की 'क्षणिक-चेतना' का एक अंग है। जिसका यह मन सक्रिय हो जाता है, वह ''सोचता'' नहीं है। वह अपने जीवन के सारे फैसले इसी माइंड से लेना शुरू कर देता है। यह माइंड जो करने को सुझाए वह तत्काल कर देता है। फिर वह उसके लाभ-हानि या अच्छा-बुरा बाबत विचार नहीं करता। निश्चित ही यह बड़े भरोसे वाली बात है। ...कोई साहसी ही ऐसा कर सकता है। चलो साहस तो जुटा लिया

जाएगा। पर पहले जरा यह बताओ कि यह स्पोंटेनियस माइंड सक्रिय कैसे होता है? ...दूसरा इसके उपयोग क्या-क्या हैं?

बात तो आपकी सही है। फायदे समझ में आएंगे- तो ही साहस बढ़ाएंगे। ठीक है, तो सक्रिय तो यह उस व्यक्ति का होता है जो क्षण-क्षण बस अपनी ही मस्ती व धुन में जीता है। जो अपनी रुचि के क्षेत्र को छोड़ दूसरी ओर ध्यान ही नहीं देता। लगातार इस तरह जीने पर अचानक एक दिन उसका प्वाइंट ऑफ क्रिएटिविटी सक्रिय हो जाता है। यह प्वाइंट ऑफ क्रिएटिविटी उसके ही स्पोंटेनियस माइंड का एक हिस्सा है जो अचानक एक दिन उसके मनपसंद के किसी भी क्षेत्र में सक्रिय हो सकता है। यहां गौरतलब बात यह है कि संसार की सारी बड़ी सफलताएं इस प्वाइंट ऑफ क्रिएटिविटी के ही सक्रिय होने का परिणाम है। फिर चाहे वह श्रेष्ठ काव्य हो या साहित्य। श्रेष्ठ नृत्य हो या संगीत। श्रेष्ठ पेंटिंग्स हो या अन्य कोई कलाकारी। या फिर कोई श्रेष्ठ प्रोडक्ट खोजना हो, या व्यवसाय के किसी क्रिएटिव आइडिया का सूझना हो। या फिर विज्ञान का कोई नया आविष्कार ही क्यों न करना हो? परंतु इनमें से कुछ भी प्वाइंट ऑफ क्रिएटिविटी के सक्रिय हुए बगैर संभव नहीं।

यहां यह बात विशेष रूप से ध्यान रख लेना कि क्रिएटिविटी कुदरत का विषय है, और विश्व की कोई भी क्रिएटिविटी कुदरत से ट्यूनिंग बैठे बगैर नहीं बह सकती। कोई भी क्रिएटिव कार्य सोचकर, सीमा में बंधकर या दृढ़तापूर्वक निर्णय कर के नहीं किए जा सकते। क्रिएटिविटी तो भीतर से अपने नियम से आती है और बाहर बह जाती है। ...यानी वह प्वाइंट ऑफ क्रिएटिविटी के सक्रिय होने पर अपने से बह जाती है।

और इसीलिए कोई कवि, गीतकार या अन्य कोई भी, कौन-सी क्रिएटिविटी कब करेगा; यह तय नहीं कर सकता। ना ही वह अपनी चाह या जरूरत पर कोई क्रिएटिविटी कर सकता है। कोई कितना ही मजा हुआ कलाकार क्यों न हो, क्रिएटिविटी के लिए तो उसे बस भीतर से धक्के आने का इन्तजार ही करना होता है। और क्रिएटिविटी की इसी निर्भरता को आर्टिस्ट लोग ''मूड'' के नाम से जानते हैं। जब क्रिएटिविटी उनसे नहीं होती तो वे समझते हैं कि उनका ''मूड'' नहीं है। मूड क्या है...? इच्छा तो आपकी बहुत हो रही है कोई हसीन धुन बनाने की, परंतु दरअसल इस समय आपका प्वाइंट ऑफ क्रिएटिविटी कुछ भेज नहीं रहा है। और जब वह भेजता है तो शानदार क्रिएशन्स हो ही जाते हैं। ...कुल-मिलाकर कहूं तो क्रिएटिविटी आप कर नहीं सकते, नियम से उसे मैं ही भेजता हूँ।

और आप भी जीवन में थोड़ा विश्व के इतिहास पर गौर करेंगे तो पाएंगे कि जिन्होंने भी विश्व में बड़ी सफलता पाई है, वह उन्होंने अनायास ही पाई है। प्वाइंट ऑफ क्रिएटिविटी सक्रिय हुआ नहीं कि उन्होंने कुछ नया किया नहीं। ...और जब नया श्रेष्ठ हो

तो वह रातोंरात "विश्व-प्रसिद्ध" हो ही जाता है। चारों ओर उसकी तूती बजती ही है। यूं भी जीवन में सफलताएं हासिल ही तब होती है जब आप कुछ नया व धमाकेदार करते हैं। ...चाहे वह नया आविष्कार ही क्यों न हो? ...या फिर वह कम्प्यूटर, एप्पल या फेसबुक ही क्यों न हो। नया है तो साम्राज्य है। मुझे उम्मीद है कि इतना समझाने पर आप संसार के सारे सुखी व सफल लोगों का इतिहास समझ गए होंगे तथा उनकी सफलता के पीछे छिपा कारण भी समझ गए होंगे। और यदि वाकई आप जीवन में बड़ी सफलता पाने के इच्छुक हैं तो फुर्सत निकालकर पचास-सौ सफल व्यक्तियों की बायोग्राफी पढ़ लेना। ...सब अपने-आप समझ जाएंगे।

सो अब प्वाइंट ऑफ क्रिएटिविटी से आगे बढ़कर मैं स्पोंटेनियस-माइंड के वास्तविक गुण की बात करता हूँ। और उसका सबसे महत्वपूर्ण गुण यह है कि उसका कोई भी निर्णय बाह्य शक्तियों या कारणों से प्रभावित नहीं होता। वह परिस्थितियों का आकलन करने की बजाए उस क्षण उसका मन जो कहे, वही कर देता है। और स्पष्ट कहूं तो वह अपने अच्छे-बुरे का निर्णय स्वयं लेने की बजाए, या परिस्थितियों की एनालिसिस करके अपना हित खोजने की बजाए...उस क्षण उससे मेरा यह स्वरूप क्या करने को कह रहा है, उस पर ज्यादा निर्भर रहता है। निश्चित ही ऐसे में उसके निर्णय चौंकाने वाले होते हैं। अक्सर शुरुआत में उसके ऐसे निर्णय दूसरों को गलत भी जान पड़ते हैं। ...परंतु अंत में जाकर वे हमेशा ठीक ही निकलते हैं, क्योंकि वे मेरे द्वारा लिए गए होते हैं।

यहां जीवन के संबंध में एक और बात समझना आवश्यक है। आपका जीवन कहां जाएगा, इसका निर्णय आपके किये गए निर्णयों पर निर्भर होता है। जितने ज्यादा ठीक निर्णय, उतना ही जीवन हसीन। और यह बात शायद हर कोई जानता भी है। यही कारण है कि प्रायः सभी अपने जीवन के बड़े फैसले बड़ा सोच-समझकर लेते हैं। लेकिन अकारण की बुद्धि लगा-लगाकर लिए गए ऐसे निर्णयों के परिणाम आप लोगों के सामने है। मनुष्यों की असफलता किसी से छिपी नहीं है। इसका स्पष्ट अर्थ यह हुआ कि ज्यादा सोचकर या बुद्धि से लिए गए निर्णय अक्सर गलत साबित हुए हैं। और इसीलिए मैं आपको सही निर्णय करने का तरीका समझा रहा हूँ। सारे ठीक निर्णय हमेशा स्पोंटेनियस होते हैं। और यह क्षणिक निर्णय लेने की क्षमता बगैर स्पोंटेनियस माइंड के सक्रिय हुए नहीं पाई जा सकती है।

और खुलकर बड़े ही स्पष्ट शब्दों में कहूं तो कोई भी व्यवसायी मेरे इस स्वरूप के सक्रिय हुए बगैर बड़ा व्यवसायी कभी नहीं हो सकता। स्पोंटेनियस माइंड मेरा वह स्वरूप है जो हर बात का बेसिक यानी मूल जानता है, और सीधा-सीधा कहूं तो मूल में ही उसका रस होता है। वह गहरे में, या कहूं डिटेलिंग में जाता ही नहीं है। बड़े-बड़े डेटा या

लंबे-चौड़े एग्रीमेंट, या जमाने भर की इन्क्वायरी या डिस्कसन में उसका रस ही नहीं होता है। चन्द बातें जानकर ही वह बड़े-से-बड़ा निर्णय हाथोंहाथ ले लेता है। और यह भी ध्यान रखना कि वह ऐसे निर्णय कर फिर कभी ना तो पछताता है और ना ही वह कभी अपने किए निर्णयों से पलटता है। यदि आप क्षणिक निर्णय करने के बाद कभी पछताते हैं, या अपने निर्णयों से पलट जाते हैं; तो समझ लेना कि अभी आपका स्पोंटेनियस माइंड पूरी तरह सक्रिय नहीं है। क्योंकि उसका निर्णय सही ही होता है। अतः पलटने या पछताने का सवाल ही नहीं उठता है।

खैर! इस संदर्भ में यहां यह भी ध्यान रखना जरूरी है कि ज्यादा एनालिसिस करनेवालों या डिस्कसन कर निर्णय लेने वालों को अक्सर पछताना पड़ता है। और-तो-और, वे अपने निर्णयों से पलटने के भी आदी होते हैं। इससे उनकी साख ही धूमिल हो जाती है। वहीं अत्यधिक चर्चाओं और सोच-विचार कर निर्णय लिए जाने के कारण उसमें समय का भी काफी अपव्यय होता है। ...कुल-मिलाकर जिसकी साख न बचे और जो समय का दुरुपयोग कर रहा हो, वह बड़ा व्यवसायी कैसे बन सकता है? इन सारी बातों का तारण निकालें तो यह बात पूरी तरह स्पष्ट हो जाती है कि जीवन के सारे महत्वपूर्ण निर्णय क्षणिक-मन से लेनेवाला ही सफलता के शिखर छू सकता है। कई लोग स्पोंटेनियस माइंड के इसी गुण को इंट्यूशन या दिल की आवाज के नाम से भी जानते हैं। लेकिन वास्तव में यह सबकुछ सिर्फ मेरे क्षणिक-मन वाले स्वरूप की ही बात है।

4) अल्टीमेट माइंड (Ultimate Mind)

अब बचा मेरा अंतिम लेकिन सबसे शक्तिशाली व महत्वपूर्ण स्वरूप, यानी अल्टीमेट माइंड। इसके प्रभाव व कार्यक्षेत्र को समझना थोड़ा कठिन है; फिर भी मैं आपको सरल भाषा में समझाने की कोशिश करूंगा। ...जरा सोचिए कि आपके चारों ओर इतने उपद्रव चल रहे हैं, आपके भीतर मन व बुद्धि के इतने नाटक चल रहे हैं; पर गौर करने लायक बात यह कि कोई तो है जो यह सब देख रहा है। ...तभी तो उसे यह सब चलने का पता चल रहा है। सोचो, कोई तो है जिसके पर्दे पर यह सारा नाटक चल रहा है। क्या आपने कभी इस तरह से सोचा है? क्या आपने कभी चिंतन किया है कि वह कौन है?

सवाल ही नहीं उठता। यदि इस तरीके से आप सोच सकते होते, तब तो आपका कबका उद्धार हो चुका होता। सो छोड़ो, अभी तो मैं अपनी इस गहरी बात को थिएटर में चलने वाली किसी फिल्म से समझाने की कोशिश करता हूँ। परदे पर चलने वाली फिल्म कौन बनाता है? निश्चित ही प्रोड्यूसर, डायरेक्टर व एक्टर वगैरह। वैसे ही आपके जीवन की

फिल्म बनाने वाले आपके मन, बुद्धि व आपके परिवेश की बाह्य परिस्थितियां वगैरह हैं। और जैसे प्रोड्यूसर की बनाई फिल्में किसी-न-किसी परदे पर चलती हैं, वैसे ही आपके मन-बुद्धि द्वारा बनायी गई आपके जीवन की फिल्म भी एक परदे पर ही चलती है। और वह जिस परदे पर चलती है, वही आपका अल्टीमेट माइंड है। और दूसरे शब्दों में कहूं तो वही आप हैं। यह अल्टीमेट माइंड है तभी तो यह सारा खेल है। यही आपका प्राण है। एक इसके कारण आपके मन, बुद्धि, शरीर, हृदय सब सक्रिय हैं। लेकिन अभी इस तक आपकी पहुंच नहीं, इसलिए आप इससे अनजान हैं।

लेकिन जो इस मन तक उतर जाता है वह सबकुछ पा लेता है। क्योंकि फिर उसमें कभी कोई परिवर्तन नहीं आता। ...फिर तो जैसे फिल्म में कितने ही उतार-चढ़ाव आ जाएं, कितने ही दुःख भरे सीन आ जाएं; पर परदे को उससे क्या? वैसे ही जो इस मन तक पहुंच गया, फिर उसे उसके जीवन की फिल्म में कितने ही उतार-चढ़ाव आ जाएं, उसे क्या? ...यानी उसकी मस्ती, शांति व प्रसन्नता पर अब कोई खतरा नहीं। और ध्यान रहे, यदि कोई मनुष्य इस अल्टीमेट माइंड की ऊंचाई तक पहुंचा है तो वह वहां पहुंचा भी सारे शक्तिशाली मनों से गुजरकर ही है। अर्थात् एक के बाद एक मेरे शक्तिशाली केन्द्रों को सक्रिय कर ही वह यहां तक पहुंचा है। और इसी कारण वह शक्ति के उन सारे केन्द्रों की फितरतों से वाकिफ भी होता है। अतः जरूरत पड़ने पर वह उन केंद्रों का जब और जैसा चाहे उपयोग भी कर सकता है। और इसका एकदम सीधा अर्थ निकालना चाहें तो कह सकते हैं कि एक तरीके से उसका मानव-जगत पर साम्राज्य हो जाता है।

मैंने निश्चित ही संक्षिप्त में व यथासंभव सरल भाषा में इस मन बाबत आपको बताया। उम्मीद है कि आप समझ भी गए होंगे। इसके साथ ही मेरे विभिन्न स्वरूपों व उनकी कार्यप्रणाली तथा प्रभाव के बाबत यह चर्चा मैं यहीं समाप्त करता हूँ।

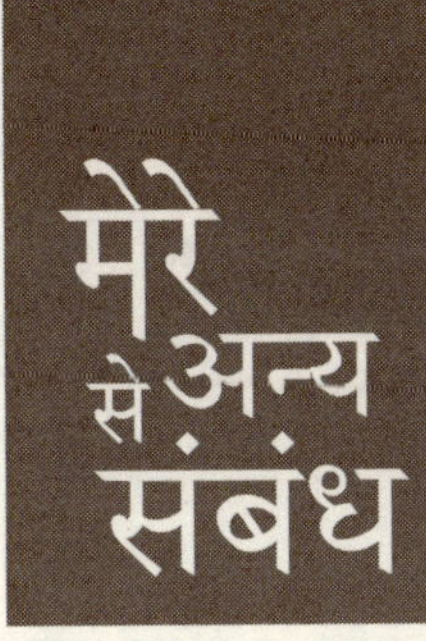

मेरे अन्य से संबंध

वाह भाई मन! आपने तो प्रेजेंटेशन ही ऐसा किया मानो आपके अलावा मनुष्य-जीवन में कुछ और महत्वपूर्ण हो ही नहीं। मानो सुख-दुःख या सफलता सब एक आप ही के कारण हो। मानो हमारे शरीर, बुद्धि या इन्द्रियों का कोई महत्व ही न हो। देश, दुनिया समाज या परिस्थिति का हमारे जीवन पर कुछ प्रभाव ही न पड़ता हो। ...लो कर ली न बुद्धिमान मनुष्यों वाली बात? अरे! मैंने तो अपनी बात अभी शुरू ही की है; कोई पूरी थोड़े ही कर दी है। चलो जब बात छेड़ ही दी है, तो इस बारे में भी विस्तार से बताता हूँ।

मनुष्य के जीवन को निश्चित ही उसका शरीर, बुद्धि व बाह्य परिस्थितियां प्रभावित करती हैं। और जब इनसे मनुष्य का जीवन प्रभावित होता है तो मैं भी इनसे अछूता नहीं रहता। इन सबका मुझपर भी कुछ-न-कुछ असर होता ही है। लेकिन कैसे और किस तरह; यह थोड़ा कोम्प्लीकेटेड है। ...फिर भी मैं अपनी ओर से आपको सरल-से-सरल भाषा में समझाने का प्रयास करता हूँ। और इस हेतु सर्वप्रथम मैं आपको मेरे और शरीर के संबंध के बारे में बताता हूँ।

(A) मेरा और शरीर का संबंध:

इस बाबत कुछ समझाऊं उससे पहले आप अपने शरीर की संरचना बाबत समझ लें। मनुष्य का शरीर काफी हद तक उसके जीन्स और डीएनए पर निर्भर करता है। साथ ही उस पर बाह्य परिस्थितियों का भी असर होता ही है। मसलन, यदि आप यूरोप मैं पैदा हुए होंगे तो अधिक संभावना है कि गोरे ही होंगे वहीं अगर नैरोबी या वेस्टइंडीज में पैदा हुए होंगे तो प्राय: सांवले ही होंगे। वैसे ही यदि आप चीन में पैदा हुए होंगे तो नाटे होंगे। ठीक ऐसे ही आपके जीन्स और डीएनए का प्रभाव आपके स्वास्थ्य पर भी पूरा-पूरा पड़ता ही है। इतना ही नहीं, आपके स्वास्थ्य पर किस जगह व किस परिवार में पैदा हुए हैं, उसका भी असर पड़ता है।

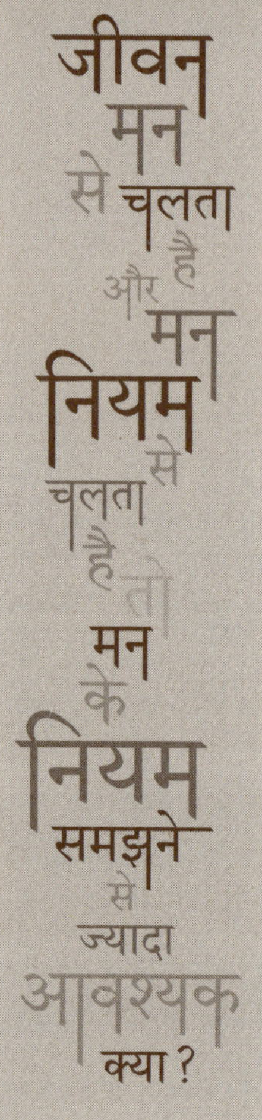

...अब यदि मैं अपनी बात करूं तो आप किसी भी देश, काल या परिस्थिति में पैदा क्यों न हुए हों, "मैं" वैसा-का-वैसा रहता हूँ। इन सब बातों का मुझपर या मेरी कार्यप्रणाली पर कुछ असर नहीं होता है। यानी मन के स्तर पर मनुष्यों में कहीं कोई भेद नहीं होता।

चलो, यह तो हुई मेरे और शरीर के होने के ढंग की बात। और जहां तक हमारे आपसी संबंध की बात है, तो हम दोनों भी एक-दूसरे से प्रभावित होते ही हैं। ...मसलन यदि मनुष्य को एसिडिटी होती है तो मैं तुरंत बेचैनी व चिंता पकड़ लेता हूँ। और ठीक ऐसे ही यदि मैं चिंता पकड़ लूं तो उस मनुष्य की एसिडिटी बढ़ ही जाती है। ठीक उसी तरह यदि मनुष्य अस्वस्थ हो या उसके शरीर में पीड़ा हो रही हो तो "मैं" भी उदास व बेचैन हो ही जाता हूँ।

...वैसे यहां पर एक बात और स्पष्ट कर दूं कि शरीर का मुझपर असर जरूर होता है; परंतु इसका प्रभाव हर मनुष्य की मानसिक-दशा पर भी पूरा-पूरा निर्भर करता है। जहां कोन्शियस या सब-कोन्शियस मन में जीनेवालों पर शरीर का तीव्र असर पड़ता है, वहीं सुपर-कोन्शियस या उससे ऊपर के मन में जीनेवालों पर उसके शरीर का असर नगण्य-सा ही पड़ता है। उदाहरण के तौर पर स्टीफन-हॉकिंग को ही ले लीजिए। अपनी तमाम शारीरिक अक्षमताओं के बावजूद वे आज विश्व के चन्द शीर्षस्थ विद्वानों में शुमार किए जाते हैं। कमाल यह कि वे आपकी तरह बोल नहीं सकते, शरीर तक पूरी तरह निष्क्रिय है; बस अपने गालों से अभिव्यक्ति करना सीख उन्होंने यह मुकाम पाया है। कहने का तात्पर्य मजबूत मन के लिए शरीर कोई बाधा नहीं। दूसरे शब्दों में कहूं तो शरीर का तो मुझपर इतना असर नहीं पड़ता, पर हां मैं शरीर को बुरी तरह प्रभावित करता हूँ। ...यहां तक कि मनुष्य की अधिकांश बीमारियां भी उसके मन की कमजोरी के कारण ही होती हैं। मजबूत व प्रसन्न मन हजार बीमारियों पर स्वतः ही

फतह पा लेता है। मतलब यह कि शरीर स्वस्थ रखने हेतु भी मुझपर ध्यान देना आवश्यक है। मेरे बगैर तो मनुष्य के शरीर तक का उद्धार नहीं। और मोटे तौर पर कहूं तो यही मेरा और शरीर का संबंध है। दोनों एक-दूसरे को प्रभावित तो करते हैं, परंतु वहां भी बाजी मेरे ही हाथ लगती है।

चलो इसी बात को मैं एक उदाहरण से समझाता हूँ। एकबार अचानक एक मां के दायें हाथ को लकवा मार गया। डॉक्टरों ने काफी इलाज किया पर बात नहीं बनी। आखिर उन्हें साइक्रेटिस्ट के पास ले जाया गया। उस साइक्रेटिस्ट ने महिला को सम्मोहित अवस्था में ले जाकर उस हाथ से क्या-क्या महत्वपूर्ण किया...इस बाबत पूछताछ शुरू की। जल्द ही उस महिला ने रोते हुए बताया कि मैंने अपने इसी हाथ से अपने बेटे को एकदिन चोरी करने पर खूब मारा था। लेकिन मुझे उस हादसे का बड़ा पछतावा है। मैंने अपने मासूम को क्रोध में जानवरों की तरह पीट दिया था। मेरा तो यह हाथ ही कट जाना चाहिए।

अब तो बात खुल गई थी। हाथ को लकवा उस औरत को पकड़ी गिल्ट के कारण पकड़ा था। बस उस साइक्रेटिस्ट ने समझाया कि यदि तुम उसे उस वक्त न पीटती तो हो सकता है वह बड़ा होकर वाकई चोर बन जाता। सो तुमने जो किया ठीक ही किया। उलटा तुम्हारे इस हाथ ने तो उसका जीवन ही बचाया है। बस महिला की गिल्ट जाती रही - और उसके साथ ही हाथ को मारा लकवा भी चलता बना।

यह है मेरा कमाल। और आपके कमाल की बात करूं तो मैं इतना महत्वपूर्ण होते हुए भी ना तो आप मुझे जानने में और ना ही मुझे समझने में कोई रुचि दिखाते हैं। होगा, अभी तो हम आगे बढ़ते हैं।

(B) मेरा और परिस्थितियों का संबंध:

निश्चित ही मनुष्य किस देश, किस माहौल व किन परिस्थितियों में पैदा होता है, इसका उसके जीवन पर बड़ा गहरा असर पड़ता है। और मनुष्य के जीवन पर पड़ने वाला यह असर मुझपर, यानी उसके मन पर भी पड़ता ही है। यदि कोई किसी गांव के किसी गरीब घर में पैदा होता है, तो उसे बचपन से ही कमाने हेतु कड़ी मेहनत करनी पड़ती है। यहां तक कि कोई बड़ी सफलता के लिए उसे शहरों में जाकर संघर्ष भी करना पड़ता है। ...परंतु फिर भी जैसा कि मैं कई बार कह चुका हूँ कि मनुष्य की परिस्थिति चाहे जो हो, मैं सब में समान रूप से उपस्थित रहता ही हूँ। और मेरा सिर्फ एक सिद्धांत है कि मेरे सुपर-कोन्शियस माइंड को सम्भाल कर रखो, और ना सम्भाल पाए हो तो किसी तरह उसे फिर सक्रिय करो; बस मैं आपको तमाम बाहरी कारणों से सलामतीपूर्वक निकालकर "सुखी व सफल" बना

ही दूंगा। ...और मेरे इस दावे का इतिहास भी गवाह है। क्षेत्र चाहे संगीत का हो या कला का, विज्ञान का हो या व्यवसाय का; अधिकांश सफल तो गरीब घर के अनपढ़ ही हैं। कहने का तात्पर्य परिस्थितियों का जीवन पर असर अवश्य पड़ता है, परंतु उनको बेअसर कर सिर्फ एक मेरी मजबूती के सहारे जीवन के सारे मुकाम हासिल किए ही जा सकते हैं।

(C) मेरा और बुद्धि का संबंध:

बस यह सबसे ज्यादा जटिल परंतु सबसे महत्वपूर्ण विषय है। यहां मेरी संरचना से लेकर मेरी कार्यप्रणाली बाबत तो मैं काफी कुछ पहले ही बता चुका हूँ। मैं यह भी कह ही चुका हूँ कि मेरा अस्तित्व तथा मेरा मैकेनिज्म दोनों कोम्प्लीकेटेड होने के कारण अधिकांश लोगों व वर्गों की समझ में मैं कभी नहीं आया हूँ। वैसे ही यहां मैं यह भी बता दूं कि ब्रेन भी अपने-आप में बड़ा ही कोम्प्लीकेटेड इंस्ट्रूमेंट है। यह तो ठीक पर मनुष्य की सबसे हास्यास्पद स्थिति तो यह कि बमुश्किल ही किसी को मेरे और ब्रेन का फर्क तक मालूम है। फर्क की बात करते हो, अधिकांश लोगों को तो मेरे और बुद्धि के अलग-अलग अस्तित्व तक का अंदाजा नहीं है। हां, कुछ मनोवैज्ञानिकों ने अवश्य मेरे अस्तित्व को स्वीकारा है। लेकिन सच कहूं तो कुल-मिलाकर मेरे अस्तित्व को लेकर हर कोई पूरी तरह भ्रमित ही है। कुछ मुझे बुद्धि का एक हिस्सा मानते हैं तो कुछ उनकी नई खोज के मुताबिक मानव की खोपड़ी के पिछले भाग में स्थित एक छोटा दिमाग मुझे समझते हैं। हां, कुछ अवश्य मुझे तरंगों का एक कोम्प्लीकेटेड मैकेनिज्म मानते हैं। लेकिन मैं आज पूरी स्पष्टता से मेरे व ब्रेन के बीच का पूरा-पूरा फर्क समझाता हूँ। वैसे यह इतना जटिल भी नहीं, क्योंकि दोनों के प्रभाव व कार्यक्षेत्र ही नहीं...दोनों की कार्यप्रणाली भी सर्वथा भिन्न हैं।

बुद्धि	मैं
(1) बुद्धि अपने-आप में एक कोम्प्लीकेटेड स्ट्रक्चर है और जिसका शरीर में भौतिक अस्तित्व भी है।	(1) मैं भी एक कोम्प्लीकेटेड मैकेनिज्म हूँ, परंतु हूँ सिर्फ तरंगों का एक खेल। मेरा शरीर में कोई भौतिक अस्तित्व नहीं है।
(2) बुद्धि इस जन्म की है, तथा अपने अनुभवों से निखरती या कमजोर होती है। साथ ही ऊर्जा भी उसे निखारती ही है।	(2) मैं पूरी तरह मनुष्य की ऊर्जा से संचालित हूँ, तथा मनुष्य के अस्तित्व जितना ही पुराना हूँ।

(3) बुद्धि का विकास हर मनुष्य में अलग-अलग होता है। निश्चित ही यह डीएनए, जीन और परिस्थितियों पर निर्भर करता है।	(3) मैं सब में एक-सा होता हूँ। मेरे अस्तित्व पर किसी का कोई प्रभाव नहीं।
(4) बुद्धि का कुल वजन 3 पाउंड यानी सवा किलो के करीब है तथा इसमें करीब दस बिलियन यानी सौ अरब ज्ञान-तंतु हैं।	(4) मेरी तरंगों का कोई हिसाब नहीं रखा जा सकता है।
(5) बुद्धि किसी नियम से नहीं बरतती है।	(5) मैं पूरी तरह नियम से चलता हूँ। और इसी से मैं प्रेडिक्टेबल भी हूँ।
(6) बुद्धि सोचने में माहिर है। इसमें विचारों की आवन-जावन चालू ही रहती है।	(6) मैं भावों का जगत हूँ।
(7) शरीर को नियंत्रित व संचालित करना बुद्धि का काम है।	(7) मैं शरीर को सीधे नियंत्रित नहीं करता हूँ।
(8) बुद्धि मन की कमजोर तरंगों को रोकने की क्षमता रखती है। बल्कि कहूं तो मन में उठ रही तमाम कमजोर तरंगों को लगातार उसका दबाना जारी ही रहता है; फिर चाहे वह कमजोर तरंगें क्रोध और प्रेम ही क्यों न हो।	(8) वैसे तो बुद्धि बात-बिना-बात के मेरे तल पर उठ रही तरंगों को दबाती ही रहती है, परंतु जब मेरी शक्तिशाली तरंगें अपने पूरे उफान पे होती हैं तो ब्रेन के नियंत्रण के बाहर हो जाती हैं। मेरे भीतर से तीव्र क्रोध आने पर ब्रेन द्वारा उसे नियंत्रित करने की लाख कोशिश के बावजूद वह निकल ही जाता है।
(9) बुद्धि सोचने, योजना बनाने, एनालिसिस करने या मैनेजमेंट करने में माहिर होती है।	(9) इनमें से एक भी कार्य मेरे क्रिया-क्षेत्र में नहीं आता है।
(10) चूंकि बुद्धि सारे रहस्यों से अनजान है, इसलिए डर-डर कर जीने पर मजबूर करती है।	(10) चूंकि मैं सारे रहस्य जानता हूँ, इसलिए बिंदास बिना किसी डर के जीने में विश्वास करता हूँ।

(11) समाज से लेकर परंपराएं सबकुछ मनुष्य की बुद्धि की ही उपज है।	(11) मेरा समाज या परंपराओं से कोई लेना-देना नहीं।
(12) बुद्धि तोड़कर देखती है। अच्छा-बुरा, सही-गलत, पाप-पुण्य यह सब बुद्धि की परिभाषा है।	(12) मन वस्तुओं को अलग-अलग पहचान कर कोई व्यवहार नहीं करता।
(13) बुद्धि का कुदरती क्रिएटिविटी से कोई लेना-देना नहीं होता।	(13) मैं पूरी तरह क्रिएटिव हूँ। या यूं कहूं कि क्रिएटिविटी सिर्फ मेरा विषय है, तो ज्यादा ठीक होगा।
(14) बुद्धि की जरूरतें हजार हैं। वह महत्वाकांक्षी होती है।	(14) मुझे अपने "मूड" के अलावा कुछ नहीं चाहिए होता है।
(15) बुद्धि पूरी तरह एक्सट्रोवर्ट होती है।	(15) मैं पूरी तरह इंट्रोवर्ट हूँ।
(16) बुद्धि के पास मेमरी होती है। खबरें व जानकारी रखना इसका काम है।	(16) मेरे पास कोई मेमरी नहीं होती है। मेरा पूरा कार्य नियम से ऑटोमेटिक होता है।
(17) बुद्धि बगैर सोचे कुछ नहीं कर सकती।	(17) मैं पूरी तरह स्पोंटेनियस होता हूँ।
(18) बुद्धि का हर कार्य कैलकुलेटिव होता है। यानी उसके सोचने के ढंग में स्वार्थ होता है।	(18) मेरे लिए अपनी मस्ती परम है। मुझे क्षण-क्षण मेरे मुताबिक कट जाए, तो और कुछ नहीं चाहिए होता है। फिर उससे होने वाले हित-अहित की मैं परवाह नहीं करता।
(19) बुद्धि कनिंग होती है। तर्क उसका हथियार है। उसके सहारे वह अपने को सही व दूसरे को गलत साबित करने में लगी ही रहती है। अपने को बचाना बुद्धि को बड़ा प्रिय है।	(19) मैं सीधा व सरल हूँ। मैं जैसा हूँ-वैसा हूँ। जब मुझे विचार ही नहीं तो तर्क कैसा? जब सही-गलत व अपने-पराये का भेद ही नहीं, तो किसको मारना और किसे बचाना? किसको दिखाना और किससे छिपाना?

(20) बुद्धि की निगाह आवश्यकताओं पर बनी ही रहती है, और मानना होगा कि मनुष्य के सारे विकास की नींव भी उसी कारण पड़ी है।	(20) यहां मेरा व बुद्धि का सामंजस्य प्रकट होता है। बुद्धि की आवश्यकताओं की पूर्ति हेतु मेरी शक्तियों का भरपूर उपयोग होता है।
(21) बुद्धि बड़े गणित में शून्य होती है।	(21) मैं विश्व के ही नहीं, चांद-तारों तक के गणित में माहिर होता हूँ।
(22) बुद्धि के कार्य सोच के होते हैं, इसलिए उनमें फ्लो नहीं होता।	(22) मैं पूरी तरह बहता हूँ, इसलिए सारी श्रेष्ठ कलाएं मेरे भीतर से ही बहती हैं।
(23) बुद्धि दूसरों से प्रभावित होती भी है व दूसरों को प्रभावित करने के चक्कर में रहती भी है।	(23) मेरा किसी दूसरे से कुछ लेना-देना नहीं। मैं अपने-आप में पूर्ण हूँ।
(24) बुद्धि की निगाह हमेशा दूसरों पर रहती है।	(24) मेरा विश्व अपने से शुरू होकर अपने पर ही खत्म हो जाता है।
(25) बुद्धि की सोच इस जन्म तक सीमित है।	(25) मैं अनंत का गणित लगाकर व्यवहार करता हूँ।
(26) बुद्धि बंध कर जीने में माहिर होती है।	(26) मुझे कोई बंधन स्वीकार नहीं।
(27) बुद्धि विश्व की संरचना, कुदरत के नियमों अथवा तमाम वे बड़े रहस्य, जो मनुष्य-जीवन को प्रभावित करते हैं, उनसे पूरी तरह अनजान होती है।	(27) मेरी भीतरी शक्तियों के लिए इस ब्रह्मांड में कुछ रहस्य नहीं।

खैर! मुझे उम्मीद है कि इतने विस्तृत वर्णन के बाद आपको मन व बुद्धि का काफी कुछ फर्क समझ आ गया होगा। आप यह भी समझ गए होंगे कि दोनों अपनी-अपनी जगह अति महत्वपूर्ण तथा शक्तिशाली हैं। और आप यह भी समझ ही गए होंगे कि दोनों एक-दूसरे को ना सिर्फ बुरी तरह प्रभावित करते हैं, बल्कि एक-दूसरे पर अपना साम्राज्य जमाने की कोशिश में भी लगे ही रहते हैं। ऐसे में यह समझाने की कतई आवश्यकता नहीं

कि उनकी इस कोशिश में उनका तो ठीक पर आपका जीवन पिसकर रह जाता है क्योंकि मन ही की तरह बुद्धि की भी कई विकृत गतिविधियां हैं। अतः दोनों के यथायोग्य सामंजस्य के बगैर जीवन को सुखी व सफल बनाना आसान नहीं। और निश्चित ही उसके लिए दोनों के फर्क को समझना बड़ा आवश्यक है।

सबसे महत्वपूर्ण बात तो यह कि यदि बुद्धि के अच्छे व बुरे कार्यों को भिन्न-भिन्न समझ लिया जाए तो निश्चित ही आप हजार बेवजह की मुसीबतों से बच सकते हैं। और इस संदर्भ में बुद्धि की उपयोगिता की बात करूं तो...विश्लेषण करने में, जरूरत पहचानने में, कल्पना करने में और किसी हद तक चीजें याद करने में वह बड़ी उपयोगी है। यानी यह सब बुद्धि के जीवन को बढ़ानेवाले कार्यों की फेहरिस्त हुई। और इन कार्यों में उसका जमकर उपयोग किया जाना भी चाहिए।

वहीं दूसरी ओर बुद्धि में छिपी बुराइयों की बात करूं तो उसकी स्वार्थी प्रवृति तथा मन के भावों को कारण-अकारण कुचलने की उसकी कोशिशों से बचना भी उतना ही आवश्यक है। क्योंकि मन की अपनी दुनिया है, जिसका बुद्धि को कुछ पता नहीं। उसे तो मेरे जो भाव उसके तात्कालिक हित के नहीं जान पड़ते, बस वह उसे दबाने के चक्कर में लगी रहती है। और यहां मुझे यह कबूलने में कोई ऐतराज नहीं कि मेरे सार्वभौम होने के बावजूद मनुष्य की बुद्धि को यह सत्ता है ही कि वह मेरे द्वारा भेजे गए भावों में जीये या नहीं। और सच कहूं तो बुद्धि की यह सत्ता ही मनुष्य को भारी पड़ रही है।

सो, कुल-मिलाकर कहूं तो मेरा और बुद्धि का फर्क समझे बगैर जीवन को साकार बनाने का कोई उपाय नहीं। मेरी ही तरह बुद्धि के भी अच्छे व बुरे दोनों प्रभाव होते हैं। कहने की जरूरत नहीं कि मेरे व बुद्धि के अच्छे प्रभावों का जमकर उपयोग करना, तथा दोनों के दुष्प्रभावों से बचना ही आपके जीवन को प्रगति की राह पर लगा सकता है। वहीं दोनों का आपसी सामंजस्य बिठाते आना भी उतना ही महत्वपूर्ण है।

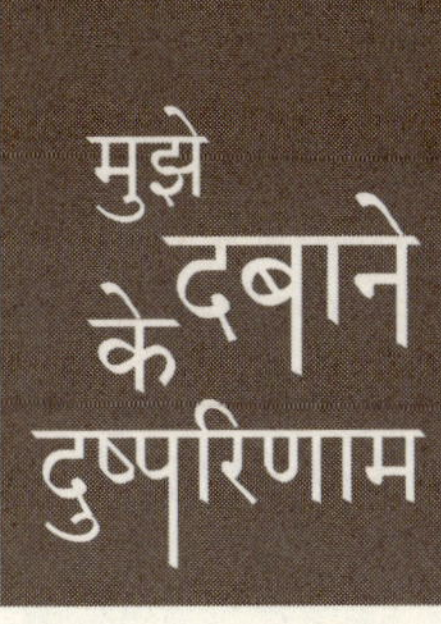

मुझे दबाने के दुष्परिणाम

चलो, जब यह समझ लिया कि मेरे तल पर उठ रही तरंगों को सिर्फ बुद्धि रोक सकती है, तो उसके कारणों व परिणामों पर भी चर्चा कर ली जाए। क्योंकि आपको यह समझाना ही होगा कि मैं क्यों बुद्धि द्वारा मेरे स्वाभाविक भावों को दबाये जाने से आप को चेता रहा हूँ। अगर आपको सुखी व सफल होना हो तो यह बड़ी गहराई से समझना ही होगा। इतना ही नहीं, समझकर आपको अपनी बुद्धि को यह समझाना भी होगा कि वह मेरी तरंगों को न दबाए। हालांकि यह सब इतना आसान नहीं; इसके लिए बड़ी तीव्र समझ व साहस दोनों आवश्यक है। लेकिन मुझे उम्मीद है कि बुद्धि द्वारा मेरे स्वाभाविक भावों को दबाने के दुष्परिणामों को जानने के बाद आप अपने में वह समझ और साहस पैदा कर ही लेंगे।

सो, अभी तो सबसे पहले यह समझ लें कि बुद्धि मेरे भेजे भावों को दबाती क्यों है? अपनी इस बात को मैं 'क्रोध' के उदाहरण से समझाता हूँ। मानो मेरे तल पर क्रोध उभरा है तो बुद्धि उसे पूरी तरह निकलने से रोकती क्यों है? इसलिए कि यह क्रोध उसे बे-मौके का जान पड़ता है या फिर इसलिए कि सामनेवाला बुरा मान जाएगा इस बात का डर उसे सता रहा होता है। अक्सर इस बात की घबराहट भी होती है कि जिस पर क्रोध निकालना चाह रहे हैं, कहीं वह भविष्य में कोई अहित न कर बैठे। और अक्सर तो सामनेवाला आपकी बुद्धि को काम का आदमी जान पड़ता है। आपकी बुद्धि सोचती है कि क्यों बेमतलब किसी से बिगाड़ना। अब कारण चाहे जो हो, परंतु परिस्थिति यह हो जाती है कि भीतर क्रोध भरा होता है पर आप उसे बाहर निकलने नहीं देते हैं।

चलो यह तो ठीक, पर सोचो यह कि क्या इससे आपके भीतर का क्रोध छिप जाता है? क्या यह सामनेवाले को दिखाई नहीं देता? बिल्कुल देता है। सामने उपस्थित व्यक्ति थोड़ा या पूरा यह तो ताड़ ही लेता है कि आपके भीतर कुछ अटपटा चल रहा है। हालांकि मजा यह कि वह भी अपना यह ताड़ना छिपाता ही है।

छोड़ो। यह तो सामनेवाले की समस्या हुई। अभी तो समझो यह कि जब क्रोध आता है तो आपके पास दो ही रास्ते होते हैं, आप या तो बुद्धि की सुनें या मन की। अब

जब क्रोध गहरा होगा तब तो बुद्धि की चलनेवाली नहीं। अर्थात् उस हालत में तो आपके पास कोई ऑप्शन ही नहीं। तब तो बुद्धि लाख समझाए या कोशिश करे, क्रोध निकल ही जाएगा। अब रहा सवाल साधारण क्रोध का...तो बुद्धि का स्वार्थपूर्ण तर्क भले ही आपको यह समझाकर क्रोध दबाने को राजी कर लेता हो कि इससे आपका ही नुकसान है, पर क्रोध करने का कुछ हर्जाना तो भुगतना ही पड़ता है। परंतु क्या कभी आपने ऐसा सोचा है कि यह जो क्रोध आप दबा रहे हैं उसके भी दुष्परिणाम हो सकते हैं?

कभी सोचा होता तो इस कदर अपने क्रोध को दबाया ही न होता। छोड़ो, अभी तो सवाल यह कि क्रोध दबाने के दुष्परिणामों के बारे में कौन बताएगा? ...तो स्वाभाविक रूप से वह तो मैं ही बताऊंगा। और उस संदर्भ में अभी तो आप इतना अच्छे से समझ लें कि क्रोध करने के घाटे तो आपको मालूम हैं, परंतु उसको दबाने से होनेवाले नुकसानों का आपको कोई अंदाजा नहीं। ...यानी घाटा दोनों तरफ है, चुनना आपको सिर्फ इतना है कि ज्यादा खतरनाक क्या है? वैसे भी अब तक आपको इतना अनुभव तो हो ही गया होगा कि मेरे व बुद्धि के इस संघर्ष में कभी बुद्धि की जीत होती है तो कभी मेरी। और कहने की जरूरत नहीं कि इसी से आपका जीवन हिचकोले खाता रहता है।

खैर! अब यहां-वहां की बात करने के बजाए सीधे क्रोध दबाने के परिणामों पर चर्चा कर ली जाए। इस संदर्भ में सबसे पहली, महत्वपूर्ण व ध्यान रखने योग्य बात तो यह कि "क्रोध" मेरी ऊर्जा का सबूत है। और इसीलिए यह परिणामकारी भी है और मनुष्य के लिए एक शुभसंकेत भी। लेकिन क्रोध को जबसे बुद्धि व समाज ने बुरा मान लिया है, तभी से मनुष्य का धीरे-धीरे कर पतन शुरू हो गया है। चलो, यह उनकी समझ हुई। परंतु जीवन आपका दांव पर लगा हुआ है, सो क्या कभी आपने यह सोचा है कि आपको क्रोध आता क्यों है? सिर्फ तब...जब आपका मनचाहा नहीं होता। इसका सीधा अर्थ यह हुआ कि क्रोध इस बात का सबूत है कि आप अपनी इच्छाओं की रक्षा करना चाहते हैं। ...यानी यदि मेरी मरजी के खिलाफ कुछ हो रहा होता है, या फिर मुझे कुछ अन्यथा करने को बाध्य करने की कोशिश की जा रही होती है, तो मुझे गुस्सा आता है और मैं आपको क्रोध भेजता हूँ।

बताओ...इसमें बुरी बात क्या हो गई? आप मनुष्य हैं, और आपको अपनी इच्छाएं पूरी करने का पूरा अधिकार है। आपको किसी बात के लिए कोई मजबूर करे तो उसका प्रतिकार करना ही चाहिए। परंतु आपका यह अधिकार धर्म और समाज को रास नहीं आता। क्योंकि मनुष्य विरोध पर उतर आएगा तो उनकी दुकानें कैसे चलेगी? सो धर्म व समाज के ठेकेदारों ने "क्रोध बुरा है" यह आपके जहन में बिठा दिया है। ...ताकि आप

धर्म व समाज की गुलामी करते रहें, पर क्रोध न करें। क्योंकि क्रोध ऊर्जा है, आज क्रोध करोगे तो कल विरोध पर भी उतर आओगे।

...लेकिन जिनमें ऊर्जा ही न बची हो उनके पास उपाय ही क्या है? बस वे परिस्थितियों से समझौता कर जीना शुरू कर देते हैं। फिर धीरे-धीरे कर यह उनकी आदत हो जाती है। ...इससे वे इस कदर दबकर जीने के आदी हो जाते हैं कि उन्हें या तो क्रोध आना ही बंद हो जाता है, या फिर अपनी कमजोरियों के कारण वे क्रोध दबाने के आदी हो जाते हैं। समाज ऐसे मनुष्य को शांत व संस्कारी मानता है। और धर्म उसे भगवान के निकट कहता है। ...बस यहां आकर और गड़बड़ हो जाती है। इससे दुर्बलों को अपनी कमजोरी ढांकने का बहाना मिल जाता है। और सच कहूं तो सम्पूर्ण मनुष्य-जाति धर्म व समाज की रची इसी साजिश का शिकार हो गई है।

खैर होगा! यहां तो मैं एक बात बड़ी दृढ़तापूर्वक व दावे से कह दूं कि क्रोध दबाने से भी कभी दबता नहीं है। वह आज दबाओगे तो कल फिर निकलेगा। आज तो कारण मौजूद होनेपर निकल रहा था, कल अकारण ही निकल पड़ेगा। और उस समय उसे कोई नहीं रोक पाएगा। माना कि हर क्रोध परिणामकारी व ऊर्जा का सबूत नहीं होता। कइयों में उसकी बड़ी मात्रा फ्रस्ट्रेशन के रूप में उसके सब-कोन्शियस या अन-कोन्शियस माइंड से भी निकलती है। लेकिन यह फ्रस्ट्रेशन भी है तो आपके भीतर ही। यह पैदा भी तो क्रोध दबाने से ही हुआ है। और फिर जो भीतर है वह निकलेगा भी सही ही।

चलो, इसे भी छोड़ो। ऐसा सोचो कि एक कमरे में दस-बीस चूहे एकत्रित हो गए हैं। अब आप चाहते हैं कि चूहे कमरा छोड़ चले जाएं। तो बताइए उस हेतु आप क्या करेंगे? निश्चित ही आपको दरवाजा खुला रख उन्हें जाने देना होगा। लेकिन यदि आप कुछ अन्य सोचकर दरवाजे बंद कर देंगे और उन्हें जाने ही नहीं देंगे, तो फिर तो वहां उस कमरे में चूहों की तादाद में बढ़ोत्तरी होती ही रहेगी। यही मेरे साथ है। मेरे से उत्पन्न कोई भी भाव कभी दबाए नहीं जा सकते। अच्छे हों या बुरे हों, ...उन्हें प्रकट कर निकालना ही पड़ेगा। और यह बात सिर्फ क्रोध के संबंध में ही नहीं है, बल्कि मेरे तल पर उभरे अन्य भावों के बाबत भी यही सत्य है। जो-जो भाव आप दबाएंगे, वे उलटा और विकृत होकर आपके सब-कोन्शियस व अन-कोन्शियस माइंड में जमा होते चले जाएंगे। और इससे तो आपके लिए परिस्थिति और भी विकट हो जाएगी। यानी उन्हें निकाले बगैर आपका कोई छुटकारा नहीं।

अभी तो अपनी इस बात को कि मेरे तल पर उभरे किन्हीं भी भावों को स्थायी तौर पर दबाया नहीं जा सकता है, को चन्द उदाहरणों से समझाता हूँ। आपने गौर किया

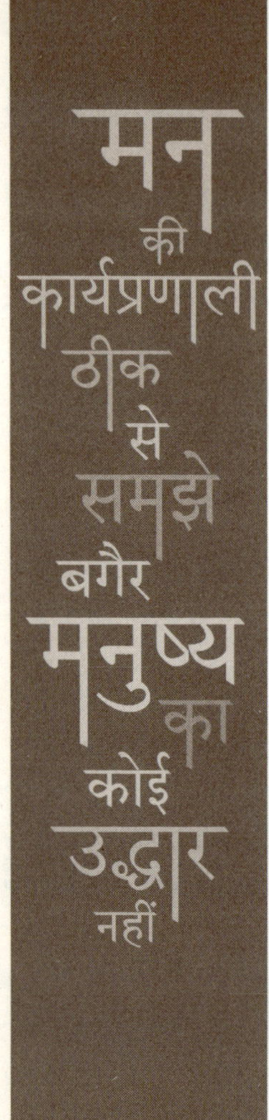

होगा कि कई मनुष्य अक्सर गाड़ी कुछ इस तरह से चलाते हैं कि उसी से उनका दबा हुआ क्रोध जाहिर हो जाता है। कई लोग पिक्चर के हिंसात्मक दृश्यों में इतना डूब जाते हैं कि परदे पर चल रही हिंसा उनके चेहरे के भावों पर प्रकट हो जाती है। आजकल तो अपना छिपा क्रोध निकालने हेतु लोगों ने हिंसात्मक खेल भी खोज लिए हैं। वहीं कई लोग WWE देखकर अपने क्रोध को रास्ता दिखाते हैं।

यह सब और कुछ नहीं; बस आपका दबा क्रोध ही बाहर निकलने का रास्ता खोज रहा है। और इसी चक्कर में आप बैठे-बिठाए हजारों तरह की ऐसी मूर्खताएं करने पर मजबूर हो रहे हैं। आप अक्सर देखना कि यदि सड़क पर कोई झगड़ा चल रहा होता है तो भीड़ स्वाभाविक रूप से वहां एकत्रित हो जाती है। सबके भीतर बड़ी आशा व उम्मीदें स्पष्ट देखी जा सकती हैं। निश्चित ही भीड़ इस उम्मीद से जुटी होती है कि कोई जोरदार मारपीट देखने को मिलेगी। मजा तो यह कि कभी दोनों शांत पड़ते नजर आ जाते हैं तो भीड़ शांत करने के बहाने उन्हें और उकसा देती है। ऐसे में यदि कोई समझदार व्यक्ति वहां आ जाता है, और समझा-बुझाकर दोनों का झगड़ा शांत कर देता है, तो भीड़ बड़ी मायूस हो जाती है। बड़े दुःखी मन से घर की ओर लौटती है। यह मायूसी क्या है? आपके दबे क्रोध को बाहर निकलने की जगह नहीं मिली, उसी बात की यह मायूसी है। जरा सोचें, क्रोध दबाने के चक्कर में आप किस स्तर तक गिर गए हैं कि दो व्यक्तियों के झगड़े में भी आपको मजा आने लग गया है। क्या तो आपका सभ्य समाज व कैसे तो आप सभ्य? और मजा यह कि आपका यह हाल सभ्यता दिखाने हेतु क्रोध को दबाने के कारण हुआ है। क्या यही आपकी वह बुद्धि है, जिस पर आप इतराते फिर रहे हैं?

खैर होगा! अभी तो यह बता दूं कि इसी तरह आपकी दबी हुई कामनाएं भी निकलती हैं। वैसे तो कामनाएं

ही क्यों, अन्य भाव भी मौके-बेमौके ठीक इसी तरह रह-रहकर निकलते ही रहते हैं। और इन सभी दबे भावों का रह-रहकर अपने विकृत स्वरूपों में बार-बार निकलना सिवाय इनके आपके सब-कोन्शियस व अन-कोन्शियस माइंड में भरे होने के सबूत के अलावा और क्या है? वैसे तो यह इस बात का भी सबूत है कि मेरे तल पर कोई भाव कभी स्थायी तौर पर नहीं दबाए जा सकते हैं। उन्हें आप आज दबा रहे हैं तो कल निकाल रहे हैं, पर निकाल जरूर रहे हैं।

चलो इसी बात को एक और उदाहरण से समझें। एक बूढ़ा आदमी सड़क पर जा रहा है; अचानक उसका झोला गिर जाता है। एक अच्छे नागरिक की तरह कोई उसे उसका झोला उठाकर दे देता है। उसे सड़क भी पार करवा देता है। बस सड़क पार करते ही बूढ़ा अपनी धुन में ऐसे आगे बढ़ जाता है कि धन्यवाद तक कहना भूल जाता है। बस यहीं से खेल जमता है। अचानक उस व्यक्ति को बुरा लगने लगता है। सोचता है, कैसा आदमी है; धन्यवाद तक नहीं कहा। कमाल यह कि उसने जब झोला उठाकर दिया था तब यह कामना उसके मन में नहीं थी। ...फिर यह आई कहां से? निश्चित ही यह उसके अन-कोन्शियस में दबी पड़ी थी; मौका देख निकल आई।

वैसे ही कई बार आपने अनुभव किया होगा कि कोई दुखियारा आपसे मदद मांगने आता है। आप एक दयालु की तरह उसकी मदद कर देते हैं। बात आयी-गयी हो जाती है। लेकिन फिर जब दोबारा उस व्यक्ति से मुलाकात होती है तो अनजाने ही आप उससे कोई विशिष्ट व्यवहार की उम्मीद कर बैठते हैं। यह भावना आपमें मदद करते वक्त कतई नहीं थी। निश्चित ही ऐसी सारी उटपटांग इच्छाएं आपके अन-कोन्शियस में दबी होने के कारण प्रकट होती रहती हैं। लेकिन सवाल यह कि ये सब आपके अन-कोन्शियस में आती कहां से है? सीधी बात है, मौके-बेमौके क्रोध दबाने से।

आपको यही बात मैं कुछ और अनूठे उदाहरणों से समझाने की कोशिश करता हूँ। क्योंकि मैं चाहता हूँ कि यह बात आप अच्छे से समझ लें कि मेरे तल पर उपजे कोई भाव स्थायी रूप से दबाए नहीं जा सकते हैं। दबाने से ना सिर्फ वे विकृत हो जाते हैं, बल्कि गलत मौकों पर निकलते भी रहते हैं। ...एक बड़ी कंपनी का मालिक था। एक दिन उसका अपनी पत्नी से किसी बात पर झगड़ा हो गया। परंतु उसे ऑफिस जाने की जल्दी थी, सो वह झगड़ा अधूरा छोड़ चलता बना। अब जगह उसने भले ही छोड़ दी थी, पर क्रोध नहीं छोड़ पाया था। परंतु अब पत्नी सामने थी नहीं, तो निकाले किस पर? सो, मजबूरी में वह क्रोध दबाए हुए ही ऑफिस पहुंच गया। उधर ऑफिस पहुंचते ही उसके दबे क्रोध को निकलने की जगह मिल गई। रिपोर्ट देने आए मैनेजर को उसने दो-चार जबरन गलतियां

ढूंढ़ डांट दिया। मैनेजर को अपनी गलती तो समझ में नहीं आई, पर मालिक के सामने क्या कह सकता था? बस चुपचाप मन में दबे क्रोध के साथ केबिन से बाहर निकल आया।

अब क्रोधित तो वह था ही, बस अपनी केबिन में पहुंचते ही उसने एकाउंटेंट को बुलवाया। हिसाब के पन्ने यहां-वहां कर उसने उसे बेवजह डांट दिया। ...एकाउंटेंट का माथा ठनक गया। उसने अपनी बैठक पे जाते ही चपरासी को बुलवाया। ...अब चपरासी को डांटने के लिए किसी वजह की भी क्या आवश्यकता? उसने उसे अच्छे से डांट पिला दी। बेचारा चपरासी चुपचाप अपमान के यह घूंट पी गया। ...पर घर पहुंचकर वह अपने पर काबू न रख सका। उसने एकाउंटेंट का क्रोध अपनी पत्नी पर निकाल दिया। पत्नी का सर चकरा गया। उसने जाकर अपने बच्चों को डांटा फिर मारा। बच्चे हत्प्रभ रह गए। बस उन्होंने संध्या खेलते वक्त मोहल्ले के अन्य बच्चों से अकारण झगड़ा कर लिया। ...यानी कंपनी के मालिक और उसकी पत्नी के बीच रह गया अधूरा झगड़ा जाकर दूसरे मोहल्ले के बच्चों में हुई आपसी मारपीट के साथ समाप्त हुआ।

जरा गौर करें कि आप जब भी किसी पर क्रोध करते हैं, तो क्या उस समय उस व्यक्ति की कोई गलती होती है? और यदि होती भी है तो उसकी गलती एक होती है और क्रोध आप उस पर दस निकाल देते हैं। अब सवाल यह कि यह "नौ" अतिरिक्त क्रोध आया कहां से? निश्चित ही यह भीतर दबा पड़ा था... निकल गया।

क्रोध के बाबत एक और चीज जान लें। अक्सर आपके दबाए क्रोध का अधिकांश हिस्सा उसी पर निकलता है जिसके विरुद्ध आपने दबाया हुआ है। ...लेकिन गलत मौके पर व गलत समय पर; जब उसकी गलती न हो तब। इससे और कुछ नहीं तो आप पागलों में जरूर गिने जाते हैं। और ऊपर से मजा यह कि जब अकारण किसी पर क्रोध निकाला है तो पीछे से पछताते भी हैं। यह पछताना फिर क्रोध उत्पन्न कर देता है। तब आप यह मानकर स्थिर नहीं हो जाते कि चलो जो हो गया सो हो गया। यदि ऐसा मान लें तो भी क्रोध पर नियंत्रण पाना शुरू कर देंगे। लेकिन नहीं, आपकी बुद्धि आपको समझा देती है कि पछता लिए-पाप धुल गया। कुछ नहीं धुला, मेरी भाषा सर्वथा अलग है। वहां तो पछताकर आपने फिर नया 'बेवजह-क्रोध' करने की जगह बना ली। क्योंकि आपका उससे एकाउंट सेटल हुआ ही नहीं। मेरे तल पर ना सिर्फ क्रिया की प्रतिक्रिया होती है, बल्कि प्रतिक्रिया की फिर क्रिया भी होती ही रहती है। छुटकारा तो सिर्फ एक बात समझकर हो सकता है कि जो है, उसे निकाल दो; और जो हो गया उसे भूल जाओ।

चलो अपनी उपरोक्त बात को भी एक उदाहरण से ही समझाता हूँ। एक संयुक्त परिवार में दो भाई रहते थे और दोनों की उम्र में करीब पन्द्रह वर्ष का फासला था। बड़ा

भाई चूंकि नौकरी करता था, सो संध्या में थके हुए ही घर आता था। उधर छोटा, जो अभी बच्चा था, को भैया के घर लौटते ही शरारतें सूझती थी। अब उसकी शरारतों पर बड़े भाई को क्रोध तो बहुत आता था परंतु बुजुर्गों के डर से वह अपना यह क्रोध दबा जाता था। छोटे भाई को कभी डांटता नहीं था।

लेकिन एक दिन मामला उलटा हो गया। भाई जब ऑफिस से घर आया तो घर पर सिवाय उसके छोटे भाई के और कोई नहीं था। उधर चूंकि घर पे कोई नहीं है और भैया ऑफिस से थके-हारे आए हैं, यह सोचकर छोटे भाई ने तत्काल बड़े भाई को पानी वगैरह के लिए पूछा। परंतु इधर बड़े भाई के दबे-क्रोध के लिए तो आज से सुनहरा अवसर हो ही नहीं सकता था। बस पानी का पूछने पर भी उसने अपने छोटे भाई को पीट दिया। भला क्यों? बस वर्षों से दबे पुराने क्रोध को आज बरसने का मौका मिल गया था। और यही तो मैं कह रहा हूँ कि जिस व्यक्ति के विरुद्ध आप क्रोध दबाएंगे वह भी निकलेगा तो उस व्यक्ति पर ही। हां, गलत वक्त पर और बगैर कारण के। ...यानी विकृत होकर। तो फिर क्रोध दबाने का फायदा क्या हुआ? ऐसे बेवक्त के क्रोध निकाल-निकालकर ही तो आपके आपसी रिश्तों में खटास आ गई है।

चलो, यह तो आप अच्छे से समझ गए होंगे। पर अब सवाल यह कि आपको क्रोध दबाना क्यों पड़ता है? तो, क्योंकि क्रोध प्रकट करने से आपको निकट का नुकसान दिखाई देता है। लेकिन समझो यह कि इस कारण जो आपके आपसी संबंधों पर तलवार लटक जाती है उसका क्या? चलो आप शायद इन सब चीजों के और इस तरह से जीने के आदी हो चुके हैं; परंतु यह क्यों नहीं समझते कि इसके अलावा भी आपका दबाया हुआ क्रोध अन्य कई तरीकों से आपके प्राण ले ही रहा है। सबसे ज्यादा खतरनाक बात तो यह कि आपका वही दबा हुआ क्रोध रूपांतरित होकर चिंता, भय व ईर्ष्या जैसे उटपटांग भावों का स्वरूप धारण करता चला जा रहा है और यह तो सीधे तौर पर आपका जीवन बर्बाद करने वाला हुआ। क्योंकि इसी कारण अक्सर जरा-सी ऊंच-नीच होने पर जो चिंता घंटे-दो-घंटे या दिन-दो-दिन में खत्म हो जानी चाहिए होती है, वह भी कई बार आपके महीनों बिगाड़ देती है। यह अतिरिक्त चिंता में इतना जीना क्यों पड़ रहा है? क्योंकि मामूली-सी ऊंच-नीच से हुए नुकसान के बहाने भीतर पड़ी चिंता को निकलने का अवसर मिल रहा है।

आप गौर क्यों नहीं करते कि आप किसी से नाराज हैं तो क्या दबाने से आपकी वह नाराजगी दूर हो जाती है? नहीं। ...वह स्वरूप बदलकर मौके-बेमौके निकलती ही रहती है। कभी गलतियां ढूंढ़ने के रूप में, तो कभी नीचा दिखाने के स्वरूप में। कभी पीठ पीछे

बुराई करने में, तो कभी व्यंग कसकर। यानी दबाया क्रोध पहले तो चिंता, भय, ईर्ष्या वगैरह में रूपांतरित होकर अन-कोन्शियस में जमा हो जाता है। फिर यही एकत्रित भय, ईर्ष्या व नाराजगी वगैरह बार-बार दबाए जाने के कारण और विकृत होकर उटपटांग हरकतों के रूप में बाहर निकलती रहती हैं। ...और फिर एक दिन आप चिंता-महाराज या फ्रस्ट्रेटेड-बाबा बने घूमते रह जाते हैं।

यहां तक भी ठीक, पर फिर आपकी सबसे बड़ी दुर्गति तो यह कि आपका यही दबा हुआ क्रोध सामूहिक रूप से भी निकलना शुरू हो जाता है। कभी धर्म के नाम पर तो कभी देश, समाज या राजनीति के नाम पर। कभी आंदोलन के रूप में तो कभी फोकट की क्रांति बनकर। और यह कम पड़ता है तो आपके चतुरे व स्वार्थी धर्मगुरु और राजनेता अनेक लुभावने नारे देकर आपके इस दबे क्रोध का अपने स्वार्थ में इस्तेमाल कर लेते हैं; वरना मनुष्य को मनुष्य का दुश्मन होने की आवश्यकता ही कहां है?

इस बात को मैं एक बड़ी घटना की सायकोएनालिसिस करके समझाने की कोशिश करता हूँ। 1947 में भारत को किस तरह आजादी मिली, यह सबको याद ही होगा। निश्चित ही अंग्रेजों ने आमप्रजा पर बड़े जुल्म ढाये थे। इतनी लंबी गुलामी व इतने जुल्म; स्वाभाविक रूप से आम भारतीयों के मन में अंग्रेजों के प्रति क्रोध था। लेकिन भारत ने आजादी गांधीजी के अहिंसा के सिद्धांतों के आधार पर ली। अच्छे मनुष्यों की तरह ली। लेकिन इस अहिंसात्मक आंदोलन का सायकोलोजिकल परिणाम क्या हुआ? क्या भारतीयों का अंग्रेजों के प्रति दबा क्रोध तिरोहित हो गया? नहीं..., मेरे तल पर यह संभव ही नहीं। अंग्रेजों के चले जाने के बाद जश्न निपटते ही सबको होश आया। यह क्या, अंग्रेज तो चले गए-अब क्रोध किस पर निकालें? बस सबका यह दबा हुआ क्रोध हिंदू-मुस्लिम झगड़े के रूप में उभर आया। कितनी हिंसा हुई-कितने कत्ल हुए। सदियों से साथ-साथ रह रहे भाई-भाई आपस में झगड़ पड़े। अतः यहां समझ यह लें कि बुद्धि की अच्छी बातें या उसके उच्च विचारों से मेरा कुछ लेना-देना नहीं। मैं अपने ही नियमों से तथा अपने ही हिसाब से बिना अपवाद के पूर्ण स्वतंत्रता के साथ बरतता हूँ। सो, यदि उस समय भारत को आजादी लेनी ही थी और अगर वह 'भगतसिंह' की तर्ज पर ले ली होती तो शायद यह हिंदू-मुस्लिम झगड़े कभी न होते। मजे की बात तो यह कि जितनी हिंसा का प्रदर्शन भारतीयों ने आपस के झगड़े में किया उतना अंग्रेजों के सामने कर दिया होता तो उससे कम हिंसा में उससे कहीं पहले वे लोग देश आजाद करा चुके होते यानी मन में क्रोध था ही और आजादी लेनी ही थी, तो पहले ही ले लेनी चाहिए थी। इससे कम-से-कम यह व्यर्थ का हिंदू-मुस्लिम वैमनस्य भी भारतीयों की नस में न बस गया होता।

कुल-मिलाकर समझ लेना कि क्रोध दबाया नहीं जा सकता है। सवाल हिंसा, उपद्रव या अराजकता का नहीं, सवाल अच्छे-बुरे या सभ्यता-असभ्यता का भी नहीं; सवाल तो मेरे नियम का है जहां क्रोध दबाने के दुष्परिणाम आते ही हैं। शब्द या विचार कितने ही अच्छे पैदा कर लो, उसे पूरी दृढ़ता से अपना भी क्यों न लो; परंतु उससे कुछ नहीं होता। यदि मनुष्य का पूरा जीवन इस कदर बिगड़ा हुआ है तो उसका मात्र व एकमात्र कारण यही है कि उसकी बुद्धि ने मुझे समझे बगैर बड़े ऊंचे-ऊंचे विचार पैदा कर लिए हैं। आम मनुष्य को वे जंच भी जाते हैं। बेचारे नासमझीवश उसे अमल में लाने की कोशिश भी करते हैं; और यहीं आकर सब फंस जाते हैं। अमल में लाएं तो मन उपद्रव खड़े कर देता है, और न लाएं तो बुद्धि व समाज उसे गिल्टी पकड़ा देते हैं। बेचारा करे तो करे क्या? मैं बताता हूँ- बस हिम्मत कर बुद्धि, समाज व संसार को एकतरफ रखकर अपने मन की चिंता करें, और उसी की रक्षा करें। बाकियों का तो नहीं मालूम पर इससे आपका सबकुछ जल्द ही ठीक हो जाएगा।

चलो, अपनी इसी बात को थोड़ा आपके आपसी रिश्तों का सहारा लेकर बताऊं। वह आपके ज्यादा निकट भी है, और उसका सबको अनुभव भी है। सो उससे शायद आपको बात जल्दी समझ में आ जाए। अक्सर आपको अनुभव होता होगा कि रह-रहकर जीवन में मित्र ही पलटकर शत्रु बन जाते हैं। अपने ही पराये हो जाते हैं। वैसे भी शत्रु कभी बाहर से नहीं आता है, वह अपनेपन का सहारा लेकर ही बढ़ता है। उसी तर्ज पर सोचें कि परिवार में तो इतना आपसी प्रेम होता है - फिर भाई-भाई का शत्रु क्यों हो जाता है? वहीं सोचें तो यह भी कि शादी के चन्द वर्षों में ही पति-पत्नी एक-दूसरे के सबसे बड़े दुश्मन क्यों हो जाते हैं? और फिर आपके आपसी रिश्तों में कड़वाहट की बात यहीं थोड़े ही थम जाती है। बाप-बेटों में अनबन हो जाती है। रिश्तेदारों में आपसी मनमुटाव हो जाते हैं। इतना सबकुछ हो जाता है और आपकी उच्च विचारों वाली बुद्धि कुछ नहीं कर पाती। ...और ना ही कुछ कर सकती है। क्योंकि मनुष्य के इन सारे आपसी उपद्रवों का मूल यही है कि वह शरम में या किसी सिद्धांत के कारण अपना आपसी क्रोध दबाए चले जा रहा है। बोलो ऐसा कि किसी को बुरा न लगे। चाहे जो करो पर वातावरण नहीं बिगड़ना चाहिए। बस इन जैसे हजारों तर्कों के चलते कोई एक-दूसरे पर आया क्रोध नहीं निकालता है। इससे वह क्रोध विकृत होकर भीतर जमा होता रहता है। ...और फिर एक दिन कोई छोटी-सी बात पर भी भीतर जमा हुआ पूरा क्रोध एक साथ निकल जाता है। हो जाती है दुश्मनी - बढ़ जाता है दुराव। सो, मेरी यह बात गांठ बांध लेना कि जिस परिवार में जितना अनुशासन है या जितनी बोलने या व्यवहारों पर पाबंदी है; आगे चलकर उतना ही वह परिवार बिखर

जाता है। क्रांति हमेशा हिटलरशाही के खिलाफ ही होती है। मुगलशासन का ही उदाहरण लें- शासन अच्छे से चल रहा था। एक औरंगजेब आया - जोर जबरदस्ती की; बस मुगलशासन का ही अंत आ गया।

यानी हर दबाने की प्रतिक्रिया होगी!...होगी!! ...और होगी!!! अतः मैं दृढ़ता से कहता हूँ कि जिस परिवार में बोलने व अपना क्रोध व्यक्त करने की पूरी आजादी होगी, उस परिवार में छोटे-मोटे झगड़े तो रोज होते रहेंगे; पर उनमें बड़े झगड़े कभी नहीं होंगे। उनका आपसी प्रेम कभी खत्म नहीं होगा। यही बात शासक के बारे में भी कही जा सकती है। जिस देश में अभिव्यक्ति की पूरी छूट होगी वहां हिंसक आंदोलन कभी नहीं होंगे। क्योंकि जब मन में आए क्रोध को अभिव्यक्त करने की छूट है ही; तो फिर हिंसा की आवश्यकता ही कहां रह जाती है? यही बात दो व्यक्तियों के आपसी रिश्तों पर भी लागू होती है। यदि दोनों एक-दूसरे से खुलकर व्यवहार करेंगे तो उनमें आपसी प्रेम जीवनभर बना रहेगा। ...वरना तो आपसी रिश्तों की वास्तविक सच्चाई मुझे किसी को बताने की आवश्यकता ही नहीं। आपस में एक-दूसरे के प्रति कितनी नाराजगी भरे आप जी रहे हैं, यह आप सभी अच्छे से जानते हैं।

यहां सोचने वाली बात यह कि जब क्रोध दबाने की शिक्षा के कारण आपके आपसी रिश्तों में इतनी कड़वाहट पैदा हो जाती है तब ऐसे समय इस तरह के सबक सिखाने वाले ये धर्म और समाज क्यों आपकी मदद को नहीं आ खड़े होते हैं? जब सबक सिखाए हैं तो फिर उसके दुष्परिणाम भोगते वक्त क्यों नहीं वे आपके साथ नजर आते हैं? छोड़ो, उन्हें केवल हवाई सबक सिखाने आते हैं, फिर उससे आपका क्या होता है; इससे उनका कोई लेना-देना नहीं। ऐसे भी वे आपको शक्तिहीन होने के ही सारे सबक सिखाते हैं। और इसी कारण उनके बताए मार्ग पर चलने के बावजूद जब आपका जीवन बुरी तरह बिगड़ जाता है, तब भी आप में उनसे पलटकर कोई सवाल पूछने की हिम्मत कहां रह जाती है?

चलो, उनकी छोड़ो। यदि आप सबकुछ समझ गए हों और वाकई अपनी इन तमाम समस्याओं का इलाज करना चाहते हों तो, उसका एक ही इलाज है कि मेरी परम सत्ता को स्वीकारें। यदि वहां से क्रोध का पागलपन आता है तो उसे निकालने में ही आप की भलाई है। यदि आप वाकई क्रोध के पागलपन और उसके विकृत स्वरूप जैसे- चिंता, व्यथा, भय इत्यादि से बचना चाहते हैं तो 'क्रोध' के पागलपन को 'क्रोध' की ऊर्जा में रूपांतरित होने दें। और उसका एक ही उपाय है कि जब, जिस पर और जितना क्रोध आता है, निकाल लें। आखिर इसमें बुराई भी क्या है? क्रोध आप तो कर नहीं रहे होते हैं। वह तो भीतर जमा होने के कारण आ रहा है और आप उसे निकाल रहे हैं। अब जब क्रोध करने

वाले का दोष ही नहीं तो उसका बुरा भी क्यों मानना? और यदि कोई पूरा परिवार या मित्रों का समूह यह समझदारी अपना ले, तब तो कोई दिक्कत ही न बचे। यदि हरकोई यह समझ ले कि 'क्रोध'...क्रोध करनेवाले मनुष्य के मन का बैंक-बैलेंस है, और वह उसे खर्च करना चाहता है; तो ऐसे में भला दूसरे को उस पर ऐतराज क्यों उठाना? ...करने दो क्रोध। अपना क्या जाता है?

बस फिर क्या है, जब भी आपके परिवार का कोई सदस्य क्रोध कर रहा होगा तो बाकी समझ जाएंगे कि इसमें इसका कुछ नहीं; बस बेचारा दबा क्रोध कारण-अकारण निकाल रहा है। ...निकल जाने दो। आप सहन करें और देखें कि क्रोध करनेवाला कुछ ही देर में शांत हो जाता है कि नहीं? फिर किसी दिन दूसरे की बारी निकल आएगी - उसे भी जमकर क्रोध कर लेने दो। इससे जल्द ही उस परिवार के सदस्यों के क्रोध का बैंक-बैलेंस खत्म हो जाएगा। परिणामस्वरूप जल्द ही उस परिवार में हमेशा के लिए 'सरोवर-सी-शांति' आ जाएगी। उम्मीद है आप समझ भी गए होंगे तथा मेरे साथ छेड़खानी करने के प्रयासों का परिणाम जान भी गए होंगे। और अब तो मेरे विकृत स्वरूपों से कैसे निपटना; यह भी आपकी समझ में आ ही गया होगा। ...यानी चिंता, व्यथा, वगैरह को भी निकलने ही देना होगा।

...चलो मेरी इसी बात को थोड़ा बच्चों के उदाहरण से समझें। बच्चे उपद्रवी व शैतान होते भी हैं और होने ही चाहिए। उनमें आपसी झगड़े और मनमुटाव होता ही है और होना भी चाहिए। लेकिन चूंकि वे नादान व भोले होते हैं, सो उन्हें बोलकर या व्यंग कसकर क्रोध निकालना नहीं आता है। वे तो अपने सीधा उपद्रव व मारपीट पर उतर आते हैं। कोई बात नहीं, इस बहाने उनका क्रोध तो निकल जाता है। और जब क्रोध ही निकल गया तो झगड़ा बचा ही कहां? बस क्रोध निकलते ही वे फिर आपस में खेलना शुरू हो जाते हैं। ...यही

उनके होने की सहज प्रक्रिया है जिसमें दुश्मनावट को कोई जगह नहीं। बच्चे पचासों बार आपस में झगड़ते हैं पर इससे उनकी मित्रता पर कोई असर नहीं आता है।

उनके इस स्वभाव को उनका गुण समझने की बजाए बुद्धिमान मनुष्य उलटा उन्हें यह समझा देता है कि यह लड़-झगड़ असभ्य परिवार के बच्चे करते हैं। सभ्य घर के बच्चे झगड़े या मारपीट नहीं करते। तो क्या उससे उनका यह स्वभाव बदल जाता है? जरा गौर करें आजकल के खेलों पर, उनमें हिंसा बढ़ती ही जा रही है। और-तो-और, सभ्य घरों के बच्चे दिनभर हिंसक वीडियो-गेम्स खेलते रहते हैं। यह और कुछ नहीं, उनका क्रोध अपने विकृत स्वरूप में निकल रहा है।

क्या अब तक भी आपको समझ नहीं आया कि वास्तव में क्रोध मित्रता का सबूत है, दुश्मनी का नहीं। आप क्रोध उसी पर करते हैं, जिन्हें आप अपना मानते हैं। परायों पर कभी कोई क्रोध नहीं करता। और चूंकि तथाकथित सभ्य घरों के बच्चे दोस्तों से ज्यादा झगड़ते नहीं, इस कारण उनकी आपसी दोस्ती भी कभी मजबूत नहीं हो पाती। यही कारण है कि उनके ज्यादा दोस्त भी नहीं होते। फिर इस अकेलेपन को छिपाने के लिए जिनसे दिल के रिश्ते नहीं, उनके साथ भी पार्टियां करते रहते हैं। परंतु उससे कहीं वास्तविक अकेलापन ढंकता है? ...नहीं। और दुनिया में बढ़ते फ्रस्ट्रेशन का यही एक कारण है। आपस में सभ्यता के नाम पर व्यवहार की छूट दबाकर सोसायटी ने मनुष्य को दिल से अकेला कर दिया है। ...इस कारण जिसे वह अपना कह सके, ऐसा कोई उसके पास है ही नहीं।

खैर! इन तमाम बातों का सार एकबार फिर अलग तरीके से दोहराऊं तो अबतक आपको इतना तो समझ आ ही गया होगा कि मैं और बुद्धि दोनों अति महत्वपूर्ण, बहुत शक्तिशाली तथा बड़े ही कोम्प्लीकेटेड उपकरण हैं। आपको यह भी समझ आया होगा कि दोनों में जहां कुछ जीवन को बढ़ानेवाली शक्तियां हैं, वहीं दोनों की कुछ जीवन को नष्ट करनेवाली हरकतें भी हैं। आपको यह भी समझ आ ही गया होगा कि दोनों एक-दूसरे के बिना अधूरे हैं। समझ में तो आपको शायद यह भी आ ही गया होगा कि मन और बुद्धि के यथायोग्य सामंजस्य के बगैर जीवन को सुखी व सफल नहीं बनाया जा सकता है। और यह तो अब कहने की जरूरत ही नहीं कि दोनों की कार्यप्रणाली व कार्यक्षेत्र पूरी तरह भिन्न है। वहीं निश्चित ही यह कहने की भी आवश्यकता नहीं कि दोनों एक-दूसरे को पूरी तरह प्रभावित करते हैं। ...साथ ही शरीर व बाह्य परिस्थितियों का भी दोनों पर असर पड़ता ही है।

अब सवाल यह कि आप अपने मन व बुद्धि में सामंजस्य कैसे बिठाएं? कैसे इन दोनों की मनुष्य को कमजोर करनेवाली फितरतों से बचें? कैसे दोनों की शक्तियों का सार्थक उपयोग कर जीवन को महत्वपूर्ण बनाएं? ...मैं आपको इसके चन्द उपाय बताता हूँ। परंतु

आगे चर्चा करूं, उससे पहले यह कह दूं कि जिन्होंने अपने बचपन में ''सुपर कोन्शियस माइंड'' बचाने का मौका खो दिया है, उन्हें भी घबराने की जरूरत नहीं। यदि उनका सब-कोन्शियस या अन-कोन्शियस माइंड अति शक्तिशाली हो गया है, तो भी उपाय है। क्योंकि मैं होऊं या बुद्धि, दोनों के तल पर ''जब जागो तब सबेरा'' है ही। और मैं जो ये सारे उपाय बताने जा रहा हूँ, वह उन्हीं लोगों के लिए है जिनका सुपर-कोन्शियस माइंड कमजोर हुआ पड़ा है। ...वरना जिस बच्चे का ''सुपर कोन्शियस माइंड'' सक्रिय है उसे तो यूं भी किसी चीज की कोई खास आवश्यकता नहीं; वह तो अपनी राह स्वयं पा ही लेगा।

मूल समस्या तो उनलोगों की है जिनके मन के साथ बचपन में खिलवाड़ हुआ है। उनके ही कोन्शियस, सब-कोन्शियस तथा अन-कोन्शियस माइंड मजबूत हुए पड़े हैं। और ऐसा एक-दो नहीं, करीब-करीब सब के साथ हुआ है। बस यही आज की तारीख में सबकी मूल समस्या है। हालांकि यह तो बात हुई मन के तलपर, दूसरी ओर ठीक वैसे ही आपकी एक और समस्या यह भी है कि बचपन में ही परिवार, समाज व शिक्षा ने मिलकर आपकी बुद्धि की गलत कंडीशनिंग कर दी है। और इस बात को आगे बढ़ाऊं उससे पूर्व मैं आपको यह ''कंडीशनिंग'' शब्द अच्छे से समझा देता हूँ। वर्षों पहले एक अति-महत्वपूर्ण प्रयोग हुआ था। यह प्रयोग कुत्ते पर किया गया था। अब हड्डी देखकर लार टपकना कुत्ते की स्वाभाविक क्रिया है। लेकिन किया यह गया कि एक चर्च के सामने उस कुत्ते को रोज ठीक समय पर हड्डी दी जाने लगी, और चतुराई यह कि ठीक उसी समय चर्च की घंटी भी बजाई जाने लगी। अब वैसे तो हड्डी व घंटी का कोई ताल्लुक नहीं था, पर लगातार महीने भर तक यह दोहराते-दोहराते ताल्लुक बिठा दिया गया। महीने भर बाद किया यह गया कि ठीक उसी समय पर घंटी तो बजाई गई पर कुत्ते को हड्डी नहीं डाली गई। लेकिन बावजूद इसके, घंटी सुनते ही कुत्ते की लार टपक पड़ी।

बस यही आपकी बुद्धि के साथ भी तीन-चार वर्ष की उम्र से ही किया जा रहा है। आप जो कागज के खिलौने और मिट्टी तक से खेलकर खुश थे, सबने मिलकर आपमें बड़ी-बड़ी अपेक्षाएं जगा दी। आप इन्सान पैदा हुए थे, आपको मशीन बना दिया। आप स्वतंत्रता से जी रहे थे, आपमें कब, क्या व कैसे करने का ज्ञान भर दिया। ...और आप दौड़ पड़े। स्कूल से शुरू की यह यात्रा कॉलेज व फिर आगे...और आगे चलते-चलते फिर मरते दम तक यह दौड़-भाग जारी रहने लगी।

यानी गौर से समझें तो जैसे मन के स्तर पर आपके कोन्शियस, सब-कोन्शियस व अन-कोन्शियस बनना आपकी समस्या है; वैसे ही बुद्धि के स्तर पर यह कंडीशनिंग भी आपकी समस्या है। और इन दोनों का इलाज एक ही है। जी हां, और उसी को ''सायकोलॉजी''

कहते हैं। और अब आगे मैं आपको चन्द सायकोलोजिकल ट्रीटमेंट्स बताने जा रहा हूँ जो आपको ना सिर्फ आपके कोन्शियस, सब-कोन्शियस और अन-कोन्शियस माइंड को कमजोर करने में सहायक होंगे, बल्कि वे आपकी बुद्धि की हुई गलत कंडीशनिंग को भी ठीक कर देंगे। लेकिन हां, यहां एक और महत्वपूर्ण बात ध्यान रखना कि सायकोलॉजी असर तभी करती है जब आप उसे 'बुद्धि' से समझने की बजाए मन की गहराइयों में उतरने देते हैं। अतः मेरा निवेदन है कि इस हेतु आप रोज सुबह मेरे बताए एक-एक उपाय को ध्यान से पढ़ें, तथा नियमित रूप से एकान्त में सिर्फ अपने मन के साथ उसपर अमल करने का प्रयत्न करें। बस रोज सिर्फ आधा घंटा इस विधि में बिताएं और देखें कि कैसे आपका जीवन सुख और सफलता की राह पर लग जाता है। देखिए कैसे आपकी तमाम समस्याओं का अंत आ जाता है। देखिए कैसे आपके चिंता, भय व फ्रस्ट्रेशन दूर हो जाते हैं।

चलो, अपना जीवन बनाने हेतु आप इतना तो कर ही लेंगे। सो अब मैं आपको दूसरी बात बताता हूँ। ...यह तो मैं आपसे कह ही चुका हूँ कि जैसे दिमाग आपके शरीर के सबसे ऊपरी भाग में स्थित है, वैसे ही मैं शरीर के मध्य यानी 'नाभि' में स्थित हूँ। कहने को यह फासला भले ही तीन फीट का है, परंतु वास्तव में यह बहुत लम्बा है। और इस फासले को तोड़ने हेतु आपको बुद्धि की जगह मन से पढ़ने की कला सीखनी होगी। और वह कला अपने भीतर विकसित करने हेतु यह जरूरी है कि आप बात पढ़ते या सुनते वक्त समझने की बजाए उसे मन की गहराइयों में वैसी-की-वैसी भेजने की कोशिश करें। वहां आपकी बुद्धि से हजारों-करोड़ों गुना तेज शक्तिशाली व परिणामकारी कम्प्यूटर है, जो पलभर में सारे कैलकुलेशन कर के सही निर्णय पर पहुंच सकता है। वरना तो समझना व याद करना दो कौड़ी का है, क्योंकि यह बुद्धि का विषय है। और बुद्धि के समझने के कभी कोई परिणाम नहीं आते। आपने भी अनुभव किया होगा कि आपने कई ऊंची-ऊंची बातें सुन व समझ रखी हैं; परंतु क्या उन पर अमल हो पाता है? उनके परिणाम आते हैं? नहीं, ऐन वक्त पर फिर गड़बड़ हो ही जाती है। जरा-सी ऊंच-नीच होने पर आपको चिंता पकड़ ही लेती है। आप जानते हैं कि इसमें चिंता का कोई विशेष कारण नहीं है, फिर भी क्या आपको उस चिंता से छुटकारा मिल जाता है? ...नहीं। लेकिन यही बात यदि मन की गहराइयों में उतार दी गई हो तो आपको उस बात के लिए चिंता नहीं पकड़ेगी।

चलो यह तो समझ गए कि बात मन की गहराइयों में उतारे बगैर कोई बदलाव नहीं आने वाला। सो अब सवाल यह कि यह कैसे पता चले कि बात बुद्धि ने समझी या मन की गहराइयों में उतर गई? तो यह तो बड़ा ही आसान है। यह तो मैं स्पष्ट कर ही चुका हूँ कि बुद्धि शरीर के शीर्ष पर है, जबकि मैं शरीर के मध्य नाभि में स्थित हूँ। और

यह फासला इतना लंबा है कि कौन सक्रिय है, इसका पता चल ही जाता है। आप भी गौर करना कि जब आप याद करने या समझने की कोशिश करते हैं तो आप का ध्यान बुद्धि पर ही जाता है। जब आप सोचते या विचार करते हैं तो वह भी बुद्धि का ही काम है। थोड़ा-सा ध्यान देने पर आपको समझ में आ ही जाता है कि यह सारी क्रिया शरीर के ऊपरी भाग में चल रही है। ...वहीं दूसरी तरफ जब आप कोई गहरी शांति या चिंता में डूबे होते हैं, तब थोड़ा-सा ध्यान देने पर आपको समझ आ जाएगा कि यह गतिविधि हृदय व नाभि के बीच कहीं चल रही है। यदि आपका क्रोध उफान पर होगा तो आप तुरंत समझ जाएंगे कि यह बड़े गहरे से आ रहा है। यही हाल खुशी से लेकर टेन्शन तक के तमाम भावों के साथ होता है। जो भाव गहरा होगा, वह नाभि से आता साफ समझ आ जाएगा। और जो भाव या विचार जितना ऊपरी होगा वह दिमाग से आ रहा साफ प्रतीत हो जाएगा। और इस फर्क का एहसास आपको कोई भी भाव आते वक्त हो ही जाएगा। कहने का तात्पर्य सबसे पहले आप नाभि के पास मेरे अस्तित्व का एहसास करें। इससे बहुत जल्द आप मन व बुद्धि का फर्क समझना शुरू कर देंगे। और एकबार यह फर्क समझ में आ जाए तो फिर सारी महत्वपूर्ण बातें पढ़ना व समझना बुद्धि की जगह मन से शुरू कर दें। बात गहराई में उतरने के कारण जल्द ही आप में आवश्यक बदलाव आने शुरू हो जाएंगे।

खैर! कुल-मिलाकर कहने का तात्पर्य यह कि सायकोलॉजी ही नहीं, कोई भी बात पढ़ते, समझते या गौर करते वक्त उसे बुद्धि से परखने की कोशिश करने की बजाए मन की गहराइयों में उतारना सीख लें। मन जल्द ही उतारी बातों के अनुसार बुद्धि की कंडीशनिंग तोड़ना शुरू कर देगा। और एकबार कंडीशनिंग टूट गई तो फिर वह क्रिया आप से दोबारा नहीं होगी। इसी बात को दूसरे तरीके से समझाऊं तो आगे बढ़ने हेतु आपको फिर पीछे लौटना होगा। अपने बचपन के मन और बुद्धि फिर पाने होंगे। यानी बड़े होते-होते आपने विचारों का जो जगत बना रखा है उसे भूलना शुरू करना होगा। क्योंकि विचारों के जगत की कोई अहमियत नहीं। कभी कोई अपने विचारों को व्यवहार में नहीं बदल सकता है। व्यवहार में तो कोई भी चीज तभी आ सकती है जब वो मन की गहराई में उतार ली गई हो। ...वैसे जिनका सुपर-कोन्शियस माइंड सलामत है उनको पीछे जाने की कोई आवश्यकता नहीं। क्योंकि उन्होंने तो कुछ खास ओढ़ा ही नहीं है। दिक्कत उनके साथ है जो जमाने भर के विचार ओढ़ अपनी बुद्धि की कंडीशनिंग कर चुके हैं। उन्हें ही यह कंडीशनिंग तोड़ना है, ताकि वे मेरे सुपर-कोन्शियस स्वरूप को फिर सक्रिय कर सकें।

हालांकि मैं जितनी आसानी से आपसे कह रहा हूँ कि बचपन के मन-बुद्धि फिर प्राप्त कर लो, आपका सबकुछ ठीक हो जाएगा; दरअसल वह इतना आसान है नहीं।

क्योंकि आपकी सबसे तगड़ी कंडीशनिंग ही यह हुई पड़ी है कि आगे बढ़ना हो तो रुख आगे का ही करना होगा। और सब कोई जीवन को आगे बढ़ाने को लालायित हैं ही, सो बस आगे बढ़ने की पागल-दौड़ आपके संसार में लगी हुई है। पर आगे बढ़ कितने गए?

...तो फिर सीधे-सीधे मैं कह रहा हूँ वह क्यों नहीं समझते कि आगे बढ़ने के चक्कर में आप सुपर-कोन्शियस माइंड से कोन्शियस माइंड तक पहले ही गिर चुके हैं। अब बगैर अपने माइंड का पुराना स्टेटस पाए आपके जीवन में कुछ नहीं होने वाला। और चूंकि आगे बढ़ने के चक्कर में ही राह भूले हैं, अतः सही राह तो वापस लौटकर ही पाई जा सकती है। सीधी बात है, राह जहां से खोई है - वापस पाई भी वहीं से जा सकती है। मानो चीज आपने लंदन में खोई है और गलती से पहुंच न्यूयार्क गए हैं। अब वह चीज न्यूयार्क में कितना ही खोजें, नहीं ही मिलने वाली। उस हेतु आपको वापस लंदन लौटना ही होगा। चलो वह तो लंदन की फ्लाइट पकड़कर आप वापस लौट भी आते हैं। लेकिन यहां जीवन में दिक्कत यह है कि यहां ना तो लौटने की कोई शिक्षा उपलब्ध है, और ना ही उस हेतु कोई प्रोत्साहन ही कहीं से मिल रहा है। बस सब आगे बढ़ने में लगे हैं, और यहीं मार खा रहे हैं। अब यहां प्रमुख बात यह कि हजारों-हजार सफल मनुष्यों के उदाहरणों के बावजूद न तो आपने अपनी शिक्षा-प्रणालियों में कोई परिवर्तन किया है, और ना ही आप लोग समाज या परिवार की समझ में कोई बदलाव ही ला सके हैं। और इसका दुःखद परिणाम यह हुआ है कि सभी एक ही ढर्रे से जीवन को आगे बढ़ाने में लगे हुए हैं। हां, इस पूरी प्रक्रिया में कोई एक जो छूट गया है, वह वाकई आगे बढ़ गया है। विवेकानंद ने एक बार कहा भी था कि ज्ञान भी मैंने बहुत पा लिया व पढ़ भी मैं बहुत लिया, और आज उसकी व्यर्थता भी जान ली। ...अब तो वह सब भुलाने में लगा हुआ हूँ। बस वही राह आपको भी पकड़नी होगी।

मेरा विश्वास जानो कि आगे खुशहाल जीवन वाकई हाथ पसारे आपके स्वागत को लालायित है। क्योंकि इधर मन व बुद्धि की अनकंडीशनिंग के उपाय मैं बता ही रहा हूँ और उधर आपके स्वस्थ व लंबे जीवन हेतु विज्ञान भी डीएनए और जीन्स की डिकोडिंग कर चुकने के बाद अब उनकी री-इंजीनियरिंग में लगा ही हुआ है। जरा सोचिए कि विज्ञान आपके लिए क्या-क्या नहीं कर रहा है। ऐसे में कल्पना करें कि अगर आप मेरे बताए उपायों द्वारा अपने मन-बुद्धि की "अनकंडीशनिंग" कर लें तो आपका जीवन क्या-से-क्या हो जाए? एक तरफ जहां विज्ञान की मेहरबानी से आपका शरीर स्वस्थ व जीवन लंबा होगा, वहीं दूसरी तरफ आपके द्वारा अपने मन-बुद्धि की अनकंडीशनिंग कर लेने के कारण आप तमाम तरह की चिंताओं व भयों से मुक्ति भी पा लेंगे। सोचिए जरा,

क्या ऐसे में आप सातवें आसमान में उड़ने-सा आनंद नहीं पा लेंगे? कुल-मिलाकर आज के मनुष्य को जीवन जीने का जो मौका है वह लाखों वर्षों से किसी-को नहीं मिला है। उम्मीद करता हूँ कि आप इस मौके को पूरी तरह जरूर भुना लेंगे।

और इसी उम्मीद के साथ मैं आगे मेरे तल पर उठ रही विकृतियों तथा उनके कारणों पर चर्चा प्रारंभ करूंगा। यह पूरी चर्चा मैं दो भागों में करूंगा। पहले आपको वे उपाय बताऊंगा जिनसे आप अपने दुःख व चिंताएं घटा सकते हैं। साथ में यह भी बताऊंगा कि कैसे आप अपने आनंद व मस्ती बढ़ा सकते हैं। और दूसरे तल पर यह बताऊंगा कि वे कौन से उपाय हैं जिनको अपनाकर आप सफलता के शिखर छू सकते हैं। मेरी समझ से आपकी दो ही प्रमुख चिंताएं हैं। एक दुःख व चिंता कम कर के आनंद व मस्ती बढ़ाना, और दूसरी सफलताएं प्राप्त करना। सो, प्रारंभ दुःख व चिंता कम करने के कुछ अद्‌भुत सायकोलोजिकल उपायों से करता हूँ...

दुःख और चिंता दूर करने के उपाय

खैर! अब तक मैं आपको अपने बारे में जो भी बताने लायक था, सबकुछ बता चुका हूँ। और यह भी पूरी तरह स्पष्ट कर ही चुका हूँ कि आपके जीवन को सर्वाधिक मैं ही प्रभावित करता हूँ तथा आपको झेलने पड़ रहे तमाम दुःखों, चिंताओं और तनावों का मूल कारण भी मैं ही हूँ। अतः मैं ही इस परिस्थिति में हूँ कि वे उपाय बता सकूं जिससे आपके दुःख व तनाव दूर हो सके। मैं ही यह बता सकता हूँ कि कैसे आपका जीवन खुशी और आनंद से भर सकता है।

सो, आगे मैं सीधे उन उपायों पर चर्चा प्रारंभ करता हूँ जिससे आपके जीवन में सुख, दुःख की और आनंद, तनाव की जगह ले सकें।

यह दुःख और चिंता कम करने का एक अक्सीर उपाय है। परंतु उस पर चर्चा करने से पूर्व यह समझ लें कि जैसे त्रिगुणी माया से ब्रह्मांड का यह कण-कण व्याप्त है, वैसे ही समय भी इससे बाकात नहीं है। इसके भी तीन ही स्वरूप हैं; भूतकाल, वर्तमान व भविष्य। भूतकाल क्या है? ...जो बीत गया। और बीता हुआ काल दो-कौड़ी का है क्योंकि वह कभी लौट के नहीं आता। फिर भी मजा यह कि आप भूतकाल की बातों को ना सिर्फ संजोए रखते हैं, बल्कि उन यादों के अनुरूप प्रतिक्रियाएं भी देते रहते हैं। कब-किसने आपके साथ क्या व्यवहार किया, आप अच्छे से याद रखते हैं। लेकिन इसका फायदा क्या? अकारण इससे ना सिर्फ आप अपनी बुद्धि की क्षमता को क्षीण करते हैं, बल्कि मन को भ्रमित भी करते हैं।

ठीक वैसा ही आप भविष्य के साथ भी करते हैं। भविष्य है क्या? यह वह काल है जो अभी आया ही नहीं। और जो क्षण आया नहीं वह सदैव से अनिश्चित है। फिर भी आप अकारण भविष्य की हजार कामनाओं व लाखों चिंताओं में डूबे ही रहते हैं। इससे आपके हाथ में तो कुछ नहीं आता पर हां, आप ऊर्जाहीन जरूर हो जाते हैं। गौर से समझें तो पूरी मनुष्य-जाति समय के इन दो पाटनों के बीच में पीसी जा रही है। और इस चक्कर में काल का सबसे खूबसूरत स्वरूप 'वर्तमान' जिसमें वाकई जीया जा सकता है, जिसके साथ जीकर कुछ किया जा सकता है; उसे वह खोती चली जा रही है। और अस्सी वर्ष जीने के बाद जब मृत्यु दस्तक देती है तब सबको पता चलता है कि भूतकाल व भविष्य में उलझे रहने के कारण ना तो वह जी पाया, और ना ही कुछ कर पाया।

आप मेरी कही इस बात पर थोड़ा गौर करें। इस वर्तमान को पहचानें। क्योंकि वर्तमान वह जादू है जो जल्द ही आपकी तमाम समस्याओं का निराकरण करने में सक्षम है। कभी आपने सोचा है कि आपके अधिकांश दुःखों का मूल भूतकाल में है और आपकी तमाम चिंताओं का कारण भविष्य है। यह होगा तो? यह नहीं हुआ तो? ऐसा हुआ तो...? पर मैं कहता हूँ होने तो दो, अभी से क्यों मरे जा रहे हो। पर आपकी सबसे बड़ी दिक्कत तो

यह है कि आप अपने पुराने अनुभवों से भी नहीं सीखते हैं। कभी आपने गौर किया कि अब तक आपने जो हजारों चिंताएं की हैं उसमें से बमुश्किल दो-चार ही वास्तविकता में फलित हुई हैं। बाकी सब पर तो सोच-सोच कर आपने अपना समय, शक्ति व जीवन सबकुछ बर्बाद ही किया है। यह क्यों नहीं समझते कि जीवन जीया आज और अभी ही जा सकता है। और आप बुद्धिमान वह मौका छोड़ अपना आज और अभी ...कभी पुराने दुःखड़े याद कर, तो कभी भविष्य की चिंता कर व्यर्थ गंवा देते हैं। यह अच्छी तरह से समझ लेना कि दुनिया का कितना ही बुद्धिमान-से-बुद्धिमान मनुष्य क्यों न हो, वह एकबार में एक पल से ज्यादा नहीं जी सकता है। और यही कारण है कि आप एक-एक पल जीकर तो पूरा जीवन हंसते-खेलते बिता सकते हैं, परंतु उस एक पल में भूतकाल व भविष्य का सबकुछ ठीक नहीं कर सकते हैं। अतः यह पल, जो आपके सामने है, उसे यदि आपने आनंद से निकाला तो-तो आप जीये, और यदि यह पल आपने चिंता या क्रोध में गंवाया तो फिर आपने उस पल को मार डाला। ...जीने का एक खूबसूरत अवसर गंवा दिया।

अरे, वर्तमान में जीने की मस्ती तो उसे कहते हैं कि कोई सौवीं मंजिल से गिर पड़ा हो, और बीच की किसी मंजिल की खिड़की पर खड़ा व्यक्ति उससे पूछे कि क्या हाल-चाल है, और उसपर वह कह सके कि अभी तो ठीक हूँ। हां, जब जमीन पर गिरूंगा तब की तब देखी जाएगी। बताओ क्या ऐसा व्यक्ति कभी दुःखी हो सकता है? क्या वह मर के भी 'मर' सकता है? और फिर समझने लायक सबसे महत्वपूर्ण बात तो यह कि वर्तमान के इस एक पल में चिंता, भय या दुःख समा ही कैसे सकते हैं? इन सबका तो अस्तित्व ही वर्तमान से भटकने के कारण है।

यदि आप अपने ही जीवन में झांकने की कोशिश करेंगे तो आपको स्वयं वर्तमान से हटने के हजार घाटे स्वतः ही नजर आ जाएंगे। वर्तमान से हटने का सबसे बड़ा नुकसान तो यह कि जो कुछ भी आपके पास है, उसकी कीमत आपकी नजर में दो कौड़ी की हो जाती है। क्योंकि आप सुख ही उसमें खोजने लगते हैं जो आपके पास नहीं है। ...या उसमें जो खो चुका होता है। हालांकि ये सारी मूर्खताएं करते वक्त आप यह भूल जाते हैं कि आनंद सिर्फ उन चीजों के साथ लिया जा सकता है जो आपके पास है। और उसपर मजा यह कि बात यहीं नहीं रुकती। आपके पागलपन की सीमा तो यह कि अभी जो वस्तु आपके पास है उसका मजा तो आप नहीं ही लेते, लेकिन कल उठ के जब वह आपसे बिछड़ जाती है तो उसके लिए जमाने भर का मातम मनाते हैं। मजा तो यह भी कि वस्तुओं के संबंध में ही नहीं...आप मनुष्यों के संबंध में भी यही करते हैं। पत्नी सामने हो तो जीवन बर्बाद करनेवाली जान पड़ती है; मर जाए तो उसके बगैर जीना मुश्किल हो जाता

है। मां-बाप बुढ़ापे में बोझ जान पड़ते हैं; मर जाएं तो उनको याद कर-करके रोते रहते हैं। ...क्या तरीका हुआ यह? क्यों आप अपनी ही जिंदगी के दुश्मन बने हुए हैं?

चलो यही तमाम बातें मैं आपको कुछ उदाहरणों से समझाने की कोशिश करता हूँ। ...एक बूढ़ा लकड़हारा था। सत्तर वर्ष के करीब की उम्र थी उसकी। परिवार में कोई न था। जमा-पूंजी भी कुछ न थी। स्वास्थ्य भी लड़खड़ा गया था। लेकिन बावजूद इसके उसे रोज लकड़ियां तोड़ने जाना ही पड़ता था। साथ ही दिनभर तोड़ी लकड़ियां उसे संध्या बाजार में बेचने भी जाना पड़ता था। और तब कहीं जाकर रात को उसे दो-निवाले नसीब होते थे। वाकई बड़ा कष्टपूर्ण जीवन था उसका। यह तो ठीक, पर उसकी असली शामत वर्षाऋतु में आ जाती थी। अक्सर तोड़ी हुई लकड़ियां भींग जाती और बेचने लायक भी न बचती। फलस्वरूप कई बार बारिश के कहर के चलते उसे दो-दो दिन तक भूखा रहना पड़ता था। यह उम्र और ऐसा कष्ट; वह बुरी तरह थक गया था। अक्सर दुःखी होकर प्रार्थना भी करता था कि...हे मौत के देवता! तू मुझे उठाता क्यों नहीं है? मुझसे नाराज क्यों है मौत के देवता? तुमने मुझसे छोटे-छोटे को उठा लिए, फिर मुझसे क्या दुश्मनी है तेरी? उसका दर्द उसकी प्रार्थनाओं में पूरी तरह झलक पड़ता था।

...लेकिन एक दिन कमाल हो गया। ऐसी ही हताश मनोदशा में एक दिन वह पेड़ के नीचे बैठकर फिर मौत के देवता को पुकार-पुकारकर जीवन से मुक्त करने की प्रार्थनाएं कर रहा था। ...उसका एक ही रोना था कि मुझे कब उठाएगा तू? इधर अभी उसकी प्रार्थना जारी ही थी कि किसी ने उसके कंधे पर हाथ रखा। बूढ़ा चौंक गया। ...उसने पलटकर देखा तो एक विशालकाय मनुष्य खड़ा था। बूढ़े ने बड़ा चौंकते हुए उसका परिचय पूछा। उसने कहा- मैं मौत का देवता हूँ! यहां से गुजर रहा था कि तुम्हारी दर्द-भरी पुकार सुनी। वैसे तो

तुम्हारा समय नहीं हुआ है, परंतु तुम्हारा दर्द देखकर मैं द्रवित हो उठा हूँ। ...चलो तुम्हें ले चलता हूँ।

बूढ़ा तो यह सुनते ही होश में आ गया। सत्तर वर्ष का अनुभव उसके साथ था। समझ गया कि गड़बड़ हो गई। बस उसने तुरंत रंग बदलते हुए मौत के सौदागर से कहा- वह तो मैं दो-तीन दिनों से भूखा था, सो बस ऐसे ही ऐसी बातें कह गया था। मैं बहुत खुश हूँ और मेरा मरने का कोई इरादा नहीं। वह तो यूं ही क्रोधवश मुंह से यह सब निकल गया था। अतः आज भले ही आपने दर्शन दे दिए पर भविष्य में भूल से भी दर्शन मत देना। वैसे तो मैं तुम्हें फिर कभी पुकारूंगा नहीं, परंतु यदि गलती से पुकार भी लूं...तो भी मेरे पास मत आना।

मौत के देवता ने कहा- जैसी आपकी मरजी। इतना कहकर वह चलता बना। उसके जाते ही बूढ़ा तरंग में आ गया। अब तो उसकी चाल ही बदल गई थी। आश्चर्य तो यह कि उसके बाद फिर कभी उसने कष्ट का अनुभव भी नहीं किया। उसके सोच और जीवन दोनों बदल चुके थे। सबकुछ वैसा-का-वैसा था; फिर भी सबकुछ कैसा बदल गया था! ...क्यों? बस साक्षात् मौत देखते ही उसे एहसास हो गया था कि और कुछ नहीं तो कम-से-कम जीवन तो है उसके पास। और जब जीवन है, एहसास जीवित है...तो और क्या चाहिए?

तो जरा इस जीवन और इसके महत्व को पहचानिए। थोड़ा गौर करिए कि आखिर यह मनुष्य जीवन है क्या? और यह समझने हेतु एक निगाह ब्रह्मांड पर फेरिए। कितना विशाल ब्रह्मांड है। यह कहीं खत्म नहीं होता। खत्म होने की बात करते हो, उलटा यह तो रोज-ब-रोज फैलता ही जा रहा है। इस विशाल ब्रह्मांड में आपकी यह पृथ्वी जिस पर आप जी रहे हैं, की स्थिति ही क्या है? वही जो इस पृथ्वी पर एक चींटी की स्थिति है। और इस विशाल ब्रह्मांड में जब पृथ्वी की स्थिति यह है, तो आपकी स्थिति क्या हुई?

ठीक वैसे ही ब्रह्मांड की तरह यहां के समय को भी देखें। कितना विशाल समय है। अरबों व खरबों वर्षों का इतिहास है समय का; और शायद उससे भी ज्यादा...और उससे भी कहीं ज्यादा। वैज्ञानिकों के अनुसार ज्ञात तारों की रोशनी, प्रकाश की गति यानी...1,86,000 m/s से चलने के बावजूद दो-दो लाख वर्ष बीत जाने पर भी पृथ्वी तक नहीं पहुंच रही है। ...यानी कई तारों का हम जो आज दर्शन कर रहे हैं, वह वास्तव में उनका दो-लाख वर्ष पुराना अस्तित्व है। अब इतने विशाल ब्रह्मांड तथा इस बेहिसाब समय की दुनिया में आपके छः फूट के शरीर और 80 वर्ष के जीवन का मूल्य सिवाय जीने के, आनंद लेने के तथा अच्छे कार्य करने के और क्या हो सकता है? यहां चिंता कर-करके भी आप क्या कर लेंगे, और इन सब चिंताओं से पा-पा के भी आप क्या पा लेंगे? ...वैसे ही यदि वे तमाम चिंताएं आप नहीं भी करेंगे, तो भी खो-खो कर यहां आप खो क्या देंगे?

...शायद अब ये सब बातें तो आप समझ ही गए होंगे। सो, अब यह भी समझ लें कि सिर्फ आपका शरीर और समय ही सीमाबद्ध नहीं है, सीमा में तो आपकी सारी इन्द्रियां भी बंधी हुई हैं। हरदम आपके चारों ओर ब्रह्मांड में इतने विस्फोट हो रहे हैं कि उसकी आवाज-मात्र से आपके प्राण निकल जाएं। लेकिन आप सुरक्षित हैं, क्योंकि आपके कान की आवाज सुनने की एक सीमा है। आप एक लिमिट से तेज आवाज सुन ही नहीं सकते। और आपके कान की यह सीमा सिर्फ तेज आवाजों तक ही सीमित नहीं है, बल्कि एक लिमिट से धीमी आवाज भी आपको सुनाई नहीं देती है। यह मत समझना कि चींटी चलती है तो आवाज नहीं होती, पर वह इतनी धीमी होती है कि आपके कान की सीमा में नहीं आती।

वैसे ही आपकी आंख की भी एक सीमा है। आपको जहां तक दिखाई देता है... दुनिया व ब्रह्मांड वहीं तक सीमित नहीं है। आप अक्सर कोई उड़ता हवाईजहाज देखते हैं, लगातार देखने पर धीरे-धीरे वह छोटा हो जाता है, और एक समय ऐसा आता है कि जब वह दिखना ही बंद हो जाता है। वह उड़ तो रहा ही होता है, पर उड़ते-उड़ते वह आपके आंखों की सीमा के पार निकल जाता है। वैसे ही यदि कोई चीज सीधे आंख से सटा दी जाए तो भी आपको दिखाई नहीं देगी। यानी देखने के लिए भी कुछ फासले की आवश्यकता होती ही है। बस यही मनुष्य के आंखों की सीमाएं हैं।

यदि कोई आपसे पूछे कि सूर्य का टेम्परेचर कितना होगा? तो आप कहेंगे तौबा-तौबा, माफ करो भाई। ठीक है, अंटार्क्टिका के पहाड़ियों की गहराई का टेम्परेचर कितना माइनस डिग्री होगा? आप फिर कहेंगे, जाने दो। ठीक है, जाने देते हैं। लेकिन अपने शरीर के टेम्परेचर के बाबत तो जान ही लो। ऊपर में 108 व नीचे में 88 डिग्री फॅरेन्हाइट

के बीच में वह सीमित रहता है, यानी 20 डिग्री के दायरे में। इसके बाहर की घट-बढ़ हो गई तो मनुष्य मर जाता है। यानी हर प्रकार से हम सीमा में कैद हैं।

लेकिन अच्छी बात यह है कि मनुष्य के मन और बुद्धि की कोई सीमा नहीं होती। वे दोनों असीम शक्तियों और अनंत संभावनाओं से भरे पड़े होते हैं। परंतु दुर्भाग्य से इनके तल पर मनुष्य स्वयं अपने को सीमा में कैद किए बैठा होता है। अतः यह स्पष्ट समझ लें कि वर्तमान में आपके मन और बुद्धि की जो भी स्थिति है, वह उसकी सीमा कतई नहीं। यदि मनुष्य अपनी बुद्धि की कंडीशनिंग व मन के कोन्शियस, सब-कोन्शियस व अन-कोन्शियस स्वरूप को कमजोर कर पाए तो हर कोई इस ब्रह्मांड की इंटेलिजेंस यानी प्रज्ञा तक उठ ही सकता है। अर्थात् मन व बुद्धि के तल पर आपको एक अवसर है। और मनुष्य का इतिहास गवाह है कि अनेकों लोगों ने इस इंटेलिजेंस की एक-से-एक ऊंचाइयां छूई भी हैं। यहां यह भी कहने की जरूरत नहीं कि आज की मानवीय-सभ्यता ने जो मुकाम पाया है वह उन चन्द बुद्धिमानों को ही आभारी है, जिन्होंने अपने मन और बुद्धि की सारी सीमाएं लांघ दी।

और इस संदर्भ में आपके लिए यह जानना और भी ज्यादा आवश्यक है कि आपकी बुद्धिमानी ही नहीं, आपके आनंद, शांति व मस्ती की भी सारी सीमाएं मन व बुद्धि का ठीक से इलाज कर लांघी जा सकती हैं। वरना अभी आप जिसे आनंद, शांति व मस्ती समझ रहे हैं, वह वास्तविक आनंद व शांति की संभावित अनुभूति का हजारवां हिस्सा भी नहीं। आप यह समझते हैं कि सुखी परिवार हो, पैसा हो, कुछ नाम हो तो आनंद। ...क्या खाक आनंद? इस मनुष्य-जीवन में आनंद व मस्ती की वह ऊंचाई पाई जा सकती है कि जिसे देख यह कुदरत तक जल उठे। मनुष्य-जाति का इतिहास गौर से देखेंगे तो आनंद व मस्ती की सारी सीमाएं पार किए ढेरों लोग मिल ही जाएंगे।

अर्थात् कुल-मिलाकर कहूं तो देखने और सुनने जैसी कुछ सीमाओं में मनुष्य कुदरती तौर पर जरूर बंधा हुआ है, परंतु मन, बुद्धि व मस्ती के तल पर तो मनुष्य ने स्वयं ही अपने को कैद कर रखा है। और अगर वह चाहे तो वर्तमान में जीना सीखकर ये सारी सीमाएं तोड़ भी सकता है।

और वर्तमान में जीने की कला की बात करूं तो सबसे पहले कोशिश कर अपनी याद्दाश्त तो कमजोर कर ही लें। बीती हुई बातें याद रखने का क्या फायदा? उसका आज महत्व भी क्या? उलटा वे नुकसानदायी ही सिद्ध होती हैं। क्योंकि जीवन रोज नया है। मनुष्य पल-पल परिवर्तित है। आप ही गौर करें कि आपके मन व विचार हर बीतते समय के साथ परिवर्तित होते रहते हैं कि नहीं? ऐसे में किसने कब, क्या और क्यों किया का क्या महत्व रह जाता है? कल जिसने आप का बुरा किया हो, हो सकता है वह आज आपका

बुरा करना न चाह रहा हो? हो सकता है भूतकाल में जिसने आपका भला किया हो, वह आज दुश्मनी पर ही उतर आया हो? सो, उसकी पुरानी बातें याद रखने की बजाए क्या उसकी आज की मनोदशा के अनुसार उससे व्यवहार रखना ज्यादा हितकर नहीं? और यही बात व्यवसाय से लेकर जीवन के हर पहलू पर लागू होती है। कल जिस व्यवसाय में आपने घाटा उठाया हो, परिस्थिति बदलने पर वही आज फायदे वाला भी हो सकता है। वैसे ही परिस्थिति बदलने पर सालों से मुनाफा दे रहा व्यवसाय भी घाटे का सिद्ध हो ही सकता है। इससे यही सिद्ध होता है कि मनुष्य श्रेष्ठ निर्णय सिर्फ वर्तमान में रहकर ही कर सकता है। और यहां यह समझाने की कोई आवश्यकता नहीं कि जीवन की दशा और दिशा दोनों आपके लिए गए निर्णयों पर ही निर्भर है।

चलो, उम्मीद है कि यह सब भूतकाल की बातों की व्यर्थता तो आज आप समझ ही गए होंगे। सो आगे आपको बताता हूँ कि ठीक वैसा ही भविष्य के बाबत भी है। यहां यह और समझ लीजिए कि आपका वर्तमान बन रहा है भूतकाल से, तथा आगे का भविष्य बनेगा इस वर्तमान से। अतः जितना आप वर्तमान में रहकर कार्यों पर ध्यान देंगे, उतना ही उसके परिणामों से आपका भविष्य बेहतर होता जाएगा। भविष्य की चिंता करने या भविष्य के सपने देखने से कुछ नहीं होगा। इसे ऐसा भी समझ सकते हैं कि आज आप जहां हैं वह अपने भूतकाल की वजह से हैं, अतः सारा भूतकाल वैसे ही वर्तमान में सिमटकर रह गया है। इस कारण भूतकाल स्वतः ही अर्थहीन हो चुका है। और आप जैसा वर्तमान गुजारेंगे, ''भविष्य'' तदनुसार उसी से निकलेगा। अर्थात् आपका भविष्य भी वर्तमान में आप क्या कर रहे हैं, उसपर ही निर्भर है। सो कुल-मिलाकर भूत व भविष्य दोनों वैसे ही बेमानी हो जाते हैं।

चलो, वर्तमान में जीने का महत्व तो जान लिया। ...पर अब सवाल यह कि वर्तमान में जीने की आदत कैसे पैदा की जाए? तो प्रारंभ में आप सुबह उठकर रोज यह तय करें कि एक वर्ष के बाद की कोई कामना या चिंता मैं नहीं पालूंगा। अभी स्कूल में ही पढ़ रहे हैं तो फिर नौकरी कैसी या कितनी पगार वाली मिलेगी; यह चिंता आज क्यों करना? यह तो दस वर्ष बाद की बात हुई। नहीं, इस पर सोचना ही नहीं। यानी कोई भी चिंता का दायरा जो एक वर्ष के पार का हो, उसे व्यर्थ ही जान लेना। और जब इसमें पक्के हो जाएं तो फिर धीरे-धीरे कर इसे महीने पर लाएं। जब यह भी सेट हो जाए तो फिर सिर्फ आज का दिन कैसे संवारना, इस पर सोचें। जो चिंता आज सर पे नहीं, उसमें शक्ति बिगाड़ना ही क्यों? सो, सुबह उठकर आज आपके जीवन का अंतिम दिन है, यह मानकर उसे कैसे सर्वश्रेष्ठ तरीके से जीया जा सकता है; उस पर सोचें। घर हो या ऑफिस, सिर्फ आज पूरते

कार्य ही हाथ में लें। फिर रात को सोते वक्त आज का दिन ठीक से गया कि नहीं, उस पर सोचें, और शांति से सो जाएं। फिर कल सुबह जिंदा उठेंगे तो कल की सोच लेंगे। इस तरह जीने से देखते-ही-देखते आपकी सारी चिंताएं और सारे भय तिरोहित हो जाएंगे। एक-एक दिन कर आपके दिन संवरते चले जाएंगे। और इस तरह एक-एक दिन कर संवारने से एक दिन पूरा जीवन ही संवर जाएगा।

चलो इसी बात को एक बुद्धिमान जादूगर के उदाहरण से समझाता हूँ। एक दिन वह जादूगर राजा को खुश कर बड़ा इनाम पाने की लालच में उसके दरबार में जा पहुंचा। राजा ने भी खुश होते हुए उसे अपनी प्रतिभा दिखाने का मौका दिया। उधर जादूगर ने सोचा कि यहां-वहां की जादूगरी दिखाने का क्या फायदा, सीधे राजा पर ही कोई जादू कर दिया जाए। बस देखते-ही-देखते उसने राजा का मुकुट गायब कर दिया। उधर दुर्भाग्य से राजा ने इसे अपनी तौहीन के तौर पर लिया। परिणाम यह हुआ कि राजा ने उस जादूगर को ना सिर्फ कैद कर लिया, बल्कि सात रोज बाद ही उसे मृत्युदंड की सजा भी देने का ऐलान कर दिया।

...बुरा फंसा जादूगर। वहीं यह खबर जैसे ही उसकी पत्नी के पास पहुंची वह रोती-बिलखती दौड़ी चली आई। आश्चर्य यह कि जादूगर के चेहरे पर कोई शिकन नहीं थी। पत्नी को यह देख और भी झटका लगा। उसने रोते हुए ही इसका कारण समझना चाहा। जादूगर ने कहा-अभी मृत्युदंड में पूरे छः दिन बाकी हैं, इसमें बहुत कुछ हो सकता है। व्यर्थ आज उस बाबत सोचकर आज का दिन क्यों गंवाना? पत्नी की समझ में कुछ नहीं आया। उसे लगा कि मौत सामने देख उसका पति पगला गया है।

खैर, मुलाकात का समय समाप्त हुआ और उसकी पत्नी रोती हुई वापस घर लौट गई। फिर तो अगले पांच रोज यही सिलसिला चलता रहा। उधर ठीक मृत्युदंड वाले दिन राजा जादूगर से मिलने आया। राजा को आता देख जादूगर को एक चाल सूझी। वह तुरंत उदासी ओढ़े रोना चालू हो गया। यह देख राजा बड़ा तन गया। उसने जादूगर से कहा भी कि मेरा मुकुट बड़े शान से गायब किया था, आज मौत सामने देखते ही शान हवा हो गई?

जादूगर बोला- नहीं, ऐसी बात नहीं है। मैं मौत से नहीं डर रहा, बल्कि उसके समय को लेकर दुःखी हूँ। दरअसल पिछले दो वर्षों से मैं अपने घोड़े को उड़ना सिखाने में लगा हुआ था। और अब ज्यादा-से-ज्यादा एक वर्ष में मैं उसे उड़ना सिखा भी देता। ...लेकिन अब मेरे पास वह एक वर्ष का समय ही नहीं, बस इसी बात से दुःखी हूँ।

जादूगर के मुख से यह सुनते ही राजा को लोभ पकड़ा। उसने बड़ा इतराते हुए कहा-यदि मैं तुम्हें एक वर्ष दे दूं तो?

जादूगर बड़े शांत भाव से बोला- तो वह उड़नेवाला घोड़ा मैं आपको समर्पित कर दूंगा।

राजा बोला- तो ठीक है, तुम आज से आजाद हो; ...पर याद रखना सिर्फ एक वर्ष के लिए। यदि एक वर्ष में तुम मुझे वह घोड़ा नहीं दे पाए तो तुम्हें मृत्युदंड दे दिया जाएगा।

...बस जादूगर को आजाद कर दिया गया। खुश-खुश जादूगर घर पहुंचा। घर पहुंचते ही वह चौंक गया। घर में मातम छाया हुआ था। आसपास के लोग भी एकत्रित हो चुके थे। हर कोई यह मानकर चल रहा था कि उसको मृत्युदंड दे दिया गया होगा। सब जादूगर की पत्नी को सांत्वना देने और उसे सम्भालने को ही एकत्रित हुए थे। लेकिन इधर जादूगर को जीवित वापस आया देख सब आश्चर्यचकित हो गए। और जब उसने बताया कि राजा ने उसे छोड़ दिया है तो मातम तत्क्षण खुशी में बदल गया। कुछ देर में सब अपने-अपने घरों को लौट गए।

इधर एकान्त मिलते ही पत्नी ने पूछा कि यह चमत्कार कैसे हुआ? जादूगर ने तनते हुए घोड़ेवाली बात विस्तार से बता दी। यह सुनते ही पत्नी फिर उदास हो गई। ...रो भी पड़ी, वह जानती थी कि उसका पति एक झूठी कहानी सुनाकर छूट आया है। और जब एक वर्ष बाद पोल खुलेगी तो मृत्युदंड फिर मिलेगा ही। उसने जादूगर से कहा भी कि यह तो पूरा एक वर्ष अब इसी चिंता में गुजरेगा। ...जादूगर ने उसके सर पर हाथ फेरते हुए कहा- पगली एक वर्ष का समय बहुत लंबा होता है। उस दरम्यान हजारों नई घटनाएं घट सकती हैं। सो अभी तो जो गारंटेड एक वर्ष हाथ में है, उसे तो मस्ती से गुजारें। ...और ऐसा ही हुआ। छः माह बाद राजा ही मर गया। उसके अगले तीन माह बाद उसका घोड़ा भी चल बसा। अब काहे का मृत्युदंड?

बस, यही भविष्य की खूबी है। भविष्य की हर छोटी-से-छोटी घटना हजारों अन्य घटनाओं पर निर्भर है। अतः पूरी तरह से अप्रत्याशित ऐसे भविष्य के बाबत सोचना ही क्या? और भूतकाल वैसे ही बीती हुई बात है। अतः मैं उम्मीद करता हूँ कि अब आप एक-एक दिन वर्तमान में जीने की कला सीखकर, अपने जीवन से व्यर्थ के दुःख और चिंताओं से हमेशा के लिए मुक्ति पा लेंगे।

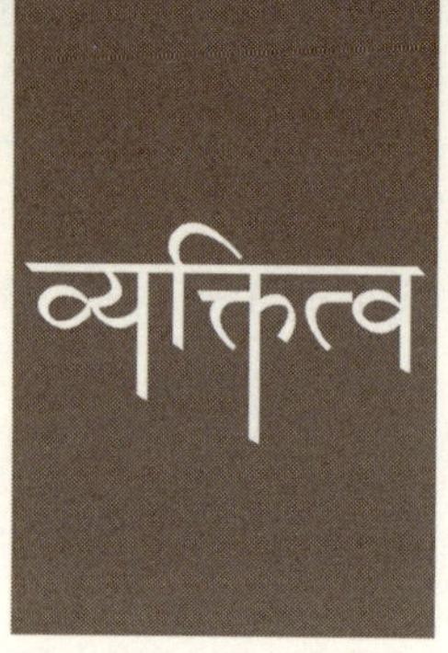

वास्तविक व्यक्तित्व का अभाव दूसरा कारण है जिस वजह से आपका जीवन नर्क हुआ पड़ा है। इस व्यक्तित्व-हीनता के कारण ही आप व्यर्थ के क्रोध, व्यथा, जलन और न जाने कितने अन्य पागलपन करते रहते हैं। अब इससे पहले कि यह व्यक्तित्व क्या होता है या उसका आपके जीवन में क्या महत्व है, यह सब चर्चा छेडूं; मैं चाहता हूँ कि आप अपने और अपने आसपास वालों के जीवन में अच्छे से झांककर देख लें। हर कोई जीवन के इस सफर में कितनी आशाएं व उम्मीदें लेकर आगे बढ़ता है। लेकिन हजारों में कोई एक मिलता है जिसकी ''आशाएं'' उम्मीदों पर खरी उतरी जान पड़ती हैं। वरना तो थोड़ा गौर से देखने पर हर व्यक्ति अपनी वर्तमान हालत पर रोता हुआ ही मिलेगा। हर कोई बेचैन मिलेगा कि वह जीवन को जहां ले जाना चाहता था, वहां से बुरी तरह भटक गया है। हर किसी को अपने आसपास का हर व्यक्ति काटने को दौड़ता-सा मालूम पड़ता है। किसी भी व्यक्ति से पूछो कि पुराना सब भूलकर नया जीवन नए तरीके से चालू करना चाहते हो - वह झट से तैयार हो जाएगा। जिसे देखो वही पुराने रिश्ते, पुरानी यादें, पुरानी व्यवस्थाएं; सबसे छुटकारा पाना चाहता है। उसे एहसास है कि उससे चूक हो गई है, लेकिन मजा यह कि किसी को यह नहीं मालूम कि चूक कहां हुई है? निश्चित ही यह गंभीर विषय है। जीवन एकमात्र अवसर है जीने का और उसमें भी सौ में से निन्यानवे चूक जाएं, तो बात वाकई चिंता में डालने वाली है।

और इसका निराकरण करने हेतु मैं अब यह समझाने की कोशिश करता हूँ कि यह सारी गड़बड़ कैसे हुई। कैसे मनुष्य ने अपने जीवन को इस कदर उलझा लिया कि उसे उसका जीवन ''जीवन'' जैसा मालूम पड़ना ही बंद हो गया है। तो इसका सबसे बड़ा और प्रमुख कारण यह है कि मनुष्य ने अपने व्यक्तित्व को बाहर से पकड़ने पर कुछ ज्यादा ही जोर दे दिया है। तथा उसका परिणाम यह हुआ है कि वह व्यक्तित्व के दूसरे पहलू यानी स्वयं के भीतरी व्यक्तित्व को पूरी तरह नजरअंदाज कर गया है। उसने अपनी इनर पर्सनलिटी यानी अपने भीतरी व्यक्तित्व पर ध्यान ही नहीं दिया है। जबकि वास्तविकता यह है कि

मनुष्य का जीवन उसके बाहरी व्यक्तित्व से कहीं ज्यादा उसके इस भीतरी व्यक्तित्व पर ही निर्भर होता है। अब जब मनुष्य अपने जीवन के इतने महत्वपूर्ण पहलू को ही नजरअंदाज कर देगा, तो वह जीवन में सुख और सफलता की राह पर कैसे लग पाएगा? दुःख और चिंता तो उसका भाग्य हो ही जाएगा।

(1) बाहरी व्यक्तित्व:

खैर! कुल-मिलाकर समझाऊं तो हर मनुष्य के मोटा-मोटी तौर पर दो व्यक्तित्व होते हैं। एक बाहरी व्यक्तित्व जिससे आप सभी परिचित हैं ही। क्योंकि हर कोई इसे ही अपना वास्तविक व्यक्तित्व मानकर इसे निखारने में लगा ही हुआ है। उसे कब क्या व्यवहार करना, कैसे व कब अच्छी भाषा का प्रयोग करना, कैसे सुंदर व स्टाइलिश दिखना से लेकर लोगों को प्रभावित करने के नए-नए उपाय खोजने तक का...सब इसमें आ जाता है। चलो, दूसरे आपसे प्रभावित हों या आपकी तारीफ करें यह आपको अच्छा लगता है, तो मुझे इससे कोई ऐतराज नहीं। यूं भी जीवन में यह सब महत्वपूर्ण भी है। ...लेकिन दिक्कत यह है कि आपने ना सिर्फ इन सब चीजों को जरूरत से ज्यादा महत्व दे दिया है, बल्कि इसे ही आप अपना इकलौता व्यक्तित्व मान बैठे हैं। जबकि वास्तव में तो यह व्यक्तित्व की केवल ऊपरी सतह है। इसमें कुछ कमजोरी रह जाए तो भी इसका आपके जीवन पर कोई विशेष असर नहीं पड़ता है। अच्छा बोलना, स्टाइलिश होना या सोबर दिखना दूसरों को अच्छा लग सकता है, लेकिन यह हमेशा आपका जीवन बढ़ानेवाला सिद्ध नहीं होता है। यूं भी यह विषय ज्यादा चर्चा लायक इसलिए भी नहीं है कि बाहरी-व्यक्तित्व निखारने के हजार तरीके की लाखों शिक्षाएं विश्व में उपलब्ध ही हैं; और किसी ने अपने बाहरी-व्यक्तित्व को निखारने में कोई कसर भी नहीं रख छोड़ी है; पर बावजूद इसके सबके हाल-चाल आपके सामने ही हैं। अतः मैं आगे आपसे आपके भीतरी व्यक्तित्व के बारे में ही बात करूं, तो अच्छा है।

(2) भीतरी व्यक्तित्व:

यह समझाने हेतु मैं शुरुआत एक उदाहरण से ही करता हूँ। इससे आपको वास्तव में भीतरी व्यक्तित्व से मैं क्या समझाना चाह रहा हूँ, उसका अंदाजा लग जाएगा।

बैंक का एक रिटायर्ड एम.डी. था। और जब वह रिटायर्ड एम.डी. था तो जाहिर है, उसके बाहरी व्यक्तित्व में कोई कमी होने का सवाल ही नहीं उठता था। उसकी इकलौती लड़की की शादी की बातचीत एक बहुत बड़े औद्योगिक घराने में चल रही थी। आज

संध्या पांच बजे उसे सबकुछ तय करने जाना था। वह घर से नियत समय पर निकल पड़ा था। निश्चित ही आज का दिन उसके जीवन का सबसे शुभ दिन साबित हो सकता था। वह बड़ा उत्साहित व प्रफुल्लित भी था।

...उधर घर के सदस्यों को उनके वापसी का बेसब्री से इन्तजार था। लेकिन कुछ ऐसा हुआ कि वे छः बजे ही लौट आए, और वह भी काफी क्रोधित अवस्था में। घर में किसी को बात समझ में नहीं आई। ...क्या हुआ होगा? शायद रिश्ते से इन्कार कर दिया होगा। पर इसमें क्रोधित होने की क्या आवश्यकता? दुःखी होते तो बात समझ में भी आती कि ऐसा ही कुछ हुआ होगा। परंतु इस क्रोध का क्या? ...हो सकता है उन लोगों ने बेइज्जती ही कर दी हो। लेकिन वे तो सोबर लोग हैं। इन्कार करना अपनी जगह है, पर बेइज्जती कभी नहीं कर सकते। फिर क्या हुआ होगा? सवाल एक था, और हजार संभावनाओं पर सब घोड़े दौड़ाए चले जा रहे थे।

उधर एम.डी. साहब के हाल कहूं तो उन्होंने अपना कोट तो उतार ही फेंका था, क्रोध में पानी तक नहीं पी रहे थे। आखिर उनकी पत्नी ने हिम्मत कर 'क्या हुआ' यह पूछ ही लिया। सवाल सुनते ही अपने एम.डी. साहब तो और बुरी तरह उबल पड़े। और फिर क्रोध में चिल्लाते हुए बोले- उसे देखो, वो अपना नितेश संघवी। सबको याद होगा उसकी पहली लोन मैंने ही पास की थी। उसके बाद भी उसकी कितनी लोनें पास की मैंने। ...लेकिन आज अपने को इतना बड़ा समझने लग गया है कि रास्ते में मिठाई की दुकान पर क्रॉस होने पर बदमाश ने मेरे 'हेलो' तक का भी जवाब नहीं दिया।

बेचैन पत्नी ने पूरी बात जानने के बाद सीधा पूछा - वह तो ठीक, पर आप जो शादी की बात पक्की करने गए थे, उसका क्या हुआ?

वह बड़ा दुःखी होता हुआ बोला - फिर मेरा मन ही नहीं हुआ वहां जाने का। ...यानी हो गया उद्धार। एक नितेश संघवी ने हेलो नहीं कहा और जीवन का इतना बड़ा अवसर तथा इतनी बड़ी जवाबदारी वह चूक गया। यही होता है कमजोर भीतरी व्यक्तित्व का प्रभाव। कितना ही मजबूत बाहरी व्यक्तित्व क्यों न हो, परंतु मजबूत भीतरी व्यक्तित्व के अभाव के कारण एक ही क्षण में सब शून्य हो जाता है।

थोड़ा आप अपने जीने के तरीके को गौर से देखें। इस भीतरी व्यक्तित्व का महत्व न जानने और उस पर ध्यान न देने की वजह से आपका अब अपने ऊपर कोई नियंत्रण ही नहीं रह गया है। अब आपके सुख-दुःख आपके बजाए दूसरों की मरजी पर निर्भर हो गए हैं? और दूसरे की मरजी कभी आपको सुखी रखने की हो ही नहीं सकती। यह एक संघवी की या किसी के कोई एक हरकत की बात नहीं है; पचासों संघवी दिनभर पचासों तरीके

के कंकड़ लेकर घूमते ही रहते हैं। जरा-सी किसी ने गाली का कंकर फेंका नहीं कि आप क्रोधित हुए नहीं। किसी ने थोड़ी तारीफ की नहीं कि आपने उसके दो काम किए नहीं। किसी ने आपकी खामियां गिनाना शुरू की नहीं कि आपने उससे दूरी बनाना शुरू करी नहीं। आपका अपना अपने लिए होना, एक इतिहास हो चुका है।

और अब तो हालात ऐसे हो चुके हैं कि आपका आज का दिन कैसा गुजरेगा यह आपके मूड या आपकी प्लानिंग पर निर्भर नहीं रह गया है। अब तो आपका आज का दिन, दिनभर दूसरे आपके साथ कैसा व्यवहार करते हैं, उसपर निर्भर हो गया है। और वह भी इस कदर कि खुशी का कोई मौका भी आपको खुलकर खुशियां नहीं मनाने देता है। उसमें भी कहीं से कोई अड़चन खड़ी कर देता है। ...मानो आज आपने कोई बड़ी सफलता पाई है, और इस खुशी में पूरे परिवार के साथ आप बाहर रेस्टोरेंट में खाना खाने गए हुए हैं; कहने की जरूरत नहीं कि सभी अच्छे मूड में हैं। ...लेकिन अभी खाना शुरू ही किया था कि किसी ने आपके साथ दुर्व्यवहार कर दिया। ...बस सब खत्म हो गया। आधा खाना छोड़ पांव पछाड़ते हुए घर पे आ गए।

...जरा सोचें, बात-बात पर इतना कंपेंगे तो जी कैसे पाएंगे? यदि अपनी सफलता तक की खुशी आप नहीं मना पाएंगे, तो खुश कैसे रहेंगे? यदि हर कोई आपको विचलित करने की ऐसी क्षमता लिए घूम रहा होगा, तो आपकी इतनी मेहनत और आपके बुलंद इरादों का फायदा क्या? सच कहा जाए तो इस भीतरी व्यक्तित्व के अभाव में अब आप इन्सान बचे ही नहीं हैं। दरअसल अब आप एक वस्तु हो चुके हैं। जैसे 'पंखा' होता है न, बटन दबाया नहीं कि घूमना शुरू हुआ नहीं। बस अब तो आप भी वैसे ही हो गए हैं, किसी ने बटन दबाया नहीं कि घूमना शुरू हुए नहीं।

आप बड़ा सज-धजकर निकले हैं और जरा-सा किसी ने कह दिया कि यह क्या पहने हुए हो? बस पूरा नशा उतर जाता है। अब तो तुम्हें अपनी पसंद पर या अपने ड्रेसिंग पर भी भरोसा नहीं रह गया है। और स्वभाव तो ऐसा बना लिया है कि कोई आगे बढ़ा नहीं कि जले नहीं। जरा सोचें तो सही कि आपने आपके कितने तरीके के बटन बाजार में बांट रखे हैं; प्रेम का बटन, खुशामद व सद्‌व्यवहार का बटन, बेइज्जती का बटन, दुर्व्यवहार का बटन, कम्पेरिजन व कम्पीटिशन का बटन। और भी ना जाने किस-किस तरह के बटन-ही-बटन। जो जब चाहे दबा दे- आप घूमने को तैयार ही बैठे हैं। अब तो आपके पास अपना स्वस्फुरित कोई बटन बचा ही नहीं है। अब ना तो आपके पास अपना कोई व्यक्तित्व है, और ना ही आपका अपना कुछ होना है। गौर करना कि इसी कारण अब आप सिर्फ प्रतिक्रियाओं की दुनिया में जीने लग गए हैं।

...किसी ने कुछ किया नहीं, या कहीं कुछ नया घटा नहीं कि आपकी प्रतिक्रिया प्रकट हो ही जाती है। दूसरा आगे पहले बढ़ता है, आप पीछे से जलते हैं। दूसरा कमेंट पहले करता है, क्रोधित आप बाद में होते हैं। खुशामद कोई पहले करता है, काम आप उसका बाद में करते हैं। अपनी ओर से तो आप कोई पहल करना ही भूल गए हैं। और इस कारण दिन-रात आपका चारों ओर से वस्तु की तरह उपयोग हो रहा है। और ध्यान रहे कि जीवन में सुख, शांति या सफलता मनुष्यों को मिलती है, वस्तुओं को नहीं...

और फिर कोई आपकी यह प्रतिक्रिया व्यक्त करने की आदत व्यक्तियों के व्यवहार तक ही सीमित थोड़े ही रह गई है। धर्मगुरुओं ने कोई नई लालच का शगूफा दिया नहीं कि पहुंच गए उपाय आजमाने। किसी को किसी व्यवसाय में कमाते देखा नहीं कि बिना कुछ सोचे-समझे कूद पड़े उस व्यवसाय में। किसी ने कोई चीज खरीदी नहीं कि आप भी खरीदने को मचल गए। ...यह क्या बात हुई?

होगा, अभी तो सोचनेवाली बात यह कि मनुष्य इन प्रतिक्रियाओं के जगत में जीने से छुटकारा कैसे पाए? उस हेतु पहले यह समझना होगा कि मनुष्य ने प्रतिक्रियाओं के जगत में जीना कैसे शुरू किया? कैसे उसने अपनी तमाम खुशियों की चाबी दूसरों के हाथ में सौंप दी? और दूसरे भी कैसे, जो उसे खुश रहने ही नहीं देते। ...फिर वह जीवन-भर रोता रहता है कि कोई शांति से जीने नहीं देता। अरे, यह तो मूर्खता पर महा-मूर्खता हो गई। भला दूसरा क्यों आपको शांति से जीने देगा? दूसरा क्यों आपको सफलता के मार्ग पर लगाएगा? जीवन आपका है तो आपको अपना व्यक्तित्व इस तरह निखारना होगा कि जहां से आपका जीवन ही नहीं, आपके सुख और दुःख; ...सबकुछ आपके हिसाब से चले। बात तो सीधी है, पर फिर क्यों हर कोई चूक रहा है?

इसके दो ही कारण हैं। एक तो यह कि मनुष्य अहंकारवश अपनी पसंद-नापसंद की हजार सूचियां बना लेता है। और मजा यह कि इसे वह बड़ा ही बुद्धिमानी का काम समझता है। यूं भी यह कार्य वह अपनी बुद्धि के वश में आकर ही करता है। मेरा, यानी मनुष्य के मन का इससे कोई लेना-देना नहीं होता।

चलो छोड़ो, अभी तो आगे वह अपनी बनाई पसंद-नापसंद की इन सूचियों के इर्द-गिर्द तमाम तरीके के सिद्धांत व मान्यताएं भी ओढ़ता चला जाता है। और इस पूरी प्रक्रिया में धीरे-धीरे वह अपना एक स्थायी स्वभाव बना लेता है। और फिर जीवन-भर वह उसी के इर्द-गिर्द घूमता रहता है। और यह एक बड़ी खतरनाक प्रक्रिया है जिसने हर मनुष्य को बुरी तरह उलझाकर रखा हुआ है। ...और इसी से उसका वस्तुओं की तरह उपयोग हो रहा है। क्योंकि मनुष्य के हर स्थायी स्वभाव का फायदा उठाया ही जा सकता है।

और यहां इस ''स्थायी-स्वभाव'' शब्द को भी विशेष रूप से समझने की जरूरत है। क्योंकि इसी ने आपके भीतरी व्यक्तित्व को तहस-नहस कर आपको इन्सान से वस्तु बना दिया है। सोचो यह कि आपको जीवन जीना है या पसंद-नापसंद की सूचियां बनाते फिरना है। अरे, जब जो पसंद आए कर लो- बात समाप्त। यह सूचियां बनाने से क्या होगा?

यह तो कमाल ही हो गया। पहले सूची बनाओ, फिर उसके इर्द-गिर्द सिद्धांत व मान्यताएं ओढ़ लो। यानी उस पर और भी कट्टर रंग चढ़ा दो। ...हो गया उद्धार। क्योंकि किसी बात को दृढ़तापूर्वक पकड़ने से वह आपका स्थायी स्वभाव बन जाता है। ...फिर आप चाहें-न-चाहें, वह आपको प्रतिक्रियाएं देने पर मजबूर कर ही देता है। और तब फिर धीरे-धीरे कर सब को पता चल ही जाता है कि किस बात पर आप क्या प्रतिक्रिया देंगे। बस आपकी जो प्रतिक्रिया जिसको जिस हिसाब से अपने हित की जान पड़ती है, वह उस चीज का वैसा बटन दबाकर आपको उसकी इच्छानुसार प्रतिक्रिया देने पर मजबूर कर देता है। और अंत में इन सब चक्करों में आप हजार बटनों वाली एक मशीन बन कर रह जाते हैं। ...आज के बाद गौर से देखना, आपको अपने आसपास इन्सान कम और बटनों वाली मशीनें ज्यादा दिखाई देंगी।

और फिर ऐसी मशीनों का फायदा उठानेवालों की तो यूं ही संसार में कोई कमी नहीं। आपको यदि इज्जत प्यारी है, तो आप बेइज्जती के बटन से डराकर घुमा दिए जाते हैं। यदि आप किसी धर्म को मानते हैं तो उसके रीति-रिवाज और प्रथाओं के नाम पर आपको लूट लिया जाता है। आपको आपकी तारीफ सुनना पसंद है, तो आपको खुशामदी के बटनों से बहला दिया जाता है। आपको कोई व्यक्ति अत्यंत पसंद है, तो उस पर विवाद छेड़ आपका मूड खराब कर दिया जाता है। कहने का तात्पर्य आपके हर विचार, हर सिद्धांत व हर मान्यता का फायदा दूसरा व्यक्ति अपने हिसाब से उठा ही लेता है। और

इन सबके कारण अंत में जाकर आप सिर्फ दूसरों के हाथ के खिलौने बनकर रह जाते हैं। अतः नियम, सिद्धांत व विचार आपने कितने ही उच्च मानकर क्यों न ओढ़ रखे हों, परंतु अंत में वे सब सिवाय बकवास के और कुछ नहीं साबित होते। सवाल यह कि मनुष्य जिसे अपनी बुद्धिमानी पर इतना नाज है, उसे सबकुछ पहले से तय कर लेने की आवश्यकता ही क्या है? क्या वह वक्त आने पर या जरूरत पड़ने पर उचित निर्णय नहीं ले सकता?

अतः इन तमाम घूमते-फिरते बटनों से आजाद होना हो, तो उसका एक ही उपाय है कि स्वयं की 'निर्णय-क्षमता' पर भरोसा बढ़ाते हुए धीरे-धीरे कर स्पोंटेनियस यानी क्षणिक विचारों व व्यवहारों से जीना शुरू कर दें। ...यानी ना तो आपकी कोई स्थायी पसंद-नापसंद, और ना ही आपके कोई स्थायी विचार या सिद्धांत। जिस समय जो सामने आएगा, तब उस बाबत निर्णय ले लिया जाएगा। मानो आपको आज चर्च जाने की इच्छा हो जाए तो आज के पूरता आप क्रिश्चियन। बाकी कल-की-कल देखी जाएगी। आपको आज भी इटालियन खाने की इच्छा हो तो आज पूरता इटालियन पसंद, परंतु स्थायी कोई दावा नहीं। अतः इस पूरी प्रक्रिया का कुचक्र समझें। आपके विचार, आपको उस बाबत जिद्दी बनाना शुरू कर देते हैं। जिद्द पकड़ने पर आप उसके प्रति भावुक हो जाते हैं। और भावुक हो जाने पर यदि आपकी बात को समर्थन मिल जाए तो आप लुटने को तैयार हो जाते हैं। वहीं यदि कोई विरोध जताए तो उपद्रव पर उतर आते हैं। ...यानी आपका हर विचार अंत में आपकी कब्र खोदनेवाला ही सिद्ध होता है। अतः आप स्पोंटेनियस विचारों और व्यवहारों में जीना शुरू कर दें, जल्द ही आपके बाजार में घूम रहे सारे बटन डिस्चार्ज्ड हो जाएंगे। फिर आप अपने सुख-दुःख के मालिक स्वयं होंगे। और जो अपने सुख-दुःख का मालिक स्वयं है, वही अपने जीवन को सहजता से आगे बढ़ा सकता है।

चलो इसी बात को एक उदाहरण से समझाने की कोशिश करता हूँ। शायद जल्दी समझ आ जाए। एक पिता था, तथा आम पिताओं की ही तरह वह चालाक व बुद्धिमान था। उसने अपने बेटे को राम और श्रवण जैसे अनेक आज्ञाकारी व कर्तव्यनिष्ठ बच्चों की खूब कहानियां सुना रखी थी। आखिर वह भी बच्चा था, जल्द ही उसकी बुद्धि की कंडीशनिंग हो गई। ...फिर तो वह पिता का पक्का आज्ञाकारी सपूत हो गया। वह...पिता जो बोले, वही करता। पिता भी उसका वस्तु की तरह खूब फायदा उठाता। सुबह-से-शाम तक वह उससे अनेकों काम करवाता रहता।

...लेकिन उधर लड़का, पिता सोच रहे थे उतना भी मूर्ख नहीं था। जल्द ही वह समझ गया कि यह तो पिता आज्ञाकारी होने का फायदा उठाते हुए उससे बेहद काम करवा रहे हैं। उसने इससे छुटकारा पाने के उपायों पर सोचना शुरू किया। जल्द ही वह इस नतीजे

पर पहुंचा कि पिता बोले उसका सब उलटा कर दो। अपने-आप ही वह काम बताना बंद कर देंगे। बस वह शुरू हो गया। पिता बोले घड़े में पानी भरो, वह उलटा जो भी थोड़ा पानी पहले से घड़े में हो, उसे भी ढोल दे। पिता बोले बछड़ों को घास खिलाओ, वह घास उठाकर ही घर के बाहर फेंक आए। पिता परेशान हो उठे। उनको समझ ही नहीं आया कि यह क्या हो गया? उधर बच्चा पिता की परेशानी देख बड़ा खुश हुआ। उसे इससे अपनी विजय का एहसास होने लगा।

हालांकि उधर पिता भी चतुर था। उसने जल्द ही ताड़ लिया कि यह मैं जो कह रहा हूँ, सब उससे उलटा कर रहा है। कोई बात नहीं, उसने पुत्र को उलटी आज्ञाएं देना प्रारंभ कर दी। उसे कपड़ों की गड़ी करवानी हो तो वह बेटे से कहने लगा कि कपड़ों की गड़ी मत कर। बस बेटा सारे कपड़ों की गड़ी कर देता। उसे जूते साफ करवाना होता तो कहता-जाओ जूते गंदे कर आओ; जूते साफ हो जाते। यानी गाड़ी फिर पटरी पर आ गई थी।

उधर बच्चा भी कम शार्प नहीं था। वह जल्द ही समझ गया कि यह पिता तो उलटा कहकर फिर मुझसे काम निकलवा रहे हैं। ...और काम में तो आना ही नहीं है। ...तो इसका इलाज क्या? बस कुछ सोच-विचार के बाद वह स्पोंटेनिटी की शरण चला गया। उसने पिता की हर आज्ञा पर सोच-समझकर मौके पर ही निर्णय लेने का तय कर लिया। उधर इस बात से बेखबर पिता ने तो उसे फिर अपनी वर्तमान परंपरा के अनुसार उलटी आज्ञा देते हुए घड़े का पानी ढोल आने को कहा। लड़के ने वाकई ढोल दिया। पिता चौंक गया। लेकिन जल्द ही वह यह सोचने लगा कि हो सकता है यह फिर से सीधे निर्देश सुनना शुरू हो गया हो? सो पिता ने आजमाने हेतु तुरंत दूसरी आज्ञा देते हुए कहा- बेटा बछड़ों को घास खिला दे। बेटे ने अबकी उलटा कर दिया। पिता की दी घास वह बाहर फेंक आया। पिता बुरी तरह परेशान हो गया। उसे समझ ही नहीं आ रहा था कि यह हो क्या रहा है? आखिर बच्चे से काम कैसे निकलवाया जाए? उसने कई दिनों तक प्रयास किये, पर जो कार्य लड़के से करने को कहे, गड़बड़ हो जाए।

...अंत में कोई उपाय न देख उसने सोचा कि बेहतर है बच्चे से ही बात कर ली जाए। ...हो सकता है कि बातचीत से इसका कोई समाधान निकल आए? क्योंकि जब तक बच्चा आज्ञा मान रहा था, उसे उसका उपयोग करने में कोई अड़चन नहीं हो रही थी। बच्चे ने उलटा करना शुरू किया तो भी कोई बाधा नहीं थी। लेकिन जैसे ही बच्चे ने अपनी मरजी मुताबिक मौके पर ही निर्णय करने का तय किया कि मुसीबत आ खड़ी हुई। सो, हारे पिता ने बड़े प्यार से बच्चे को अपने पास बिठाते हुए पूछा- यह तू मुझे परेशान क्यों कर

रहा है? कभी उलटा कर देता है तो कभी आज्ञा का पालन कर देता है। यह माजरा क्या है? पिता के शरणागति स्वीकारते ही बच्चे ने खुलकर कहा- सीधी बात है पिताजी, अब मैं इतना समझदार हो गया हूँ कि आप मेरा वस्तु की तरह उपयोग नहीं कर सकते। अब आपको जो कार्य करवाना है ना सिर्फ उस बाबत सीधा-सीधा कहना होगा, बल्कि उसे करने के कारण भी बताने होंगे। और उसके बाद ही मैं उसे करने या नहीं करने का निर्णय लूंगा। क्योंकि अब मेरे 'व्यक्तित्व' का निर्माण हो चुका है। पिता पूरी तरह नतमस्तक हो गए। ...जैसा कहे मेरे बाप।

शायद अब आपको हर विचार की कितनी कीमत चुकानी पड़ती है, यह समझाने की कोई आवश्यकता नहीं रह गई होगी। अब तो आप यह भी समझ ही गए होंगे कि स्पोंटेनियस निर्णय करने की आदत से आपका व्यक्तित्व किस कदर निखर सकता है। ...तो चलिए अब मैं आपको आपकी इस परेशानी के दूसरे पहलू से मिलवाता हूँ। उसे समझने हेतु आप यह समझ लें कि मैं और आपकी बुद्धि दोनों परम स्वतंत्र वस्तुएं हैं। इस पर किसी ब्रह्मांड, किसी भगवान या किसी ताकत का कोई नियंत्रण नहीं। उदाहरण के तौर पर आप चाहे जिसको - चाहे जितनी गालियां दें, कोई सत्ता आपको ऐसा करने से रोक नहीं सकती। बड़े-से-बड़ा हिटलर भी ज्यादा-से-ज्यादा आपके शरीर को कैद कर सकता है; परंतु मेरे तल पर उसके लिए गालियां न उठे, यह सत्ता दुनिया के किसी हिटलर के पास नहीं। वैसे ही शरीर अपनी अव्यवस्था व अपने कारणों से बीमारी पकड़ने को स्वतंत्र है, परंतु उस बीमारी के कारण मनुष्य को दुःखी होना कि नहीं, यह फिर मनुष्य के अपने ही हाथ में है।

और ठीक इसी तरह माना कि बाहर की परिस्थितियां बनाना-बिगाड़ना आपके हाथ में नहीं है, परंतु उन परिस्थितियों से विचलित होना कि नहीं; यह सर्वथा आपके हाथ में है। और ठीक वैसे ही कोई आपको लाख राम व श्रवण जैसे आज्ञाकारी बच्चों की कहानियां सुनाए, परंतु अंध-आज्ञाकारी होना कि नहीं, यह आपके ही हाथ में होता है। अतः मेहरबानी कर अपनी इस परम स्वतंत्रता को पहचानें, और पहचान कर अपना हित करने की जवाबदारी उठाएं।

और फिर भी बात समझ में नहीं आती है तो इस बात को समझने हेतु मनुष्य-जाति का इतिहास उठा कर देख लें। वह अनेक ऐसे वीरों से भरा पड़ा है जो अपने मन के सम्पूर्ण मालिक होकर जीए हैं। जीसस का ही उदाहरण लो। उन्हें सूली पर लटकाना लोगों के बस में था, सो उन्होंने उन्हें सूली पर लटका दिया। लेकिन जीसस को विचार बदलने हेतु मजबूर कर पाना या इतने कीलें शरीर में ठोकने के बावजूद उन्हें दुःखी कर पाना उनके वश में नहीं था, और वे यह नहीं ही कर पाए। ...और अंत में क्या हुआ; जिस जीसस को उन्होंने

मारा, जिसके विचार उन्होंने कुचलना चाहे, वही जीसस व उनके विचार दोनों हमेशा के लिए अमर हो गए।

इसी बात को मैं बुद्ध के एक अति खूबसूरत उदाहरण से भी समझाने की कोशिश करता हूँ। बुद्ध प्रायः अपने शिष्यों व भिक्षुओं को नियमित रूप से प्रवचन दिया करते थे। अब चूंकि उस समय भारत में सिर्फ हिंदू धर्म प्रचलित था, और बुद्ध महाराज का तो हिंदू धर्म तो छोड़ो...ईश्वर तक के अस्तित्व से इन्कार था। ऊपर से तमाम प्रकार के पाखंडों के वे वैसे ही तगड़े विरोधी थे। सो, स्वाभाविक रूप से उनकी बातें कइयों को चुभती थी। कई लोग उनसे नाराज भी रहते थे, वहीं कुछ सिरफिरे तो उनको सताने से भी बाज नहीं आते थे। लेकिन यह सब उनकी समस्या थी; बुद्ध को जो कहना व करना था, वे वह कहते और करते ही रहते थे।

ऐसे ही एक दिन की बात है, बुद्ध अपना प्रवचन दे रहे थे। उनके शिष्य, भिक्षु व कुछ आसपास के गांववाले बड़े प्रेम से उनके उपदेश का आनंद उठा रहे थे। तभी दूर से एक व्यक्ति बुद्ध को गालियां देता हुआ दौड़ा चला आया। सभी स्तब्ध रह गए, परंतु बुद्ध ने उसपर कोई विशेष ध्यान नहीं दिया। ...वे अपना बोलते रहे। अब वह आदमी तो वैसे ही बड़ा क्रोधित था, ऊपर से बुद्ध द्वारा की गई अनदेखी ने उसे और भी बुरी तरह बेकाबू कर दिया। ऐसे में जब उसे कुछ समझ नहीं आया तो उसने बुद्ध के निकट जाकर उनपर थूक दिया। यह देख कई शिष्य क्रोधवश उठ खड़े हुए। बुद्ध ने हंसते हुए सबको इशारे से बैठने के लिए कहा और अपना प्रवचन फिर चालू कर दिया। यानी उनकी मस्ती व तल्लीनता में कोई फर्क नहीं आया था। उधर वह आदमी भी अपना क्रोध व्यक्त कर ही चुका था, सो चुपचाप लौट गया। और उसके साथ ही यह बात आयी-गयी हो गई।

...लेकिन दूसरे दिन कमाल ही हो गया। कल ही की तरह बुद्ध आज फिर प्रवचन दे रहे थे। सब लोग बड़े प्रेम से बुद्ध की वाणी सुनने में मस्त थे। तभी कल जिसने बुद्ध पर थूका था, वह आज दूर से ही रोता हुआ चला आ रहा था और मुझे क्षमा कर दो...क्षमा कर दो- चिल्ला भी रहा था। और आज तो वह सीधे बुद्ध के चरणों में ही आ गिरा। बुद्ध ने आज भी उस पर कोई विशेष ध्यान नहीं दिया। उनका ध्यान पूरी तरह प्रवचन पर ही लगा रहा। वह व्यक्ति अब भी बड़ा गिड़गिड़ा रहा था। और अंत में जब उसने अपने आंसुओं का बुद्ध पर कोई असर होते नहीं देखा, तो थककर उसने बुद्ध के चरणों पर सर पटक-पटककर माफी मांगना शुरू कर दिया। वह बुद्ध से रोते हुए बोला भी कि मैं अपनी कल की हरकत पर बड़ा शर्मिंदा हूँ, कृपया मुझे माफ कीजिए। जब तक आप माफ नहीं करेंगे, मैं आपके चरण नहीं छोडूंगा।

अब तो बुद्ध के पास चारा ही नहीं बचा था। उन्हें प्रतिक्रिया देनी ही थी। बस उन्होंने उसे चरणों से उठाते हुए कहा- जब मैंने कल तुम्हारे थूकने का बुरा नहीं माना था, तो ऐसे में आज मैं तुम्हें माफी दूं भी तो किस बात के लिए? कल जब तुमने थूककर अपना क्रोध व्यक्त किया था, तब मैं तत्क्षण समझ गया था कि तुम मुझसे इस कदर खफा हो कि नाराजगी व्यक्त करने को तुम्हारे पास शब्द नहीं, सो थूककर तुमने अपनी नाराजगी व्यक्त कर दी। ...बात समाप्त हुई। और आज जिस तरह तुम रो-रोकर क्षमा मांग रहे हो...मैं समझ गया हूँ कि तुम अपने कल के व्यवहार पर पछता रहे हो। लेकिन ये दोनों समस्याएं तुम्हारी थी; मुझे इससे क्या? ...इसे कहते हैं भीतरी व्यक्तित्व। अब ऐसे व्यक्ति को कैसे कोई विचलित कर सकता है? और आपको भी बुद्ध से अपनी सम्पूर्ण कमान अपने हाथ में रखने की कला सीखनी ही है। जब तक आप ऐसे मजबूत भीतरी व्यक्तित्व की नींव नहीं रखते, तब-तक आपके दुःख-दर्द दूर नहीं होनेवाले।

कुल-मिलाकर मैंने व्यक्तित्व-निर्माण हेतु दो बातें कही। पहली फोकट के विचारों से बचें। क्योंकि ये विचार ही धीरे-धीरे कर सिद्धांत व मान्यताओं में परिवर्तित होते चले जाते हैं। फिर आप उसके बाबत जिद्द पकड़ना शुरू कर देते हैं, तथा जिसके परिणामस्वरूप आप उन विचारों से मोहित होकर उनके प्रति दृढ़ता बरतने लग जाते हैं। इसका सबसे बड़ा नुकसान तो यह होता है कि इससे आपका एक स्थायी स्वभाव बनना शुरू हो जाता है। और फिर यहीं से आपका वस्तुओं की तरह उपयोग होना भी प्रारंभ हो जाता है। फलस्वरूप इससे आपके सुख-दुःख आपके नियंत्रण से निकलकर दूसरों के व्यवहार पर निर्भर हो जाते हैं। और दूसरे का क्या है, उसे जब आपसे काम निकलवाना होता है तो आपके पसंद की बात करता है; अन्यथा आपको छेड़ क्रोधित व दुःखी कर देता है।

और फिर आपके विचारों व सिद्धांतों का मूल्य भी क्या है? मामूली-सी कसौटी पर तौलने से वे तार-तार हो जाते हैं। मानो आप पक्के क्रिश्चियन हैं, और खुदा-न-खास्ता आतंकवादी आपके बच्चे को उठाकर ले गए। उन्होंने बच्चा छोड़ने की एक ही शर्त रखी कि आप अपना धर्म परिवर्तित कर लें। आप तुरंत राजी हो जाएंगे, आपको होना भी चाहिए। पर सवाल यह कि ऐसी व्यर्थ की बातों में मन को उलझाना ही क्यों? क्योंकि आपका कैसा ही विचार या कितना ही उच्च सिद्धांत क्यों न हो, आपको उसकी तगड़ी कीमत चुकानी ही पड़ती है। और फिर वक्त की कसौटी पर तो वे वैसे भी कभी खरे नहीं उतरते हैं।

सोचो यह कि आपको विचारों, सिद्धांतों व संकल्पों की आवश्यकता ही क्या है? जब जिस वक्त, परिस्थिति के हिसाब से जो श्रेष्ठ करने योग्य मालूम पड़े...आप क्यों नहीं वही करने की क्षमता बढ़ाते। इससे एक तो आपकी बुद्धि की कभी-कोई कंडीशनिंग

नहीं होती, और दूसरा इससे आपके कोन्शियस, सब-कोन्शियस, व अन-कोन्शियस माइंड भी मजबूत नहीं होते हैं। ...यानी आप दिमाग से भी हमेशा तरोताजा रहते हैं, और मुझे भी उपद्रवों का कोई विशेष मौका नहीं मिलता। जैसे मानो आपके विचार से माइकल जैक्सन सर्वश्रेष्ठ डांसर है। अब इस विचार में तो कोई बुराई नहीं, पर सवाल यह कि बात कभी भी यहीं नहीं रुकती। फिर धीरे-धीरे कर एक दिन आप उसके खिलाफ कुछ भी सुनने की क्षमता ही खो बैठते हैं। और परिणास्वरूप किसी के अन्यथा बात कहने पर आप ना सिर्फ दुःखी हो जाते हैं, बल्कि अक्सर क्रोधित भी हो उठते हैं। निश्चित ही यह अकारण है। इससे बेहतर है कि जब-जितनी मरजी हो माइकल जैक्सन का नृत्य देख लेना व आनंद ले लेना, परंतु व्यर्थ उस बाबत कोई विचार न बनाना। फिर आपके माइकल जैक्सन को लेकर दुःखी होने या क्रोधित होने का सवाल ही नहीं उठेगा। और कभी-कहीं चर्चा छिड़ी तो भी आप उसके समर्थन में तर्कपूर्ण बात कर चर्चा का भी आनंद ले सकेंगे। ...वहीं यदि किसी की जैक्सन के खिलाफ कोई बात वाकई यथार्थ जान पड़ी तो आप उस बात को स्वीकार कर अपनी रुचि दुरुस्त भी कर पाएंगे। अर्थात् विचारों को खुला छोड़ने का एक अन्य बड़ा फायदा यह कि आपके सीखने व सुधरने की क्षमता भी दिन-ब-दिन बढ़ती रहेगी। और निश्चित ही जिसके परिणामस्वरूप धीरे-धीरे कर आप परफेक्ट होते चले जाएंगे।

सो, कुल-मिलाकर मुझे उम्मीद है कि आप अपना भीतरी-व्यक्तित्व निखारकर ना सिर्फ दुःखों व अकारण उठनेवाले रोजमर्रा के क्रोधों से जल्द छुटकारा पाने की कोशिश करेंगे; बल्कि जीवन में परफेक्ट बनने की तरफ एक जोरदार कदम भी बढ़ाएंगे। और इस हेतु बहुत कुछ न भी कर पाएं तो इतना तो तय कर ही लें कि भविष्य में आप अपने सारे निर्णय ऑन द स्पॉट ही लेंगे। बस इतने-मात्र से भी आपका विचारों, सिद्धांतों और मान्यताओं से छुटकारा हो जाएगा।

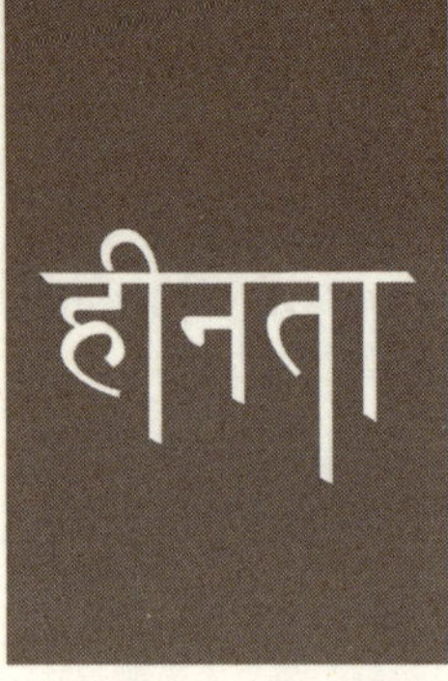

हीनता

मनुष्य का अकारण हजारों हीनताओं से ग्रसित होना उसकी बर्बादी का तीसरा प्रमुख कारण है। इन हीनताओं के कारण वह भीतर-ही-भीतर चौबीसों घंटे परेशान होता रहता है। सच कहूं तो इस हीनता यानी कॉम्प्लेक्स के कारण वह खुलकर कभी जी ही नहीं पाता है। दिन-रात खिलौनों की तरह नाचता रह जाता है। और मनुष्य की सारी हीनताएं नितांत उसकी अपनी बुद्धि की उपज हैं। यदि आज मनुष्य इस कॉम्प्लेक्स से ग्रसित है, तो इसका मात्र और एकमात्र कारण उसकी बुद्धि की सोच है। यहां यह भी स्पष्ट समझ लें कि मुझे कहीं कोई कॉम्प्लेक्स कभी नहीं पकड़ता।

खैर! इस बात को विस्तार से समझने से पूर्व यह समझना बेहतर है कि आखिर यह कॉम्प्लेक्स होता क्या है? कॉम्प्लेक्स का अर्थ है कि आप जो भी हैं, जैसे भी हैं...तथा जिस किसी भी परिस्थिति में हैं, आप उससे राजी नहीं हैं। और यह आपका ''राजी'' न होना ही कॉम्प्लेक्स है। और फिर आगे चलकर यही कॉम्प्लेक्स आपका जीवन नर्क बनाने को पर्याप्त सिद्ध होता है।

अब सवाल यह उठता है कि यह ''राजी न होना'' पैदा होने के साथ तो आया नहीं था। बच्चा हमेशा जैसा व जिस हाल में होता है, अपने से राजी ही होता है। उसे अपने गोरे-काले, शैतान या शांत, अमीर या गरीब होने का एहसास तक नहीं होता, तो फिर ऐसे में उसके राजी होने या राजी ना होने का सवाल ही कहां उठता है? दूसरी ओर देखा जाए तो पूरी प्रकृति में भी कोई अपने होने के ढंग से नाराज नहीं है। न चांद, न तारे और ना ही पृथ्वी अपने होने के तरीके से असंतुष्ट है। वहीं ना तो हवा और ना ही पानी को अपने होने के ढंग से कोई शिकायत है। वैसे ही किसी फूल या कांटे को भी अपने होने के ढंग से कोई ऐतराज नहीं है। और ना ही किसी पक्षी, जानवर या मछली को अपने होने के ढंग से कोई असंतोष है। सोचनेवाली बात यह कि जब पूरी प्रकृति में कोई अपने होने के ढंग से नाराज नहीं, जब बच्चे तक को इसका एहसास नहीं, तो यह असंतोष बड़ा होते-होते मनुष्य में आ कहां से जाता है?

निश्चित ही मनुष्य को यह असंतोष उसकी "बुद्धि" पकड़ा देती है। और आश्चर्य यह कि यह असंतोष उसे पकड़ाया अपने हितैषियों द्वारा ही जाता है। बच्चा तो सीधा-सीधा अपनी राह चलते मस्ती में बढ़ रहा होता है, लेकिन थोड़ा बड़ा होते-न-होते उसके जीवन में भूकंप आ जाता है। मां-बाप व घर के बुजुर्ग उसके पीछे पड़ जाते हैं। उससे तुलनात्मक बातें करने लग जाते हैं। यह करना चाहिए और यह नहीं करना चाहिए, यह करना अच्छा है और यह करना खराब है। ...फिर तो स्कूल में शिक्षकों के हाथों फंसने पर उसकी और भी बुरी गत बना दी जाती है। क्योंकि वहां से उसके जीवन में तुलनात्मक-शिक्षाओं की भरमार शुरू हो जाती है। यह बच्चा कितना शांत है और तुम देखो कितने शैतान हो। यह बच्चा देखो पढ़ाई में कितना शार्प है और तुम कितने डल हो। यह बच्चा देखो अपने मां-बाप व शिक्षकों की बातों को कैसे आज्ञा की तरह स्वीकारता है, और एक तुम हो कि किसी की बात सुनते ही नहीं।

अब सवाल यह कि शिक्षकों को इन की जानेवाली तुलनाओं का बच्चों के मन पर क्या प्रभाव पड़ता है, इसकी तो कोई कल्पना होती नहीं है। उधर मां-बाप या घर के बुजुर्गों को भी इसकी कोई समझ नहीं होती है। बस दोनों बिना समझे बच्चों पर तुलनाओं के वज्रपात करते चले जाते हैं। बेचारा बच्चा बुरी तरह चौंक जाता है। क्योंकि वह जैसा है वैसा है और उसी से खुश है। लेकिन उस बेचारे की चलती कितनी है? आखिर, एक नहीं अनेकों बार अनगिनत व्यक्तियों द्वारा बार-बार की जानेवाली तुलनाएं उसके मन में घर करने लग जाती है। वह बेचारा चाहते-न-चाहते हुए भी उसपर ध्यान देने को बाध्य हो जाता है। और एकबार वह अच्छा-बुरा समझना व स्वीकारना शुरू क्या करता है कि उसका जीवन ही बदल जाता है। इसका सबसे पहला व बुरा प्रभाव तो यह होता है कि वह अपने-आप का अस्वीकार प्रारंभ कर देता है। और चूंकि वह स्वयं के होने से असंतुष्ट होना शुरू हो जाता है, फलस्वरूप उसे एक नहीं अनेकों बातों की हीनता पकड़ने लग जाती है। और इस प्रकार यहीं से उसके हसीन जीवन में इस कॉम्प्लेक्स का पदार्पण होता है। यानी कुल-मिलाकर तुलनात्मक शिक्षाओं के कारण मनुष्य के जीवन में कॉम्प्लेक्स आता है।

तो फिर सवाल यह उठता है कि क्या वाकई इन तुलनात्मक शिक्षाओं की आवश्यकता है? क्या वास्तव में ऐसी बातें योग्य हैं? नहीं...और कतई नहीं। तथा यह समझने हेतु एकबार जरा प्रकृति पर नजर दौड़ाओ और देखो, यहां चीजें सिर्फ हैं। कोई अच्छी या बुरी नहीं, कोई तुच्छ या महान नहीं। पूरी प्रकृति में मनुष्य को छोड़ कहीं कोई उनकी तुलना नहीं कर रहा। और क्योंकि कोई तुलना नहीं कर रहा है, इसलिए किसी को अपने अच्छे या बड़े होने का गर्व भी नहीं है। और इसी कारण पूरी प्रकृति में किसी को

अपने तुच्छ या छोटे होने की शर्म भी नहीं है। यहां किसी पत्थर को यह गुमान नहीं कि वह कीमती हीरा है, और ना ही किसी पत्थर को यह हीनता है कि वह एक मामूली पत्थर है। यहां कोई हीरा किसी पत्थर से नहीं कह रहा कि चल दूर हट, मैं चमकीला हीरा हूँ और तू राह में पड़ा एक तुच्छ पत्थर। नहीं, दोनों अपने होने से तृप्त है। और चूंकि दोनों अपने होने से तृप्त है, इसलिए उनमें से कोई अपने को बदलने की कोशिश भी नहीं कर रहा।

लेकिन मनुष्य के साथ ऐसा नहीं हो पाता है। चूंकि परिवार व शिक्षक बच्चों की तुलना कर-कर के उनके अंदर अपने लिए असंतोष पैदा कर देते हैं, और इस वजह से बच्चे अपनी नाजुक उम्र से ही स्वयं को बदलने के प्रयास में लग जाते हैं। बस यहीं से बच्चों में गिरावट की शुरुआत हो जाती है। परम आनंद में जी रहे बच्चों में यहीं से कॉम्प्लेक्स पकड़ना शुरू हो जाता है। और फिर कॉम्प्लेक्स पकड़ते ही शांत शैतान होने के प्रयास में लग जाता है, और शैतान...शांत होने के चक्कर में घूमना शुरू हो जाता है।

अब सवाल यह कि क्या मनुष्य को अपना जीवन संवारने हेतु स्वयं के मूल स्वरूप को बदलने की आवश्यकता है? और उससे भी बड़ा सवाल यह कि क्या वह सचमुच स्वयं के मूल स्वरूप को बदल सकता है? और अगर बदल भी सकता हो, तो भी महत्वपूर्ण यह कि वह अपने मूल स्वरूप को बदलने की प्रेरणा कहां से ले रहा है?

इतने सवालों की भीड़ में यदि पहले सवाल का उत्तर खोजें तो मनुष्य को अपने मूल स्वरूप को बदलने की कोई आवश्यकता नहीं। क्योंकि वह जैसा है उसी ढंग से उसके जीवन का विकास हो सकता है। जैसे प्रकृति में हजारों तरीके के रंग-बिरंगे फूल हैं और सब-के-सब अपनी-अपनी जगह अद्वितीय हैं, वैसे ही यहां लाखों तरह के मनुष्य हैं तथा वे सभी अपने-अपने क्षेत्र में महत्वपूर्ण हैं। और यह बात आप समझें-न-समझें, पर प्रकृति की हर छोटी-से-छोटी चीज को अपने होने के महत्व का एहसास है। भले ही आप मनुष्यों ने गुलाब और कमल को कुछ ज्यादा ही तवज्जो दी हो, लेकिन देखो...इससे बाकी फूलों को कोई कॉम्प्लेक्स नहीं पकड़ रहा। फूल तक मनुष्य की "तुलनात्मक-चालबाजियों" से वाकिफ है। वे जानते हैं कि इन मूर्खताओं का कोई महत्व नहीं। और इस कारण कोई फूल कभी कमल या गुलाब बनने की कोशिश करता दिखाई नहीं देता। फूल चाहे जिस नस्ल का हो, उसका एक ही ध्येय होता है कि वह पूरी तरह से खिलकर तृप्त हो जाए। वैसे ही मनुष्य भी चाहे जिस प्रतिभा का धनी हो या चाहे जैसा हो, उसके जीवन का भी एक ही मकसद होना चाहिए कि वह अपने प्रतिभा में तृप्त होकर जीवन मस्ती से पूरी तरह खिलकर गुजार दे।

लेकिन ऐसा हो नहीं पाता है। लाखों में कोई एक ऐसा कर पाता है। वरना उसके ही परिवार वाले, शिक्षक व समाज के ठेकेदार मिलकर उसे तरह-तरह की हीन भावनाओं

से इतना तो ग्रसित कर देते हैं कि फिर हीन-भावना से ग्रसित यह मनुष्य अपने को बदलने की फिराक में लग जाता है। मजा यह कि जिनकी बातें सुनकर वह स्वयं को बदलने की फिराक में लग जाता है, वे स्वयं हजारों कॉम्प्लेक्स से भरे होते हैं। मां-बाप तो यही समझते हैं कि वे जैसे हैं बच्चों को भी ऐसा ही होना चाहिए। अब एक घर में यदि दो बच्चे हैं तथा एक शैतान और एक शांत है, तो समझ लो कि दो में से एक की शामत आना तय है। यदि मां-बाप बचपन में शैतान रहे हों तो शांत बच्चे का तुलना कर-कर के जीना मुश्किल कर देते हैं। और यदि शांत प्रकृति के मां-बाप हों तो शैतान को शिक्षा दे-देकर बुरी तरह पका देते हैं। समझ नहीं आता कि वे इतना क्यों नहीं समझते कि एक शांत है और एक शैतान, पर दोनों अपनी-अपनी जगह महत्वपूर्ण है। लेकिन नहीं, बुद्धिमान हैं तो तुलना तो करनी ही पड़ेगी। खुद का जीवन चाहे जैसा हो, पर बच्चों को तो अपने जैसा बनाना ही पड़ेगा।

वैसे ही शिक्षकों के भी अपने कॉम्प्लेक्स होते हैं। शिक्षक बनने का पैशन यानी जुनून तो हजारों में से किसी एक का होता है, अधिकांश लोगों ने तो शिक्षक बनना अंतिम उपाय के तौर पर चुना होता है। वे तो बगैर कुछ समझे पहले दिन से ही बच्चों पर ''तुलनात्मक-शिक्षाओं'' का मारा चला देते हैं। सच तो यह है कि बच्चों को क्या व कैसे सिखाना या कैसे उन्हें बड़ा करना, यह न तो मां-बाप को आता है और न शिक्षकों को ही।

यहां मूल सवाल यह कि ये सारी तुलनाएं करना ही क्यों? सिर्फ इसलिए न कि बच्चा बड़ा होकर कुछ बन पाए? तो वह क्या बनेगा या किस क्षेत्र में सफल होगा, यह तय कौन करेगा? हजारों क्षेत्र हैं प्रतिभा के, लाखों तरीके हैं जीने के, और करोड़ों प्रकार के मनुष्य हैं। ऐसे में अच्छे-बुरे की तुलना करने से क्या यह अच्छा नहीं कि बच्चा अपनी प्रतिभा व योग्यतानुसार अपने जीने की राह स्वयं चुनता चला जाए? क्योंकि विज्ञान, कला, पेंटिंग्स, गायन, संगीत, काव्य, लेखन, धर्म, खेल, राजनीति, समाजसेवा जैसे हजारों क्षेत्र हैं। यहां मैं एकबात और स्पष्ट कर दूं कि आपकी बुद्धि या आपकी मान्यता चाहे जो माने, पर मेरे तलपर धर्म भी इनमें से ही एक क्षेत्र है। पता नहीं उसका स्वभाव या उसकी प्रतिभा किस क्षेत्र से मेल खा रही हो। अतः कोई कभी किसी के कहने, समझाने या उकसाने से अपने जीवन की राह नहीं चुन सकता है। उसे तो अपनी स्वयं की प्रतिभा और अपना स्वभाव पहचानकर ही अपने जीवन का फैसला करना होता है।

परंतु वह ऐसा कर पाए उससे पहले ही आप हजार तुलनाएं कर उसमें कोई-न-कोई उटपटांग क्षेत्र की महत्वाकांक्षा जगा ही देते हैं। लेकिन उससे होता क्या है? आप सोच सकते हैं कि एडीसन चित्रकार बनने जाते तो क्या होता? या फिर शेक्सपीयर विज्ञान के प्रयोगों में लग जाते तो क्या होता? तो फिर क्यों ये मां-बाप बच्चों को डॉक्टर या इंजीनियर

बनने को उकसाते हैं? हो सकता है वह पैले या मोहम्मद अली के समान खेलकूद की प्रतिभा लेकर पैदा हुआ हो। सो, मेहरबानी कर व्यर्थ तुलनाएं कर-कर के उसे गलत राह पर मत लगाएं। ...वरना दूसरे क्षेत्र की प्रतिभा तो वह अपने में निखारने से रहा ही रहा, साथ ही अपने क्षेत्र की प्रतिभा भी वह खो देगा। और यह भी कहने की जरूरत नहीं कि ऐसा व्यक्ति जीवनभर असफल ही रहेगा। इतना ही नहीं, वह जीवनभर व्यर्थ की हजारों हीनताओं से घिरा भी रहेगा। और यही मेरे पूछे दूसरे व तीसरे सवाल का उत्तर है। मनुष्य लाख प्रयत्नों के बावजूद भी ना तो अपने मूल स्वरूप को भुला सकता है, और ना ही पूरी तरह से उसे बदल सकता है। यानी कुल-मिलाकर उसकी ये सारी कोशिशें एक व्यर्थ प्रयास से ज्यादा कुछ सिद्ध नहीं होती।

अब चौथा व महत्वपूर्ण सवाल यह कि बच्चा अपने को बदलने की यह प्रेरणा कहां से ले रहा है? तो इसका जवाब यह कि स्वयं को बदलने की शुरुआती प्रेरणा तो हर बच्चा अपने-अपने मां-बाप और शिक्षकों द्वारा बार-बार की जा रही तुलनाएं तथा दी जा रही शिक्षाओं से ले रहा है। अब सवाल यह उठता है कि ये लोग ये सारी प्रेरणाएं कहां से ले रहे हैं? तो इसका सीधा जवाब है- समाज से, जिसका सभी लोग एक हिस्सा हैं। और यह समाज क्या है? यह वो व्यवस्था है जो अपनी सोच के हिसाब से सबको ढालने में लगी हुई है। उसका सोचना है कि इसी से मनुष्य का जीवन बनेगा। और यही कारण है कि हर समाज ने अपने नियम व सिद्धांत ओढ़ रखे हैं, तथा सब उसी हिसाब से चलें व बढ़ें, यह उनकी जिद्द भी है। सवाल यह कि लाखों मनुष्यों की जोड़ से बने इस समाज की हजारों वर्षों की कोशिश के बावजूद बमुश्किल हजारों में कोई एक या दो सफल हैं। और यही बात मनुष्य को अपने हिसाब से ढालने की इनकी जिद्द को गलत साबित करने के लिए पर्याप्त है। कुल-मिलाकर कहने का तात्पर्य यह कि मनुष्य को बदलने की प्रेरणा का स्रोत जो समाज है वह स्वयं असफल व दुःखी है। इतना ही नहीं, वह स्वयं हजारों तरीके की हीनताओं से भी भरा पड़ा है। और यह सर्वविदित सत्य है कि जिस पेड़ की जड़ ही खोखली हो उसपर सुंदर व खुशबूदार फूल कभी नहीं उग सकते। अर्थात् तमाम तुलनात्मक शिक्षाओं के मूल में ही खामी है।

चलो यह तो सिद्ध हो गया कि ये तुलनात्मक शिक्षाएं गलत हैं, पर यह कोई बच्चों की अपनी चाह तो है नहीं। वे तो जैसे हैं, जीवन को वैसे ही आगे बढ़ाने में लगे रहते हैं। उनपर ये सारी तुलनात्मक शिक्षाएं तो उनके मां-बाप द्वारा थोपी जाती हैं। सो, यह समझदारी तो बच्चों के परिवारवालों को ही विकसित करनी पड़ेगी कि अपने बच्चों की बार-बार दूसरे बच्चों से तुलना न करें, या उन्हें किसी अन्य बच्चे की तरह बनने की प्रेरणा न दें। बल्कि मैं तो कहता हूँ कि वे जैसे हैं, वहीं से उनका हाथ थामें व उन्हें विश्वास दें, तथा उन्हें उन्हीं

की राह पर बढ़ने का उत्साह दें। ...फिर देखें बिना कॉम्प्लेक्स के बड़ा हो रहा यह बच्चा क्या-क्या कर दिखाता है।

हालांकि बच्चों को भी दूसरों से प्रेरित होकर स्वयं को बेवजह बदलने की इच्छा से बचना चाहिए। क्योंकि वे जैसे हैं वहीं से उनके जीवन के मार्ग खुलने हैं। यदि कहीं बदलने की कोई आवश्यकता है तो भी उसे वह अपने स्वयं के अनुभवों के आधार पर ही बदलना है; ...किसी के कहने या दबाव में नहीं। तथा किसी से प्रेरित होकर तो कभी नहीं।

सच कहूं तो समझ में तो मुझे यह भी नहीं आता कि दो मनुष्यों की तुलना हो ही कैसे सकती है? इस बात को अपने जहन में बसा लें कि हर व्यक्ति यहां अद्वितीय है, उस जैसा न पहले कोई हुआ है न आगे कोई होगा। ...तो फिर ये तुलनाएं क्यों? अरबों मनुष्यों में जब किसी के चेहरे आपस में नहीं मिलते तो फिर किसी के मन या जीवन के मिलने का तो सवाल ही नहीं उठता है? यदि मनुष्यों का आपस में कुछ मिलता है तो वह है उनकी सफलता पाते हुए आनंद से जीने की चाह। और ये तुलनात्मक शिक्षाएं उसी में सबसे बड़ी बाधक सिद्ध हो रही हैं।

थोड़ा बढ़ते बच्चों पर गौर करें। साथ ही कुछ अपनी हरकतों पर भी गौर करें। एक छोटा बच्चा यह नहीं समझता कि यह नौकर का बच्चा है या यह गरीब है, उसे तो बस खेलने से मतलब होता है। पर बुद्धिमान बुजुर्ग उस खेलते बच्चे को उठाके ना सिर्फ घर ले आते हैं, बल्कि उसे समझा भी देते हैं कि वह जिनके साथ खेल रहा था वह तुच्छ है। भर देते हैं तुलनाओं का बीज उसके दिमाग में। और फिर स्कूलों में तो सिवाय तुलनाओं के और कुछ नहीं होता। बस बच्चा कॉम्प्लेक्स पकड़ता चला जाता है।

यहां तक भी ठीक, पर फिर तो तुलनाएं करना मनुष्य का स्वभाव ही हो जाता है। यह और भी खतरनाक है। अब धर्म हो या समाज, शिक्षा हो या विचार...बनाए तो

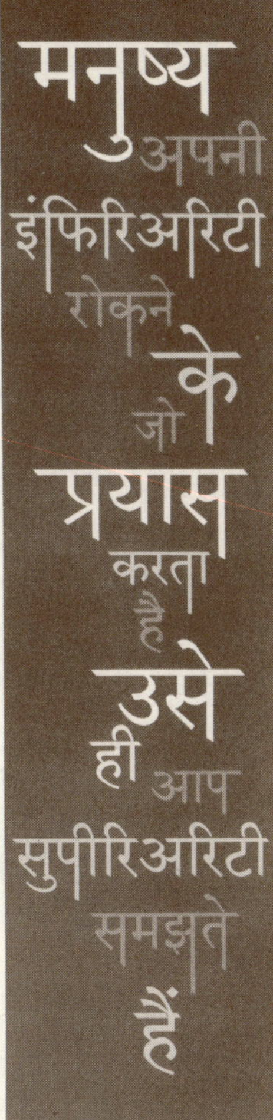

मनुष्यों ने ही हैं। सो वह अपने तुलना करने के स्वभावों से यहां भी बाज नहीं आता है। मनुष्य की तुलना करने की आदत का आलम तो यह है कि उसने नदी तक में भी तुलना कर डाली। गंगा पवित्र और बाकी साधारण। हमारा देश, हमारा धर्म महान-बाकी बकवास। ...यानी पहले से ऐसी हजार तुलनात्मक हीनताओं से भरे बच्चे को धर्म व समाज द्वारा और भी ढेरों तुलनात्मक बातों से लाद दिया जाता है। सचमुच क्या भाग्य होता है बच्चों का, वे मां-बाप की जागीर के वारिस तो बनते हैं तब बनते हैं, परंतु उनके अपनाये समाज व धर्म के जरिए उनकी हीनताओं के वारिस पहले ही बन जाते हैं।

चलो होगा! अब मनुष्य को कैसे बचपन में हीनताएं पकड़ा दी जाती है, यह समझ लिया। और इन सारी हीनताओं के मूल में तुलनात्मक शिक्षाएं प्रमुख रूप से जवाबदार हैं, यह भी समझ लिया। अब थोड़ा यह समझें कि वास्तव में यह कॉम्प्लेक्स है क्या? यही कि आपको लगता है कि आपमें कुछ कमी है या आप किसी मामले में दूसरों से कमजोर हैं। जबकि वास्तव में ऐसा है नहीं; न तो आप में कोई कमी है और ना ही आप किसी से कमजोर हैं; सच तो यह है कि आप... "ऐसे हैं"। और ऐसे हैं का मतलब यही कि आप सबसे भिन्न, नवीन और इकलौते हैं। और जब भिन्न, नवीन और इकलौते हैं तो तुलना हो ही नहीं सकती।

खैर! इतना सब समझ लिया हो तो अब आपको कॉम्प्लेक्स के संबंध में एक अनूठी बात बताता हूँ। ...और वह यह कि कॉम्प्लेक्स का सिर्फ एक ही प्रकार होता है और वह है इन्फीरिओरिटी-कॉम्प्लेक्स। सुपीरिओरिटी-कॉम्प्लेक्स नाम की कोई वस्तु अस्तित्व में होती ही नहीं है। निश्चित ही आपको आश्चर्य हो रहा होगा। क्योंकि आपने अनेकों को सुपीरिओरिटी-कॉम्प्लेक्स से पीड़ित देखा होगा। तो मैंने आपकी वही गलतफहमी दूर करने हेतु यह चर्चा छेड़ी है। और आगे इस बात को समझने के लिए एकबार फिर याद करें कि मनुष्य को यह कॉम्प्लेक्स पकड़ता कैसे है? और वह मैं कई बार कह चुका हूँ कि कॉम्प्लेक्स पैदा होता है तुलना करने से। और तुलनाएं स्वाभाविक रूप से दूसरों से आपको हीन साबित करने हेतु ही की जाती है। फिर इसका परिणाम यह होता है कि धीरे-धीरे कर आपको भी अपने में कुछ कमी होने का एहसास होने लगता है। और बस यहीं से मामला रंग पकड़ना शुरू हो जाता है। शुरू-शुरू में आप अपनी वह कमी दूर करने का प्रयास करते हैं, लेकिन जब बात नहीं बनती तो फिर उसे छिपाने हेतु सुपीरिओरिटी का आवरण ओढ़ लेते हैं। यानी आपके भीतर के दर्द या अपनी कमजोरी का किसी को पता न चले, इस हेतु आप जिन बातों का सहारा लेते हैं, उसे ही आप सब सुपीरिओरिटी कॉम्प्लेक्स के नाम से जानते हैं। कहने का तात्पर्य मनुष्य में दिखाई देने वाले तमाम सुपीरिओरिटी

कॉम्प्लेक्स सिर्फ उसके भीतर छिपी इन्फीरिओरिटी की खबर-मात्र देते हैं। लेकिन वास्तव में सुपीरिओरिटी-कॉम्प्लेक्स नाम की कोई चीज नहीं होती है। सो यदि आप यह बात समझ लें तो किस मनुष्य के भीतर क्या चल रहा है या उसका जीवन कैसा गुजर रहा है, बड़ी आसानी से समझ सकते हैं। क्योंकि फिर आपके लिए उसके भीतर की इन्फीरिओरिटी पकड़ना कोई मुश्किल बात नहीं। उसकी हर इन्फीरिओरिटी के पीछे छिपा दर्द आप पहचान ही लेंगे।

चलो इस बात को कुछ उदाहरणों से समझें। देखिए कि मनुष्य के भीतर छिपी इन्फीरिओरिटी कैसे सुपीरियर बनकर बाहर निकलती है? मानो आपके घर कोई वृद्ध दंपति मिलने आए हुए हैं। उनके सभी बेटे शादीशुदा हैं और सब-के-सब उनके साथ में ही रहते हैं। और खुदा-न-खास्ता यदि वह वृद्ध दंपति अपने बेटे-बहुओं से दुःखी होंगे या उन्हें लगता होगा कि बच्चे उनका उचित ध्यान नहीं रखते, तो आप गौर करना कि वे बात बिना बात बार-बार कहेंगे कि हमारे बेटे-बहू हमें बड़ा सुख देते हैं। यह मौके-बेमौके बार-बार दोहरायी गई बात जो उनकी सुपीरिओरिटी के रूप में झलक रही है, गौर से समझेंगे तो यह सिर्फ उनके भीतर छिपे दर्द की खबर-मात्र है। ...और समझदार को इशारा काफी है। यह स्पष्ट समझ लेना कि मनुष्य बार-बार बेतुकी बातें दोहराता ही तब है जब भीतर वह उसके विपरीत कुछ महसूस कर रहा होता है।

उपरोक्त बात को कुछ इस तरह से भी समझा जा सकता है कि कोई बात-बात में कहे कि क्या बात करते हो - अभी तो मैं जवान हूँ। इसका अर्थ स्पष्ट है कि यह आदमी अब जवान नहीं है। ऐसा कहनेवाला व्यक्ति और कुछ नहीं तो पचास वर्ष के करीब तो पहुंच ही चुका होगा। क्योंकि कोई जवान कभी नहीं कहेगा कि मैं अब भी जवान हूँ। ...बात ही बेतुकी हो जाएगी। कहने का तात्पर्य साफ है कि यह बाहर बार-बार तन के कहने के लिए भीतर उसकी कमी होना आवश्यक है। अतः कृपा कर इसे सुपीरिओरिटी कॉम्प्लेक्स समझने की बजाए इसे उसके भीतर छिपी इन्फीरिओरिटी की खबर के तौर पर ही लेना। देखिए, इससे कितनी जल्दी आप दूसरे मनुष्यों के वास्तविक दर्दों को कितनी आसानी से पहचानना शुरू हो जाएंगे।

और मजा तो यह कि बाहर से ओढ़ी यह सुपीरिओरिटी मनुष्य से कैसे-कैसे हास्यास्पद कार्य करवा लेती है उसपर भी कभी कोई ध्यान नहीं देता है। लेकिन आज के बाद थोड़ा ध्यान देंगे तो आपको अपने आसपास रोज ऐसे दो-चार वाकये देखने को मिल ही जाएंगे। सच तो यह है कि मनुष्य की ओढ़ी इन सुपीरिओरिटी ने उसे खिलौना और मजाक का एक अच्छा-खासा पात्र बनाकर छोड़ दिया है, परंतु फिर भी उसकी समझ में कुछ नहीं आता है। अक्सर देखा गया है कि कई औरतों को यह गुमान होता है कि उसका

आप जैसे हैं उसे पूरी तरह स्वीकारे बगैर हीनता से कभी छुटकारा नहीं

पति उसके पूरे नियंत्रण में है। उसके बच्चे उसकी बड़ी सुनते हैं। पर वास्तव में ऐसा हो ही, यह जरूरी नहीं है। इस बात को एक उदाहरण से समझें। ...एक दिन एक छोटे बच्चे ने अपने पिताजी से पूछा-पापा मैं खेलने जाऊं?

पापा बोले- मैं तुझे खेलने जाने के लिए मना करता नहीं। वैसे भी खेलना बच्चों की सेहत के लिए अच्छा ही होता है। पर शायद तेरी मां तुझे न जाने दे।

बेटा बड़ा दुःखी हो गया। सोच में भी पड़ गया कि यह मां का दरवाजा कैसे तोड़ा जाए? ...पिताजी को भी यह चिंता सताने लगी। तभी पिताजी को अपनी पत्नी की इन्फीरिओरिटी याद आ गई। उन्होंने तुरंत चहकते हुए बच्चे से कहा- जा, जाकर अपनी मां को कह कि मां मुझे खेलने जाना है, पर पिताजी मना कर रहे हैं। ...बस तेरा काम हो जाएगा।

बच्चा तुरंत मां के पास गया और रोते हुए उसने उससे पिताजी की कही बात दोहरा दी। बस मां ताव खा गई। बड़ा तनते हुए बोली- जा, जरूर खेलने जा। देखती हूँ पिताजी कैसे रोकते हैं? ...देखा आपने, मां की दबी इन्फीरिओरिटी ''सुपीरिओरिटी'' बनकर कैसी तो निकली कि बाप-बेटे ने मिलकर उसे खिलौना ही बना दिया।

यह भी छोड़ो। यही बात आपको एक और हसीन उदाहरण से समझाता हूँ। एक दिन मनुष्यों की देखा-देखी शेर के एक बढ़ते बच्चे को भी इन्फीरिओरिटी पकड़ ली। दरअसल बात यह हुई कि शेर के इस शांत बच्चे की बार-बार तुलना उसके हम-उम्र खुंखार शेर के बच्चों से होने लगी। इससे उसे लगने लगा कि वाकई वह शिकार वगैरह करने में काफी कमजोर है। बस एक दिन इस भीतर छिपी इन्फीरिओरिटी ने ...सुपीरिओरिटी का स्वरूप धारण कर लिया। ...फिर क्या था? निकल पड़ा वह अकेला जंगल में। आज तो उसे अपना शेरपन बाहर दिखाना ही था। ...अभी कुछ दूर ही गया था

कि सामने से उसे एक हिरण आता दिखाई दिया। उसने दहाड़ कर उससे पूछा- जानते हो, मैं कौन हूँ?

हिरण सकपका गया। लेकिन फिर तत्क्षण सम्भल भी गया। और सम्भलते ही बड़ी लड़खड़ाई जबान में बोला- आप शेर हैं और जंगल के राजा हैं।

बस वह शेर का बच्चा तो मदरा गया। उसके भीतर छिपी इन्फीरिओरिटी राजा होने के गुमान से भर गई। उसने हिरण को तो जाने का इशारा किया, पर इसके बाद तो उसकी चाल ही बदल गई। थोड़ी दूर और आगे जाने पर उसे एक लोमड़ी बैठी दिखी। वह झट से उस लोमड़ी के पास जा पहुंचा। मदराया हुआ तो वह था ही, उसने लोमड़ी से अबकी सीधा सवाल पूछा- बताओ, जंगल का राजा कौन है?

लोमड़ी तो वैसे ही चालाक होती है। उसे इस शेर के बच्चे को पकड़ी इन्फीरिओरिटी समझने में रत्तीभर देर नहीं लगी। उसने बड़ी चतुराईपूर्वक उसकी इन्फीरिओरिटी सहलाते हुए कहा- आप जंगल के भावी राजाधिराज हैं। और सच कहूं तो मुझे तो आपमें महान राजा के तमाम लक्षण अभी से नजर आते हैं। अब यह सुन पहले से मदराया हुआ शेर का बच्चा पूरी तरह से पागल हो गया। अब तो उसकी हीनता पूरे जोरों पर थी। वह अब पहले से कहीं ज्यादा तने हुए बढ़ा चला जा रहा था। तभी उसे दूर से एक हाथी आता दिखाई दिया। वह अपने पर छायी सुपीरिओरिटी लिए उसके पास जा पहुंचा। उसने हाथी के पास जाते ही अपने उसी मदराये अंदाज में पूछा- ए हाथी, बता जंगल का राजा कौन है?

अब हाथी तो हाथी होता है। उसने उसे कुछ खास तवज्जो नहीं दी। उसने एक-दो बार फिर पूछा। पर हाथी की ओर से कोई प्रत्युत्तर नहीं मिला। इससे उसका कुछ नशा हिरण तो हुआ, परंतु अपना वट बनाए रखने हेतु अंत में उसने हाथी के कान तक उछलते हुए पूछा- बताओ जंगल का राजा कौन है?

उधर अबतक उसकी अवहेलना कर रहे हाथी को शेर की यह हरकत रास नहीं आई। उसने आव देखा न ताव, शेर के बच्चे को सूंढ़ में लपेटकर घुमाते हुए दूर फेंक दिया। बेचारे शेर के बच्चे को काफी चोटें आई। फिर भी वह बड़ी हिम्मत कर उठा और घिसटते-घिसटते हाथी के पास आया। और फिर दो पांव पर खड़े होकर बड़ी मिमियाई आवाज में बोला- हाथी भाई-हाथी भाई, नहीं मालूम था तो मना कर देते; पर इसमें इतना गुस्सा करने की क्या बात थी?

बस बड़े होते-होते कॉम्प्लेक्स से घिरा हर मनुष्य बाहर इसी तरह सुपीरिओरिटी दिखाने की फिराक में घूमता रहता है। और अंत में उसका वही हाल होता है जो शेर के उस बच्चे का हुआ है। अतः अपने को बार-बार हंसी का पात्र बनाने से बचना चाहते हैं

तो मेहरबानी कर अपनी तुलना किसी से करो ही मत, वरना जल्द ही आप स्वयं को कई कॉम्प्लेक्स से घिरा पाएंगे। और फिर उन कॉम्प्लेक्स को छिपाने हेतु बाहर से जात-भात की सुपीरिओरिटी ओढ़े घूमते रहेंगे। लेकिन जो बात आप में नहीं है...वह नहीं ही है। अतः मौके-बेमौके बार-बार मुंह की खाते फिरेंगे। आप इतना समझ लो कि दुनिया का काम है तुलनाएं करना, सो उन्हें करने दो। परंतु आप स्वयं को इन मूर्खताओं से दूर ही रखो।

यहां यह भी स्पष्ट कर दूं कि कॉम्प्लेक्स से होने वाले घाटे यहीं समाप्त नहीं होते। बल्कि यहां से तो उनकी शुरुआत होती है। आगे जैसे ही जमाने भर की इन्फीरिओरिटी से घिरा यह मनुष्य सुपीरिओरिटी ओढ़ना शुरू करता है कि उसके मन पर इसका दुष्प्रभाव पड़ना शुरू हो जाता है। और इस संदर्भ में सबसे बड़ी बात तो यह कि मनुष्य ''पाखंडी'' होना शुरू हो जाता है। यह भी बड़ी अजीब और खतरनाक बीमारी होती है। जब बार-बार मनुष्य के सामने किसी चीज का महत्व बताया जाता है, या मौके-बेमौके किसी वस्तु की तारीफ की जाती है तो मनुष्य उस ओर आकर्षित होता ही है। शुरू-शुरू में वह स्वयं को उसके अनुरूप ढालने की कोशिश भी करता है; परंतु जब हजार प्रयास करने के बाद भी वह स्वयं को नहीं ढाल पाता है तो वह ऐसा आचरण ऊपर से ओढ़ना शुरू कर देता है। बस यहीं से उसके जीवन में पाखंड की शुरुआत होती है। इस पाखंड का उपयोग मनुष्य ना सिर्फ अच्छाइयां ऊपर से ओढ़ने हेतु करता है; बल्कि अपनी बुराइयां छिपाने हेतु भी वह इसका बखूबी उपयोग करता है।

यहां समझने योग्य बात यह है कि अच्छाइयां व बुराइयां मनुष्य किसे कहता है? यही न कि उसके आसपास वाले जिसे अच्छा समझते हैं, वह भी उसे अच्छा समझने लगता है। वहीं दूसरी ओर उसके आसपास के लोग जिन बातों को बुरा कहते हैं, वह भी उन बातों को बुरा मानना शुरू कर देता है। लेकिन यह वास्तव में तो अच्छाई या बुराई का पैमाना होता नहीं है। परंतु बेचारा कमजोर मनुष्य अच्छा दिखने के चक्कर में या फिर लोगों के तानों से बचने हेतु ऊपर से आचरण के आवरण ओढ़ता चला जाता है। लेकिन जो बात भीतर नहीं है वह नहीं ही है। अब ऐसे में ऊपर से आवरण ओढ़कर वह ना सिर्फ स्वयं को परेशान करता है, बल्कि अपने को ही मूर्ख भी बनाता है। और फिर धीरे-धीरे तो मनुष्य स्वाभाविक-से-स्वाभाविक क्रियाओं में भी स्वयं को परेशान करने लग जाता है।

उपरोक्त बात को मैं एक उदाहरण से समझाता हूँ। एकबार एक हंसता खेलता नवयुवक अचानक कुछ उदास रहने लगा। कुछ दिन तो ठीक, पर जब यह दौर थोड़ा लंबा चला तो उस युवक के घरवालों को चिंता पकड़ ली। लेकिन उनके लाख पूछने पर भी वह युवक खुलकर कुछ बताने को तैयार नहीं हुआ। आखिर मां-बाप ने थककर एक धर्मगुरु का

आसरा लिया। उस युवक को लेकर वे उनके दर पर जा पहुंचे। धर्मगुरु ने युवक से एकान्त में उसकी उदासी का रहस्य जानना चाहा। उस युवक ने उनसे स्पष्ट कहा कि आजकल उसे लड़कियों से मित्रता करने के बुरे-बुरे खयाल आते हैं। बस इतना सुनते ही धर्मगुरु ने अपना आपा खो दिया और उसे खूब खरी-खोटी सुनाई। यही नहीं, लगे हाथों उसे कई धार्मिक विधियां भी सुझा दी।

लेकिन उससे होना क्या था? उलटा युवक और आत्मग्लानि से भर गया। उसकी उदासी और बढ़ गई। क्योंकि धार्मिक विधियों से लड़कियों के ख्याल तो तिरोहित होने से रहे? सो, भीतर तो वे सब चलते ही रहे। और यह बात बहुत बुरी है, यह उसे धर्मगुरु भी समझा ही चुके थे। बस यह बात उसे और बुरी तरह अखरने लगी। आखिर उसकी बिगड़ती हालत से परेशान मां-बाप उसे सायकेट्रिस्ट के पास ले गए। सायकेट्रिस्ट तो उसकी समस्या सुनते ही हंस दिया। और फिर हंसते-हंसते बोला- यह तो बड़ी स्वाभाविक इच्छा है। यदि इस उम्र में ऐसी इच्छा नहीं होती तो मैं अवश्य उसका इलाज करता। सायकेट्रिस्ट के मुख से यह सुनते ही युवक फिर हंसता-खेलता हो गया।

सवाल यही कि दूसरे लोग जिसे अच्छा या बुरा कह रहे हैं, वह वास्तव में कोई अच्छाइयों या बुराइयों का पैमाना थोड़े ही है। अतः मनुष्य को उन बातों को तवज्जो ही नहीं देना चाहिए। और दूसरों की मान मनुष्य को ऊपरी तौर पर बदलने की कोशिश तो बिल्कुल नहीं करनी चाहिए। वरना इसके आगे चलकर और भी गंभीर दुष्परिणाम आते हैं। इस पाखंड का सबसे बड़ा दुष्परिणाम तो यह कि इससे मनुष्य के एक ''मैं'' में से कई ''मैं'' पैदा हो जाते हैं। वह चेहरों पर चेहरा ओढ़ता चला जाता है। और फिर उसका ओढ़ा हर चेहरा उसके जीने में बाधक सिद्ध होता है। कहने का तात्पर्य जिस मनुष्य के जितने ''मैं''...उतना ही वह परेशान। और मजा तो यह कि इस प्रक्रिया में धीरे-धीरे कर वह अपना वास्तविक ''मैं'' कौन-सा है...वही भूल जाता है।

और इसका अंतिम परिणाम यह होता है कि मनुष्य में से धीरे-धीरे कर 'फर्मनेस' यानी दृढ़ता गायब होती चली जाती है। और यह फर्मनेस कितना आवश्यक गुण होता है, यह बताने की किसी को कोई आवश्यकता नहीं। और मेरी इस बात को आप जरा अपनी रोजमर्रा की जिंदगी के ही कुछ वाकयातों से समझने की कोशिश करें। फिलहाल मैं ही आपको यह बात एक उदाहरण से समझाने की कोशिश करता हूँ। एकबार एक युवक ने संध्या सात बजे अपने पापा से कहा- सुबह पांच बजे मुझे उठा देना, मैं मॉर्निंग वाक पर जाऊंगा। इतना कहते ही उसके दूसरे मैं ने दस्तक दी- क्यों कह दिया पांच बजे उठाने को? मालूम नहीं कल कॉलेज में प्रैक्टिकल है। इतनी जल्दी उठोगे तो प्रैक्टिकल में सो

नहीं जाओगे? ...तभी तीसरा मैं आ गया - क्या बात करते हो, उठना ही चाहिए। सुबह टहलकर तरोताजा हो जाओगे तो प्रैक्टिकल और अच्छा जाएगा।

यहां तक तो ठीक, पर जब रात नौ बजे उसने खाना खा लिया तो उसे सुस्ती चढ़ गई। सुस्ती चढ़ते ही चौथे मन ने द्वार खटखटाया- नहीं उठना अपने को सुबह-ही-सुबह। बस उसने पापा को उठाने से मना कर दिया। परंतु फर्मनेस खो चुके मनुष्य की मूर्खता का अंत यहां कहां? सो रात टी.वी. वगैरह देखकर जब ग्यारह बजे वह सोने गया तबतक उसके खाने की सुस्ती काफी हद तक कम हो चुकी थी। बस पांचवें मैं ने पुकारा- सुबह उठना ही है। सुनहरी सुबह टहलने नहीं गए तो क्या फायदा? ...तुरंत पापा से फिर उठाने की दरख्वास्त कर दी।

चलो यह भी ठीक, पर जैसे ही पापा ने पांच बजे उठाया कि उसका छठा मैं गुस्सा कर बैठा - यह कोई वक्त है उठाने का? क्या अभी उठकर प्रैक्टिकल में दिनभर सोता रहूं?

पापा भी परेशान हो गए। खुद ही उठाने को कहता है और उठाने पर गुस्सा भी करता है। होगा, अभी तो वह युवक घोड़े बेचकर फिर सो गया। चलो कोई बात नहीं। लेकिन फिर मजा तो यह कि सुबह उठकर तथा नहा-धोकर जब वह युवक नाश्ता करने बैठा तो उसे अपने न उठने तथा टहलने न जा पाने पर बड़ा पछतावा हुआ। उसने अपने पापा से कहा भी कि नींद में भले ही मैं लाख मना करूं, पर आपको तो मुझे झकझोर कर उठा ही देना चाहिए था।

यह क्या बात हुई? पापा भी हैरान रह गए। एकबार को सोचने पर मजबूर भी हो गए कि कहीं यह पागल तो नहीं? मुझे तो उसके पागल होने में कोई शक नहीं। ...आपकी आप जानें। होगा, अभी तो असली सवाल यह कि अधिकांश मनुष्यों के साथ रोज-रोज ऐसा अनेकों बार होता ही रहता है। यह पाखंड ओढ़ने के कारण उनके एक से अनेक "मैं" हो जाते हैं। और फिर उनका अपना बचा हुआ जीवन अपने ही अनगिनत "मैं" से उलझते-उलझते गुजर जाता है। उसके इतने रूप हो जाते हैं कि उसका वास्तविक स्वरूप तो इसमें जाने कहां खो जाता है। फिर तो वह उसे स्वयं के ढूंढ़े भी नहीं मिलता। वह दोस्तों के सामने कुछ और होता है और मोहल्लेवालों के सामने कुछ और। पत्नी के सामने कुछ और होता है तो परिवारवालों के सामने कुछ और। घर में कुछ और होता है तो ऑफिस में कुछ और। चपरासी के सामने कुछ और होता है तो बॉस के सामने कुछ और। हालत तो ऐसे हो जाते हैं कि उसे एक साथ बॉस और चपरासी का सामना करने में भी बड़ी दिक्कत होती है। मित्रों के सामने कौन-सा चेहरा ओढ़ना या परिवार के सामने किस रूप में पेश होना, यह तो उसे मालूम होता है; पर उसकी हास्यास्पद स्थिति यह कि मित्रों तथा परिवारवालों

से एकसाथ मिलने का मौका पड़ जाए तब कैसा व्यवहार करना, उसे नहीं मालूम पड़ता है। और अक्सर गौर करना कि आप में से अधिकांश ऐसे मिलन को टालते भी हैं। यह और कुछ नहीं; बस आपके अनेकों ''मैं'' होने का परिणाम है। अब आप ही सोचें कि यह भी कोई जीवन हुआ? अरे, आप जैसे हैं वैसे हैं, फिर यह इतने मैं और इतने चेहरे क्यों? जैसे हैं, सबके सामने हैं। किसी से, किसी बात के लिए परदा ही क्यों? व्यर्थ उस चक्कर में आप अपनी बहुमूल्य फर्मनेस खो देते हैं। और जब किसी बात की फर्मनेस ही नहीं, तो जीवन में परिणाम क्या खाक आएंगे? जीवन तो असफल होगा ही।

और फिर हीनताएं ओढ़ाने में धर्मगुरुओं से ज्यादा माहिर तो और कोई हो ही नहीं सकता है। वे तो हीनताएं भी बड़ी भयानक फैलाते हैं। मनुष्य की साधारण-से-साधारण व स्वाभाविक-से-स्वाभाविक क्रियाओं को भी वे पाप बताते फिरते हैं। ...अब जो साधारण व सामान्य है मनुष्य उससे तो छूटने से रहा। सो धीरे-धीरे कर ऐसी बातों से उसमें पाप-भाव उत्पन्न होने लगता है। वह आत्म-ग्लानि से भरना शुरू हो जाता है। और ''आत्मग्लानि'' से ज्यादा मनुष्य का पतन दूसरा कोई नहीं करता।

लेकिन ये धर्म-गुरु ना तो मुझे पहचानते हैं, और ना ही उन्हें जीवन का कोई ज्ञान होता है। वैसे उन्हें इन सबकी आवश्यकता भी नहीं। उन्हें तो अपने धन व सम्मान में बढ़ोत्तरी करने से मतलब होता है। मनुष्यों का क्या हाल होता है...इससे उनको क्या मतलब? सो खाना पाप, घूमना पाप, धन पाप, मौज-शौक पाप, क्रोध पाप, मंदिर-मस्जिद नहीं गए तो पाप। सुबह जल्दी नहीं उठे तो पाप, रात देर से खाया तो पाप। अब यह सब क्या है...?

फिर आप अपने दैनिक जीवन में उनकी बातें हमेशा तो नहीं मान पाते, सो उन्हें ऊपर से ओढ़ना शुरू कर देते हैं। लेकिन जो भीतर नहीं है उन्हें ओढ़ने का भी क्या मतलब? आप व्यर्थ पाखंडी होते चले जाते हैं। और ये जो आपके धर्मगुरु हैं, वे तो वैसे ही पाखंडी होते हैं। अधिकांश तो ऐसे होते हैं कि जो-जो चीज करने से आपको मना करते हैं...स्वयं बड़े धड़ल्ले से बंद दरवाजे में वे ही सब करते रहते हैं।

...चलो आपको इस बाबत एक रोचक किस्सा सुनाता हूँ। आपको शायद याद ही होगा कि जीसस ने कहा था कि ''कोई तुम्हारे एक गाल पर चांटा मारे तो उसे दूसरा गाल सामने धर देना।'' अब इसका अर्थ क्या है और ऐसा कहने के पीछे छिपी जीसस की भावना क्या है, किसी को यह समझाने की कोई आवश्यकता नहीं।

लेकिन यह बात पादरियों को कौन समझाए? सो, एक दिन जीसस के इस सूत्र ने बड़ा ही कमाल सीन जमा दिया। हुआ यह कि उस दिन एक पादरी चर्च में जीसस के इसी

सूत्र पर प्रवचन देनेवाला था। इस होने वाले प्रवचन का प्रचार-प्रसार भी बड़े जोरों से हुआ था। यह तो ठीक, पर एक उपद्रवी को यह बात समझ में नहीं आई। कोई चांटा मारे तो मैं दूसरा गाल कैसे धर सकता हूँ? उसने सोचा...होगा, चलकर ही देख लिया जाए। सो वह भी समय से चर्च में पहुंच गया।

वहां नियत समय पर पादरी ने अपना प्रवचन प्रारंभ किया। उपदेश उसने वाकई बड़ा ही मार्मिक दिया था। और सूत्र के बखान तो ऐसे किए थे मानो यह सूत्र उन्हीं के जहन से निकला हो। एक बार को तो उसका शानदार प्रवचन सुन वह उपद्रवी भी चौंक गया। लेकिन फिर उसने सोचा, क्यों न तसल्ली ही कर ली जाए।

बस प्रवचन खत्म होते ही वह पादरी के पास पहुंच गया और वहीं सबके सामने दनदनाते हुए उस पादरी के गाल पर एक चांटा धर दिया। पादरी तो भीतर तक उबाल खा गया। भीड़ भी स्तब्ध रह गई। हालांकि पादरी होशियार था, वह जानता था कि अभी-अभी ही उसने प्रवचन दिया है, सो गड़बड़ तो नहीं ही करनी है। उसने तत्क्षण मुस्कुराते हुए दूसरा गाल आगे धर दिया।

यह देख एक बार को तो उस उपद्रवी की कुछ समझ में आना ही बंद हो गया। लेकिन जल्द ही सम्भल भी गया था। वह भी बड़ा ही पक्का था। उसने सोचा जब तसल्ली करनी ही है तो पूरी तरह क्यों न कर ली जाए? ...आधा काम अच्छा नहीं होता। उसने दूसरे गाल पर और कसके एक चांटा जड़ दिया। ...अबकी पादरी से नहीं रहा गया, उसने उसे खूब पीटा। वह चिल्लाता रह गया कि अभी-अभी तो तुम जीसस का सूत्र बता रहे थे, और अब ऐसी हिंसा!

उधर उसको पीटते-पीटते ही पादरी बोला- जीसस ने जो कहा था उसका मैंने पालन भी किया। मैंने दूसरा गाल धरा भी। परंतु तीसरे गाल की जीसस ने बात ही नहीं कही है। और तीसरा गाल होता भी नहीं है।

सवाल यह कि कौन आपसे जबरदस्ती कर रहा है। अच्छी व सीखने लायक बातें तो ढेरों हैं। लेकिन सीखोगे तो अपने स्वभाव से ही, क्रमशः ही। परंतु यह सुनकर ऊपर से ओढ़ने वाली बात समझ में नहीं आती। और फिर यह क्यों नहीं समझते कि मान लो पादरी उसे ना भी मारता, तो भी सिद्ध क्या हो जाना था? चांटा पड़ने पर क्रोध तो उसे आ ही गया था। फिर ऊपर से उसे ढंकने का मूल्य क्या?

नहीं। ...यह पाखंड आपमें कोई सुधार नहीं ला सकता। दूसरा, यह आपके वर्तमान के हित में भी नहीं। क्योंकि इससे उलटा आप में और गिरावट ही आती है। ऊपर से यह पाखंड आपके सुधरने के मार्ग भी बंद कर देता है। चूंकि आप अच्छाइयां ऊपर से ओढ़े

घूम लेते हैं, अतः फिर आपको वास्तव में सुधरने की जरूरत ही महसूस नहीं होती। परंतु सुधार तो भीतर का महत्वपूर्ण है, बाहर का नहीं।

...फिर आप यह क्यों नहीं सोचते कि बुद्ध, कृष्ण या जीसस जैसे तो सौ वर्षों में बीस-चालीस पैदा होते हैं। ठीक है, उनसे सीखना भी है और उनके जैसा बनना भी है। ...परंतु कोई इस लंबी यात्रा हेतु अपना वर्तमान थोड़े ही बिगाड़ सकते हैं आप? और वर्तमान ही बिगड़ गया तो इन जैसा तो बहुत दूर की बात है, जहां हो वहां से ही नहीं गिर जाओगे?

जरा बच्चों को देखें। उनमें कोई कॉम्प्लेक्स नहीं होता। और जब कॉम्प्लेक्स नहीं होता तो उनके हजारों ''चेहरे'' व लाखों ''मैं'' भी नहीं होते। इस कारण उनमें गजब की फर्मनेस होती है। आपने गौर किया ही होगा कि बच्चे एकबार जिद्द पकड़ लेते हैं तो पकड़ ही लेते हैं। ...फिर उस चीज को हासिल किए बगैर नहीं मानते। और दूसरी ओर कॉम्प्लेक्स के मारे आप बेचारे तो अपनी ही बात से हजार बार मुकर जाते हैं।

कुल-मिलाकर कहने का तात्पर्य यह कि मनुष्य के दुःखों से भरे इस असफल जीवन हेतु उसकी बुद्धि द्वारा अपनायी तुलनात्मक-शिक्षाएं भी काफी हद तक जवाबदार हैं। क्योंकि इन तुलनात्मक-शिक्षाओं से मनुष्य का मन विकृत हो जाता है। धीरे-धीरे कर उसका अपने पर से ही विश्वास उठने लग जाता है। और उसके परिणामस्वरूप उसे कॉम्प्लेक्स पकड़ने लग जाता है। फिर अपनी यह इन्फीरिओरिटी छिपाने हेतु वह सुपीरिओरिटी का आवरण ओढ़ता चला जाता है। ...वह पाखंडी हो जाता है। और इस कारण उसके हजारों ''मैं'' व हजारों ''चेहरे'' हो जाते हैं। और इस हजारों ''मैं'' के कारण उसकी फर्मनेस चली जाती है। और यह तो सीधा नियम है कि जिसमें दृढ़ता नहीं, वह जीवन में कभी कुछ नहीं कर सकता है।

अतः मेरा तो सीधा-सीधा निवेदन है कि जो जैसा है, वैसा ही स्वयं को स्वीकारे। स्वयं का स्वयं के प्रति विश्वास कभी न खोए। क्योंकि आप जैसे भी हैं, वहीं से आपके जीवन को बढ़ाने का मार्ग निकल सकता है। और उस हेतु आपको करना सिर्फ इतना है कि तुलनाएं सुन स्वयं में जबरन बदलाहट लाने की कोई भी कोशिश नहीं करनी है। बस आप जैसे हैं, अच्छे-बुरे, चालाक या कमजोर, अमीर या गरीब, सुंदर या साधारण; अपने को स्वीकार लें। सिर्फ अपने को ही नहीं, अपनी अक्षमताओं व बुराइयों को भी स्वीकार लें। क्योंकि इनमें से अधिकांश तो दूसरों की पकड़ाई हुई हैं। विश्वास जानें कि वे सब वास्तव में आपकी कमियां नहीं हैं। अतः आप दृढ़तापूर्वक मान ही लें कि वर्तमान में आप जैसे हैं, परफेक्ट ही हैं। बस, आपके अधिकांश कॉम्प्लेक्स स्वतः ही तिरोहित हो जाएंगे।

वैसे ही, दूसरे भी जैसे हैं...उन्हें भी वैसा ही जान लें। अब कोई ज्यादा कमा रहा है तो क्या? कमाने दो। ...बस ऐसी सोच के साथ आपके कुछ और कॉम्प्लेक्स तिरोहित हो जाएंगे। और फिर जब आप अपने अधिकांश कॉम्प्लेक्स से निजात पा लें तो चुपचाप अपने भीतर स्वयं को अच्छे से झांक के देख लें। वहां जहां भी आपको वास्तव में स्वयं में बदलाहट की जरूरत महसूस हो रही हो, उन सबकी सूची बना लें। और फिर गुमसुम रोज एकान्त में स्वयं से आधा घंटा बात कर अपने को बदलने के प्रयास करते रहें। जब व जितना बदलें ठीक। जहां स्वयं को न बदल पाएं तो फिर आप उस बदलाहट की चाह छोड़ दें। ...लेकिन हीनता कतई न पकड़ें। पाप-भाव रखें ही मत। क्योंकि यह सब तो चलता ही रहेगा, परंतु जो जीवन मिला है, उसे भी तो जीना है। सो, इन व्यर्थ के चक्करों में कम-से-कम जीवन कतई न गंवाएं।

जीवन आपका है और सुधरना भी आपको है। तो फिर वह बदलाहट कब और कितनी लानी है, इसका निर्णय भी आप ही करें। और फिर जितना बदल जाएं ठीक, न बदल पाएं तो भी ठीक। परंतु हर समय आप जैसे हैं, उसे स्वीकार कर ही चलें। बस जल्द ही आप शक्ति से भरपूर एक दृढ़ इन्सान हो जाएंगे। और दुःख-दर्द...? वे तो दूर-दूर तक आपके जीवन में कभी दस्तक नहीं देंगे।

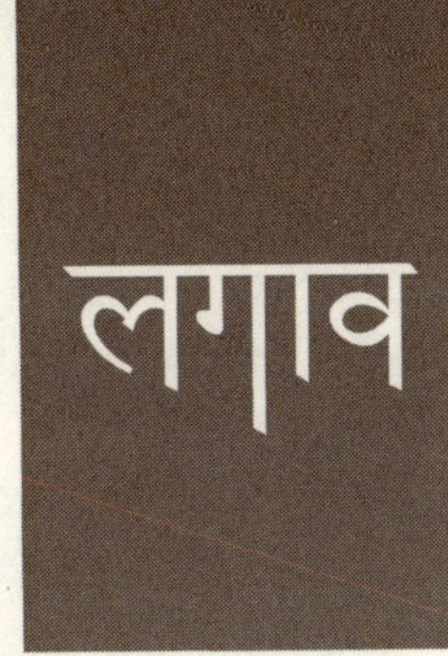

लगाव

यदि आप जीवन से दुःखों को कम करना चाहते हैं तो आपको मनुष्य, वस्तु या विचार; सबसे अपना इन्वोल्वमेंट कम करना होगा। दरअसल यह इन्वोल्वमेंट आपके हजारों फिजूल के दुःखों का मूल है। आज के बाद आप खोजने की कोशिश करना कि जब भी आपको कोई दुःख या चिंता पकड़ती है तो उसकी जड़ में क्या है? आप आश्चर्यचकित रह जाएंगे कि आपके अधिकांश दुःखों के पीछे आप अपना इन्वोल्वमेंट का स्वभाव ही पाएंगे। इस बात को थोड़ा चौंकाने वाले तरीके से समझाऊं तो आप मानते हैं कि आप अपने परिवार से प्रेम करते हैं। परंतु सच कहूं तो यह आपका प्रेम नहीं, आपका इन्वोल्वमेंट है।

चौंक गए! चौंकिए मत। ...चलो यही बात समझाने हेतु मैं आपको प्रेम व इन्वोल्वमेंट का फर्क समझाता हूँ। प्रेम व इन्वोल्वमेंट का यह बारीक फर्क समझने लायक भी है, और समझकर उसे जीवन में उतारने लायक भी है। प्रेम का अर्थ है-आप उसका हित तो चाहते हैं, परंतु उसे अपना नहीं मानते। जबकि इन्वोल्वमेंट का अर्थ हैः आप उसे अपना मानते हैं। और यह ''अपना मानना'' ही इन्वोल्वमेंट है। फिर होता यह है कि उस व्यक्ति को आंच आती है तो आप दुःखी हो जाते हैं। क्योंकि आप जाने-अनजाने उसे अपना हिस्सा मानने लग गए हैं। जबकि वास्तव में कोई भी व्यक्ति आपके अस्तित्व का हिस्सा कभी नहीं हो सकता।

थोड़ा इस बात को समझें। कृपाकर बेकार की परिभाषाओं से मेरे कॉम्प्लीकेटेड क्रियाकलापों का अर्थघटन करने की कोशिश कभी मत करें। मेरी कार्यप्रणाली को बुद्धि से परिभाषित करना ही आपके जीवन में सबसे बड़ी उलझन खड़ी किए हुए है। सो थोड़ा बुद्धि और मन के फर्क को पहचानें, वरना आप भ्रमित होकर यही गलती दोहराते रहेंगे। अतः यह स्पष्ट समझ लें कि आपकी बुद्धि आपको लाख समझाए, पर आपको किसी से प्रेम नहीं। अरे, प्रेम तो बड़ा ही ऊंचा शब्द है। आपने उसकी परिभाषा ही छोटी बना ली है, इसलिए आप अपनी इन्वोल्वमेंट की कमजोर आदतों को भी प्रेम समझ बैठे हैं। प्रेम एक ऐसी ''उच्च-भावना'' का नाम है, जो बगैर पक्षपात के स्वयं के समेत संसार के हर

मनुष्य व हर वस्तु का हित चाहती हो। लेकिन आप तो टुकड़े-टुकड़े में हित चाहते हैं। आप चाहते हैं कि आपका परिवार खुश रहे, दुनिया भले ही जाए जहन्नुम में। यह भला कैसा प्रेम हुआ? यह तो आपका चन्द मनुष्यों में इन्वोल्वमेंट हुआ। और जब आप पक्षपात करेंगे, गलत करेंगे, मेरे व प्रकृति के सिद्धांत के खिलाफ जाएंगे तो उसका हर्जाना...दुःख व चिंता के रूप में आपको भोगना ही पड़ेगा।

थोड़ा अपने स्वभाव पर गौर करें। आप सड़क पर से गुजर रहे होते हैं और किसी का एक्सीडेंट हो जाता है। वह लहूलुहान हो जाता है। क्षणभर के लिए आपको कुछ दर्द तो अवश्य होता है, परंतु जल्द ही सबकुछ भुलाकर आप अपने काम पर लग जाते हैं। लेकिन वही हादसा यदि आपके परिवार के किसी सदस्य या आपके चहेते के साथ घट जाता है, तो...? जब तक वह ठीक नहीं हो जाता आप दुःख व चिंता के भंवरों में हिचकोले खाते रहते हैं। ...ऐसा क्यों? इन्सान तो दोनों है। खून तो दोनों का बहा है। परंतु एक में आपका इन्वोल्वमेंट है, दूसरे में नहीं। यदि आपका स्वभाव प्रेम का होता तो या तो आप दोनों में बराबरी पर दुःखी होते, या दोनों में से एक भी हादसा आपको विचलित न करता। लेकिन यह अपने अलावा अलग से अन्य किसी को "अपना" मानने का हर्जाना आप भुगत रहे हैं। उम्मीद करता हूँ कि अब आप प्रेम व इन्वोल्वमेंट का फर्क समझ गए होंगे। प्रेम एक महान गुण है, जबकि इन्वोल्वमेंन्ट उसका विकृत स्वरूप-मात्र है।

अब एक निगाह इन्वोल्वमेंट के अन्य दुष्परिणामों पर भी फेर लेते हैं। ...इस इन्वोल्वमेंट का सबसे बड़ा मजा तो यह कि इसके कारण आप वास्तव में जिसे अपना कहते हैं, उसके भी हित की रक्षा नहीं कर पाते हैं। और उससे भी बड़ा मजा यह कि जिसे आप अपना कहते हैं उसी का जीना मुश्किल कर देते हैं। क्योंकि आपके इन्वोल्वमेंट आपस में एक-दूसरे को कभी अधिकार जमाकर परेशान करते हैं, तो कभी एक-दूसरे की हालत देख खुद दुःखी हो जाते हैं। और ऐसा एक-दो के साथ नहीं, जिन-जिन में आपका इन्वोल्वमेंट है, सबके साथ यही होता है। और यही कारण है कि सभी बात-बात में चिंतित व परेशान हो उठते हैं। अब जरा सोचो यह कि जहां आपके लिए एक अपने को सम्भालना मुश्किल हो गया हो, वहां बीसियों के दुःख-दर्द आपमें वह जान बचने ही कहां देते हैं जो आप वास्तव में किसी का खयाल रख सकें? यदि आप सिर्फ अपनी परेशानियां पाल रहे हों, तब तो शायद आप में इतनी ऊर्जा बच भी जाए कि आप किसी के लिए कुछ कर पाएं। लेकिन इस इन्वोल्वमेंट के कारण आप अपनी परेशानियों को मल्टीप्लाई कर देते हैं। और यही कारण है कि हर मनुष्य थका-हारा और सुस्त नजर आता है। आखिर झटके सहने की भी कोई सीमा तो होती है कि नहीं? माना पागल शॉक देने से ठीक हो सकते हैं, परंतु उन

शॉक के फ्रीक्वंसी की भी कोई सीमा तो होती ही है। अतः यह सिद्धांत स्पष्टतः समझ लें कि जितने व्यक्तियों में आपका इन्वोल्वमेंट, उतने गुना आपके जीवन में परेशानियां।

...समझ यह नहीं आता कि ये परेशानियां मल्टीप्लाई करना कहां की बुद्धिमत्ता हुई? समझ तो यह भी नहीं आता कि ऐसा कमजोर व्यक्ति क्या तो अपना और क्या तो दूसरों का ध्यान रख पाएगा? समझते यह क्यों नहीं कि अपना या किसी अन्य का कुछ भी परिणामकारी हित करने के लिए आप में ऊर्जा तो चाहिए? और बात-बात पर चिंता व दुःख पकड़ने वाले की ऊर्जा ही क्या? ...वैसे विचार तो यह भी करो कि आपको इतना दुःख देने वाले इस इन्वोल्वमेंट के पागलपन को आपने प्रेम का नाम दे ही कैसे दिया?

चलो वह भी छोड़ो, परंतु उससे भी बड़ा मजा यह कि बात-बात पर दूसरों की फिक्र करनेवाले पागलों को आपने बड़ा भावनाशील मनुष्य मान लिया। आप गौर ही नहीं करते कि जीवन में आपके ये भावनाशील मनुष्य सिर्फ चिंताएं पालते रह जाते हैं, काम किसी के नहीं आते। आज के बाद मेरी इस बात पर गौर करना कि जिन्हें आप भावनाशील कहते हैं, वे वास्तव में हैं क्या? टोटल लायबिलिटी - किसी काम के नहीं। अक्सर देखा गया है कि किसी रिश्तेदार की बीमारी की खबर आती है, और वहां उन हालातों में किसी ध्यान रखनेवाले की जरूरत है। और यदि गलती से ऐसे में कोई भावनाशील मनुष्य वहां पहुंच जाता है, तो वह वहां पहुंचते ही कमाल दिखा बैठता है। बीमार की हालत देख उसकी हालत ऐसी तो बिगड़ जाती है कि वह खुद पड़ोस का बिस्तर पकड़ लेता है। उससे भी आगे का मजा यह कि बीमार तो ठीक भी हो जाता है, लेकिन वो भावनाशील मनुष्य सदमे से नहीं निकल पाता। कई बार तो जिसे वह देखने गया होता है...उसे ही उसकी सेवा में लग जाना पड़ता है। अतः आज के बाद अपने परिवार के सदस्यों तथा मित्रों पर गौर करना, वास्तव में सबके काम वो ही आते हैं जो आपको कम संवेदनशील मालूम पड़ते हैं। भले ही वे बात-बात में आपके साथ मातम मनाने नहीं बैठ जाते, परंतु ऐन वक्त पर आपको सम्भालते तो वही हैं।

...यानी कुल-मिलाकर ''इन्वोल्वमेंट'' ना सिर्फ सारे दुःख व चिंताओं का मूल है, बल्कि मनुष्य के जीवन में दुःख व चिंताओं को त्वरित गति से बढ़ाने वाला भी यही है। अतः सबसे पहले तो आपको अपने इस इन्वोल्वमेंट को बड़े-बड़े नाम देना बंद करना होगा। कम-से-कम प्रेम व भावना जैसे उच्च शब्दों से तो इसे अलग ही रखना होगा। और यदि आप वाकई इससे छूटना चाहते हैं तब तो इसे आपको एक खतरनाक बीमारी की तरह ही देखना होगा। और मैं वादा करता हूँ कि इन्वोल्वमेंट को इस तरह पहचानने-मात्र से आपके जीवन से दुःख व चिंताएं कम होना शुरू हो जाएंगी। साथ ही कुछ ऊर्जा भी बढ़ेगी, और

मनोदशा भी ठीक रहेगी। और तब कहीं जाकर आप वास्तव में अपना व दूसरों का जीवन बेहतर बनाने की प्रक्रिया से जुड़ पाएंगे।

चलो, यह सब तो आप समझ ही गए होंगे। अब इन्वोल्वमेंट के बाबत एक और खतरनाक बात यह कि आपका यह इन्वोल्वमेंट का स्वभाव दिन-ब-दिन बढ़ता व फैलता ही जाता है। यानी एकबार किसी ने इन्वोल्वमेंट का स्वभाव पकड़ लिया तो फिर वह आपके जहन में अपना जाल बड़ी तेजी से फैलाता चला जाता है। ...फिर वह चन्द व्यक्तियों या आसपास वालों तक सीमित नहीं रहता है। धीरे-धीरे कर आपकी यह आदत हर वस्तु से आपका तादात्म्य बिठाना शुरू कर देती है। फिर तो यह इन्वोल्वमेंट आपकी नस-नस में ऐसा समा जाता है कि जहां आवश्यकता नहीं वहां भी आप इन्वोल्व हो जाते हैं। और गौर करना, आपने इसमें धर्म व धरती तक को नहीं बख्शा है। आप हिंदू, मुस्लिम, क्रिश्चियन या बौद्ध बने बड़े शान से घूम रहे हैं। लेकिन आपकी यह शान आपकी कितनी आन मिटा रही है, यह आप नहीं समझ रहे। यह किसी एक धर्म का होना अंत में आपके इन्वोल्वमेंट के स्वभाव को हवा प्रदान करनेवाला ही होता है। अर्थात् मान लें कि अगर आप क्रिश्चियन हैं तो भी क्रिश्चियन होने का तो आपको कोई लाभ नहीं मिलता, परंतु आपकी यह इन्वोल्व होने की आदत आपके जीवन में दुःखों व चिंताओं की भरमार अवश्य बढ़ा देती है।

फिर आपने अपने देश भी बना लिए। और आगे चलकर उनमें भी इन्वोल्व हो गए। यहां तक भी ठीक, परंतु फिर तो आपने उसे एक खूबसूरत शब्द का जामा भी पहना दिया - देशप्रेम। मैं कहता हूँ धरती व ब्रह्मांड से प्रेम क्यों नहीं? वे पूरे-के-पूरे आपके क्यों नहीं? जब प्रकृति की हर वस्तु ने सभी मनुष्यों को समान रूप से अपना रखा है, तो आप क्यों उसके कुछ टुकड़ों को अपना रहे हो, और कुछ को ठुकरा रहे हो?

...यह सब बुद्धि के स्तर तक तो ठीक है, परंतु मेरे तल पर यह सब नहीं चलने वाला। मेहरबानी कर इन ऊंचे-ऊंचे शब्दों में मत उलझो और मेरे स्वभाव की जमीनी हकीकत को पहचानो। मैं तो उपद्रवी हूँ, मैं यह विभाजन समझता ही नहीं। यह अच्छे से समझ लें कि ये सारे विभाजन आपकी बुद्धि की उपज हैं। मेरा तो सीधा काम है, जैसे ही आपने किसी भी चीज से लगाव बढ़ाया नहीं कि मैंने उसे आपकी आदत जान तत्काल आपका इन्वोल्वमेंट का स्वभाव बढ़ाया नहीं। और जैसे ही इन्वोल्वमेंट बढ़ा नहीं कि आपने हजार नए तरीके के दुःख व चिंताएं पकड़ना शुरू की नहीं।

थोड़ा अपना मजा तो देखो कि इन्वोल्वमेंट अपना यह खेल आप ही के साथ आप ही की आंखों के सामने खेल रहा है, और बढ़ते-बढ़ते उसने व्यक्तियों के साथ-साथ

अब तो आपको अपनी सम्पत्ति, अपने घर व कई अन्य वस्तुओं से भी लगाव करवा दिया है। ...निश्चित ही ये सारे लगाव आपकी इन्वोल्वमेंट की आदतों के कारण पैदा हुए हैं। अब अपने घर, अपनी सम्पत्ति या अपने व्यवसाय से इन्वोल्वमेंट में तो बुराई नहीं, परंतु फिर जैसे ही आपकी सम्पत्ति या घर पर आंच आती है कि आप फिर महीनों सर पे हाथ रखकर बैठ जाते हैं। ...फायदा क्या हुआ? समझते यह क्यों नहीं कि क्या आप इन्वोल्व नहीं होंगे तो आपका घर कोई खा जाएगा? नहीं, वह तो वैसे भी आपका ही रहेगा। तो फिर उसका मजा लो न... इन्वोल्व क्यों होते हो? और इन्वोल्व होने से मिल क्या रहा है? इस चक्कर में आप मजा तो ले नहीं पा रहे, और कभी कुछ ऊंच-नीच हो जाने पर उसका दुःख अलग से पाल रहे हैं। छोड़ो यह घाटे का सौदा, जो है उसका मजा लो। ...कौन रोकता है? परंतु यह इन्वोल्व होकर खोने पर व्यर्थ मातम मनाना पड़े, ऐसी परिस्थितियां निर्मित ही क्यों करते हो? यह बात अच्छे से गौर करना कि रिश्ते हों या वस्तु, जो इन्वोल्व नहीं... वही उनका आनंद ले पाता है।

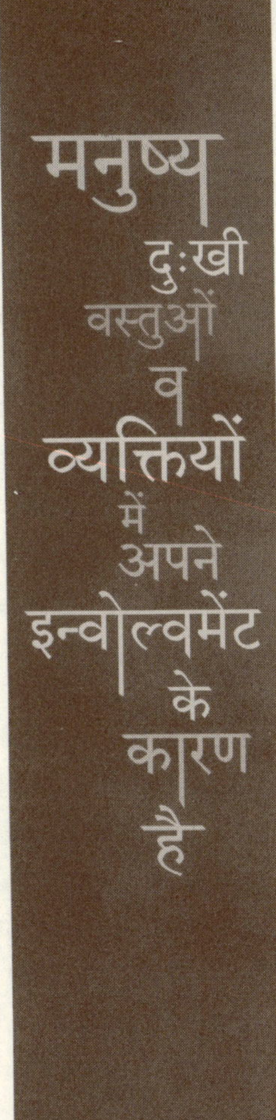

चलो, यही बात मैं आपको एक बड़े ही खूबसूरत दृष्टांत से समझाता हूँ। बात सदियों पुरानी है। एक राजा जनक थे और वे परम-ज्ञानी थे। उन्होंने मेरे तमाम विकारों पर विजय पा ली थी। फलस्वरूप वे मेरी समस्त शक्तियों से ओतप्रोत थे। राजा जनक की पहचान बताऊं तो वे भारत में अति चर्चित राम-सीता की जोड़ी में से सीता के पिताजी थे। उनका परम-ज्ञान यह कि उन्होंने अपने इन्वोल्वमेंट को नाबूद कर दिया था। उन्हें ''विदेह'' यानी 'नॉन-इन्वोल्व्ड-मैन' कहा जाता था। कोई व्यक्ति या वस्तु उन्हें छूती ही नहीं थी। यहां तक कि उनकी अति लाड़ली बेटी सीता ने अकारण चौदह वर्ष वनवास में गुजारे, तथा उस दरम्यान उनका हरण तक हुआ, परंतु विदेह जनक को एक पल के लिए उसकी चिंता नहीं पकड़ी। जिनके कर्म और जिनका जीवन, वे जाने।

अब निश्चित ही जब वे ऐसे विदेह थे, तो उनके ज्ञान की चर्चा भी चारों ओर फैलनी ही थी। उस समय के कई वास्तविक विद्वान ऋषि-मुनि उन्हें अपना आदर्श मानते थे। अब मजा यह कि चूंकि जनक जब किसी वस्तु या व्यक्ति से इन्वोल्व ही नहीं, तो निश्चित ही कोई वस्तु उन्हें पकड़नी या छोड़नी भी नहीं। सो स्वाभाविक तौर पर ज्ञान होने के बाद ना तो उन्होंने अपना राजपाट छोड़ा, और ना ही उन्होंने अपना रूटीन बदला। अब बदलाहट का कोई कारण भी न बचा। उनके बाबत खास बात यह कि वे मदिरा व नृत्य के संगम के अत्यधिक शौकीन थे। अक्सर राजमहल में संध्या के बाद नृत्य व सोमरस का संगम हो ही जाया करता था। रहते भी पूरी शान से ही थे। और इस कारण उनके ज्ञान की ही तरह उनके ये शौक भी चारों ओर बड़े मशहूर थे।

यह तो हुई राजा जनक की बात। उधर दूसरी तरफ उन्हीं दिनों एक महान गुरु भी हुआ करते थे। उनके यहां दूर-दूर से जिज्ञासु शिष्य ज्ञान लेने आते थे। बाकी सब तो ठीक, पर उस गुरु की लाख कोशिशों के बावजूद उनका एक अड़ियल शिष्य चाहकर भी अपना इन्वोल्वमेंट कम नहीं कर पा रहा था। वह घर छोड़ गुरु के आश्रम में रहने तो आ गया था, पर हर दूसरे दिन उसे घरवालों की याद आ जाया करती थी। उधर गुरु भी जिद्दी थे, वे उसका घरवालों के प्रति ऐसा लगाव दूर करने को कटिबद्ध थे। लेकिन बात थी कि बनने का नाम नहीं ले रही थी। आखिर थककर गुरु ने उसे राजा जनक के यहां ज्ञान लेने जाने का आदेश दिया। गुरु की इस आज्ञा ने शिष्य को हैरान कर दिया। उसने जनक के शौकों के बारे में काफी-कुछ सुन रखा था। उसका सोचना था कि जनक को खुद ज्ञान की आवश्यकता है, वह मुझे क्या ज्ञान देगा? लेकिन गुरु की अवज्ञा तो की नहीं जा सकती थी, सो दूसरे दिन वह अपने एक जोड़ी कपड़े लेकर, तथा साथ में जनक के नाम गुरु का एक पत्र लेकर निकल पड़ा। अब निकल तो पड़ा था, पर जनक जैसा व्यक्ति उसे ज्ञान देगा, यह बात वह पचा नहीं पा रहा था। उसका अहंकार तो उलटा यह सोच रहा था कि जा के वही जनक को ज्ञान दे आएगा, और इस तरह वह ना सिर्फ गुरु का जनक के प्रति जो भ्रम है उसे तोड़ देगा, बल्कि अपने ज्ञानी होने का सबूत भी उन्हें दे देगा।

बस इसी अहंकार के साथ वह जनक के यहां पहुंचा। अब जिस गुरु का वह पत्र लाया था, उनकी जनक के दरबार में बड़ी प्रतिष्ठा थी। सो पत्र थमाते ही उसे सीधे जनक के सामने पेश कर दिया गया। जनक तो पत्र पढ़ते ही, और कम था तो शिष्य को देखते ही आगे क्या करना है, समझ गए। जनक ने हाथोंहाथ महल के ही एक कमरे में उसके रुकने की व्यवस्था करवाई, और लगे हाथों उसे आराम कर संध्या अपने पास आने को भी कह दिया। ...यानी ज्ञान की बातें तब कर ली जाएगी।

यह तो जनक की बात हुई। दूसरी ओर शिष्य तो जनक की शान देख कर ही तन गया। वह जनक के प्रति गुरु की सोच बदल देने के गुमान से भी भर गया। वह भी क्या करे, दरअसल भारत में अधिकांश संत-मुनि भ्रमवश संन्यास, त्याग व सादगी को ही धर्म मान बैठे हैं। परिणामस्वरूप वे स्त्री से लेकर जीवन की सामान्य मस्तियों तक के विरोधी हो गए हैं। यह शिष्य भी उनमें से ही एक था। सो, धर्म की इस परिभाषा के आधार पर उसका अहंकार से भर जाना लाजिमी ही था।

खैर! संध्या क्या दूर थी? उस शिष्य को जनक के क्रीड़ा-कक्ष में पेश कर दिया गया। निश्चित ही वहां नर्तकियों के नाच-गान का दौर चल रहा था। जनक ने शिष्य को अपनी बगल में ही बिठाया और नाच-गान का आनंद लेने को कहा। ...पर यह तो पाप हुआ, सो बेचारा शिष्य वहां नहीं ठहर पाया। उसने सुबह जनक से मुलाकात करने का समय मांगा। जनक ने उसे सुबह-ही-सुबह अपने कक्ष में आने को कह दिया। उसके इस व्यवहार पर जनक मन-ही-मन हंस भी रहे थे। अरे, वाकई यदि नाच-गान में तुम्हें रस ही नहीं तो फिर यहां से भागने की क्या आवश्यकता? इसका अर्थ तो यही हुआ कि कहीं-न-कहीं नाच-गान तुम्हें प्रभावित कर रहा है। ध्यान रखना कि मेरे पटल पर सारी क्रियाएं दो-तरफी हैं। यानी इन्वोल्वमेंट किसी वस्तु को अपना मानने का ही नाम नहीं, बल्कि अपने को प्रभावित कर रही वस्तु से भागने को भी इन्वोल्वमेंट ही कहते हैं।

और चूंकि यह भी एक अति-महत्वपूर्ण बात है, अतः इसे भी एक दृष्टांत से ही समझाता हूँ। जैसा कि मैंने कहा, भारत में कई संन्यासी स्त्री व भोग-विलास को पाप मानने के गुमान में जी रहे होते हैं। वे यह तक भूल बैठे हैं कि उसी 'स्त्री' के कारण वे अस्तित्व में आए हैं। और गुरुकुल की भारत में कभी किसी युग में कोई कमी नहीं रही। कुछ ज्ञानियों के गुरुकुल थे, तो बाकी के अज्ञानियों के। हालांकि इस समय आपको एक ज्ञानी के गुरुकुल का दृष्टांत सुनाता हूँ। उस ज्ञानी गुरु के शिक्षा देने का अपना ही एक तरीका था। वह शिष्यों का इन्वोल्वमेंट कम करने हेतु हर महीने उन्हें किसी एक वस्तु से इन्वोल्व न होने की आज्ञा देता था। उस माह उसने शिष्यों को स्त्रियों में इन्वोल्व न होने की आज्ञा दी हुई थी। इन गुरुकुलों की एक और विशेषता थी, प्रायः शिष्य गुरु की आज्ञा का उल्लंघन कभी नहीं करते थे।

छोड़ो, अभी तो आगे की बात कहूं। हुआ यह कि, अभी इस आज्ञा को कुछ ही दिन हुए थे कि एकदिन अनायास ही चार-छः शिष्य टहलते-टहलते एक नदी किनारे जा पहुंचे। उन दिनों वर्षा का मौसम था और नदी बड़ी तेज बह रही थी। अब कुदरत की करनी ऐसी कि एक महिला किनारे पर फंसी पड़ी थी। उसका घर दूसरे किनारे था, लेकिन पानी का तेज बहाव देखते हुए वह नदी पार करने का साहस नहीं जुटा पा रही थी। उसी समय ये

शिष्य भी वहां जा पहुंचे। उन्हें देखते ही उसने उनसे नदी पार करवाने की दरख्वास्त की। यह सुनते ही एक शिष्य तनकर बोला- यह नहीं हो सकता। गुरु की आज्ञा है कि इस माह हमें स्त्रियों में इन्वोल्व नहीं होना है। उधर सभी ने उसकी हां में हां मिलाई, एक को छोड़कर। उसने तत्क्षण उस स्त्री को कंधे पर बिठाया और नदी पार करवाकर लौट आया। उसकी ऐसी हरकत, और हरकत के कारण हुई गुरु की अवज्ञा पर सबने उसको खूब कोसा। बेचारा लौटते वक्त पूरे रास्ते सब के ताने सुनता रहा।

लेकिन बात यहीं समाप्त नहीं हुई। आश्रम पहुंचते ही सभी ने गुरु को उसकी आज की हरकत के बाबत बताया। सुनते ही गुरु खुश हुए। उन्होंने उस शिष्य को तत्क्षण गले लगाते हुए कहा- चलो एक का तो इन्वोल्वमेंट खत्म हुआ। यह सुनते ही बाकी शिष्य बुरी तरह चौंक गए। यह उलटी गंगा कैसे बह निकली? उधर सबको इस तरह अचम्भित देख गुरु ने सबकी जिज्ञासा शांत करते हुए कहा- दरअसल यह उस स्त्री को नदी पार करवा पाया, क्योंकि वह वाकई उस समय स्त्रियों के इन्वोल्वमेंट से ऊपर उठ चुका था। यदि वाकई स्त्री रत्तीभर उसे प्रभावित कर रही होती तो वह भी तुम लोगों की तरह उसे इन्कार कर लौट आया होता। और दूसरी बात मैं साफ देख रहा हूँ कि वह तो स्त्री को नदी पार कराकर छोड़ भी आया, परंतु तुम लोग तो अभी तक उस स्त्री को कंधे पर उठाये हुए हो। बिल्कुल सही, महत्व मेरे तल पर क्या चल रहा है, उसका है। शरीर से आप कुछ भी करें, उसका महत्व क्या?

उम्मीद है कि अब आप इन्वोल्वमेंट के दो-तरफा प्रभावों को समझ गए होंगे। सो, अब वापस राजा-जनक पर लौट आता हूँ। तो यहां जनक भी शिष्य के नाच-गान के प्रति इन्वोल्वमेंट को देखकर चौंक गए थे। क्योंकि उसी के चलते वह यह कक्ष छोड़कर भाग खड़ा हुआ था। कोई बात नहीं, अभी तो रात भी बीत गई और सुबह भी हो गई। शिष्य समय से ही जनक के कक्ष में पहुंच गया। जनक आराम फरमा रहे थे। उन्होंने शिष्य को दो-पल चैन से अपने पास बैठने को कहा। लेकिन उधर शिष्य पूरी तरह उकताया हुआ था। उसने जनक से निवेदन किया कि देखिए, मेरे गुरु ने मुझे आपके पास ज्ञान प्राप्त करने हेतु भेजा है, सो मेहरबानी कर वह दे दीजिए ताकि मैं लौट जाऊं। मुझ संन्यासी को आपका यह आलीशान महल बिल्कुल रास नहीं आ रहा। जनक ने उसकी आंखों में झांकते हुए कहा- ठीक है। ज्ञान दे देता हूँ, पर पहले स्नान वगैरह कर लिया जाए। चलो महल के पीछे ही एक शानदार सरोवर है, हम वहां स्नान कर आते हैं। ...फिर तुम्हें ज्ञान दे दूंगा।

शिष्य ने सोचा, यह भी ठीक है। सरोवर में स्नान करने में क्या बुराई? जल-कुंड का कहा होता तो शायद सोचना पड़ता। क्योंकि संन्यासी का वैभव से क्या वास्ता? सो,

दोनों चल दिए। हां, जाने से पूर्व जनक ने सेनापति को बुलाकर उसे कुछ आदेश दिए। ...अब दोनों उस सरोवर में शान से स्नान कर रहे थे। बातचीत दोनों के बीच अब भी नहीं हो रही थी। क्योंकि जनक जहां अपने नहाने का आनंद ले रहे थे, वहीं शिष्य स्नान खत्म होने की बेचैनी से भरा हुआ था। ...तभी अचानक क्या हुआ कि जनक के महल में आग लग गई। देखते-ही-देखते महल धू-धू कर जल उठा। अब महल आंखों के सामने ही था, सो वह शिष्य यह नजारा देखते ही हड़बड़ा उठा। उसने मस्ती से नहा रहे जनक से कहा- आपका महल जल रहा है, और गलती से मैं अपने वस्त्र वहीं छोड़ आया हूँ। उसकी बात तो खत्म हुई, पर जनक ने कोई प्रतिसाद नहीं दिया। वे अपनी डुबकियां लगाते रहे। शिष्य बुरी तरह चौंक गया, ना सिर्फ चौंक गया बल्कि जनक की मस्ती देख समझ भी गया कि इस जनक का तो पूरा महल जल रहा है फिर भी महाराज नहाने में ही डूबे हुए हैं, जबकि मेरे तो सिर्फ एक जोड़ी वस्त्र वहां हैं...फिर भी मुझे उसकी चिंता पकड़ ली। उसे जो ज्ञान पाने उसके गुरु ने भेजा था वह वो पा चुका था। निश्चित ही सवाल क्या व कितना है का नहीं, सवाल वह वस्तु आपको रुचिकर है या नहीं, उसका भी नहीं, सवाल तो सिर्फ एक ही है कि उस वस्तु में आपका इन्वोल्वमेंट है या नहीं? यदि इन्वोल्वमेंट रहा तो आप ना तो उस वस्तु का आनंद ले पाएंगे, और ना ही उसके बिछड़ने का दुःख सह पाएंगे। उस शिष्य की हालत भी तो ऐसी ही थी। वह नहाने का आनंद तो नहीं ही ले पाया था, साथ ही इन्वोल्वमेंट के कारण उसे अपने वस्त्र जलने का दुःख भी सहना पड़ा था। खैर, शिष्य तो इस इन्वोल्वमेंट से छूट गया, क्योंकि उसे राजा जनक जैसे ज्ञानी मिल गए थे। परंतु आपको तो यही पढ़कर इन्वोल्वमेंट नामक मुसीबत से छूटना होगा।

हालांकि अंत में मैं आपको इस इन्वोल्वमेंट के स्वभाव को कमजोर करने की दो टिप्स भी देता हूँ। यह

जिस वस्तु में जितना इन्वोल्वमेन्ट उतना ही वह दुःख देती है

इन्वोल्वमेंट मजबूत दो आदतों से होता है। एक पक्षपात करना और दूसरा चुनाव करना। यदि आप इन्वोल्वमेंट से होनेवाले दुःखों से छुटकारा चाहते हों तो सबसे पहले तमाम पक्षपातों से बचें। उदाहरण के तौर पर यदि आप किसी तथाकथित धर्म में मानते हैं, तो भी कभी सिर्फ उसी धर्म का होकर मत रह जाना बल्कि जितने भी धर्म इस पृथ्वी पर उपलब्ध हैं, सबको अपनाना। अपने-पराए के चक्कर में पड़ना ही मत। यदि आपको एक व्यक्ति का दुःख व्यथित करता है, तो सभी के दुःखों से व्यथित होना सीखना ही पड़ेगा। यह अपने-परायों के पक्षपात से ऊपर उठे बगैर आपका इन्वोल्वमेंट से कभी कोई छुटकारा नहीं होने वाला।

और ठीक वैसे ही अकारण के चुनाव करने से भी बचना होगा। क्योंकि जिस चीज का आप चुनाव करेंगे, एक दिन उसे आप अपना मानना शुरू कर ही देंगे। और अपना मानते ही उस वस्तु के प्रति आपका इन्वोल्वमेंट जागेगा। बेहतर है, जो पसंद हो और उपलब्ध भी हो, उसका आंनद भले ही ले लो, लेकिन उसका चुनाव कर उसे अपना मत बना लो। उससे मोहित हो उसके प्रति दृढ़ता से मत भर जाओ। फिर देखिए, आप आनंद तो हर रिश्ते या हर वस्तु का ले पाएंगे, पर उसमें इन्वोल्वमेंट न होने के कारण उससे उत्पन्न हो रहे अकारण दुःखों से आप छुटकारा पा लेंगे।

मैंने आपसे यह एक ऐसा राज खोला है कि आप चाहें तो इस एक जादू से अपना पूरा जीवन मस्ती से भर सकते हैं। और भर भी देंगे, इसी उम्मीद के साथ अपनी इस विषय पर बात यहीं समाप्त करता हूँ।

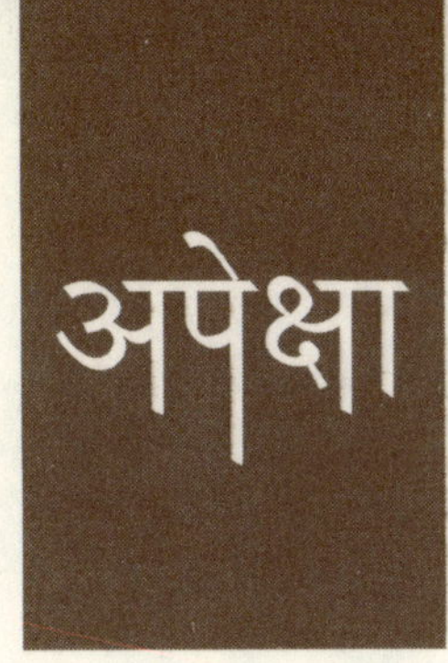

अब मनुष्य-जीवन है तो अपेक्षाएं होना व करना स्वाभाविक ही है। परंतु इसके मायने व पैमाने न समझ पाने के कारण मनुष्य ने अपना जीवन नरक बना लिया है। ''अपेक्षा'' मनुष्य के जीवन में एक ऐसा जहर बनकर उभरा है कि उसने उसे हंसना ही भुला दिया है। सो, सबसे पहले मैं समझाने की कोशिश करता हूं कि यह अपेक्षा है क्या? दरअसल मनुष्य-जीवन में उसके साथ तथा उसके चारों ओर जो कुछ भी घट रहा है, वह हमेशा मनुष्य के मन-मुताबिक नहीं घटता है। घट भी नहीं सकता है। इस कारण मनुष्य चन्द बदलाहट लाना चाहता है। और यहीं से उसकी अपेक्षाएं शुरू होती हैं। वह यह समझता है कि अकेला चना भाड़ नहीं झोंक सकता, सो वह अपने परिवार से, अपने मित्रों से और धीरे-धीरे कर शिक्षा, व्यवसाय व धर्म तक से अपेक्षाएं बांधना शुरू कर देता है। और अपेक्षा भी कैसी कि इन सबके सहारे सबकुछ उसके मन-मुताबिक हो जाएगा। पर यहां आकर मामला कुछ ऐसा फंसता है कि मनुष्य की अपेक्षाएं उसका इन्वोल्वमेंट बढ़ाने लगती हैं और हर बढ़ा इन्वोल्वमेंट उसकी अपेक्षाएं बढ़ाता चला जाता है। फिर वह जीवनभर इस चक्कर से बाहर नहीं आ पाता है।

यह तो हुई अपेक्षा की सायकोलॉजी, और उसके तथा इन्वोल्वमेंट के चक्कर की बात। अब इन्वोल्वमेंट जीवन में क्या परिणाम लाते हैं, यह तो मैं समझा ही चुका हूँ। और उससे बचने के उपाय क्या हैं, यह भी मैं आपको बता ही चुका हूँ। सो अब अपेक्षा की ही बात करता हूँ। मनुष्य में अपेक्षाएं जागने के मूल में उसकी बदलाहट की चाह है। इसी चाह के चलते वह रिश्ते बनाता है। सोचता है उससे बहुत कुछ मनचाहा हो जाएगा। अर्थात् उसने अपना यह दायरा चन्द अपेक्षाओं के चलते ही बढ़ाया होता है। अब सवाल यह कि जिस व्यक्ति से अपेक्षाओं के कारण उसके सम्बन्ध प्रगाढ़ होते जा रहे हैं, वह उसकी अपेक्षाओं पर खरा नहीं उतरता। मजा यह कि दूसरा भी चन्द अपेक्षाएं लिए ही सम्बन्धों में आगे बढ़ा होता है। उम्मीदें उसकी भी पूरी नहीं होती। परिणामस्वरूप एक-दूसरे के प्रति कटुता भरना शुरू हो जाती है। परंतु चूंकि अपेक्षाओं के आधार पर बढ़ाये सम्बन्धों में अब इन्वोल्वमेंट

भी आ चुका होता है, सो मनुष्य ना तो अपनी कटुता पूरी तरह निकाल पाता है, और ना ही सम्बन्धों पर पूर्णविराम ही लगा पाता है। ...बस धीरे-धीरे कर उन सम्बन्धों को निभाने को बाध्य हो जाता है। और स्पष्ट शब्दों में कहूं तो ना चाहते हुए भी संबंधों का बोझ जीवनभर उठाता फिरता है।

आज के बाद आप जरा गौर करें और अपने आपसी रिश्तों को देखें, उनमें जितनी मजबूत अपेक्षाएं होंगी उतना ही मजबूत आप उसमें अपना इन्वोल्वमेंट भी पाएंगे। क्योंकि ये दोनों नियम से ही एक-दूसरे को बढ़ाते हैं। अतः जहां-जहां अपेक्षा होगी वहां आपसी रिश्तों में जहर घुल चुका होगा। दोनों एक-दूसरे को काटते-से जान पड़ते होंगे, परंतु बावजूद इसके आपसी इन्वोल्वमेंट के कारण कोई स्थायी उपाय भी नहीं सूझता होगा। रिश्ते, फिर चाहे वे पति-पत्नी के हों या मां-बाप के बच्चों से हों, फिर चाहे वह प्रेमी-प्रेमिका के हों या मामला आपसी मित्रता का हो; उनका अपना एक अनोखा आनंद होता है यदि उनमें एक-दूसरे से अपेक्षाएं नदारद हो। लेकिन यह आम-मनुष्य के लिए संभव नहीं। अतः अंत में उसके सारे रिश्ते ही उसके जीवन का अभिशाप बन जाते हैं, और वह भी इस कदर कि धीरे-धीरे तो उसे इसका एहसास तक होना बंद हो जाता है। अक्सर तो आपस में कम्प्रोमाइज कर या बार-बार बीच के रास्ते निकालकर रिश्तों को ढोये चले जाना पड़ता है।

तो क्या, मनुष्य रिश्ते बनाना ही छोड़ दे? क्योंकि बिना अपेक्षा के रिश्ते बनाना उसे आता नहीं, तथा यहां अपेक्षाएं टूटी नहीं कि दुःख और व्यथा के भंवरों ने उसे घेरा नहीं। और फिर आज के इस सोशियल मनुष्य के रिश्ते कोई दो-चार तो होते नहीं हैं। और जब इतने रिश्ते पाल रखे हैं तो रोज कोई-न-कोई व्यक्ति अपेक्षाएं तोड़ेगा ही। यानी रोज-रोज व बात-बात पर उसने अपने को व्यथित करने की व्यवस्था कर ही ली है। सो सोचो, अब इसका इलाज क्या?

चलो, मैं बताता हूँ। निश्चित ही इस बाबत यह कहना तो बड़ा आसान है कि अपेक्षाएं रखो ही मत। यह हजारों बार आपने कइयों के मुख से सुना भी होगा। परंतु सवाल यह कि मेरे होते-सोते यह आसान थोड़े ही है। मेरे बाबत कोई जानता ही कितना है? मेरी कॉम्प्लेक्सिटी कोई मजाक थोड़े ही है? यह कह देने मात्र से काम थोड़े ही चलेगा कि अपेक्षाएं रखो ही मत? उसके उठने और उसे थामने के मजबूत उपायों की चर्चा करनी होगी। और वह मेरे अलावा और कौन कर सकता है? इन संत-महात्माओं या सायकोलोजिस्टों से तो बस बड़ी-बड़ी बातें करवा लो। अरे, पेट में दर्द है तो कहते हैं दवाई ले लो। ...परंतु कौन-सी? सो, मैं बताता हूँ कि इन अपेक्षाओं की जड़ क्या है?

अब अपेक्षाएं उठने की जड़ बदलाहट की चाह है, यह तो मैं आपको समझा ही चुका हूँ। चलो, अब बदलाहट की चाह बुरी भी नहीं, यदि यह अपने तक ही सीमित रखें तो। यानी आप अपने वर्तमान जीवन से नाखुश हैं और कोई बदलाहट लाना चाहते हैं, तो उस हेतु आप अपने स्वयं में बदलाहट लाएं। जीवन आपका है, लेकिन उसे संवारने हेतु बदलाहट किसी अन्य व्यक्ति या बाह्य परिस्थिति में लाना चाहें, तो यह तो बात ही गलत हो गई। परेशान आप अपनी अपेक्षाओं की आदतों से है, और बदलाहट आप वास्तु के नाम पर घर में या ज्योतिष के नाम पर अंगूठियों में ले आते हैं। भला ऐसी गजब की बुद्धिमानी आप लाए कहां से?

सो, यदि कुछ बदलना है तो स्वयं को बदलो। आपका अधिकार भी सिर्फ अपने पर है। और वहां चन्द प्रयासों में ही आपको मालूम हो जाएगा कि यह कितना मुश्किल काम है। अथक प्रयासों के बाद भी आप आपके क्रोध, चिंता या भय से मुक्ति कहां पा रहे हैं? जरा सोचो यह कि आप जब अपने में बदलाहट नहीं ला पा रहे हैं, तो आपकी दूसरे मनुष्यों को बदलने की या परिस्थितियों के परिवर्तित होने की अपेक्षा कितनी बेबुनियाद है?

यदि इसका अंदाजा आपको हो गया हो तो पहले तो तय यह कर लें कि जब तक आप जैसा अपने को बनाना चाहते हैं वैसा नहीं बना लेते, तब तक आप दूसरे मनुष्य या परिस्थितियों को बदलने की कोशिश नहीं करेंगे। और ना ही उनके किसी व्यवहार में बदलाहट की अपेक्षा करेंगे। इसके दो फायदे आपको हाथोंहाथ होंगे। एक तो आपकी दूसरों से सारी अपेक्षाएं टूट जाएगी, क्योंकि पहले आप अपने से जो अपेक्षाएं पूरी करना चाहते हैं, उसमें लग जाएंगे। अर्थात् आप अपने इम्प्रूवमेंट में लग जाएंगे। और यह तो बिल्कुल साफ है कि आपको काम तो आप में हुआ इम्प्रूवमेंट ही आएगा। वहीं इसका दूसरा फायदा यह कि आपकी अपने आसपासवालों से अपेक्षाएं कम होते ही आपके उनसे संबंध और मधुर हो जाएंगे। इससे आप ना सिर्फ उनके बेहतर काम आ सकेंगे, बल्कि आप अपने आपसी रिश्तों का आनंद भी उठा पाएंगे। कुल-मिलाकर कहने का तात्पर्य यह कि अपेक्षाएं तोड़ने की शुरुआत आपको अपने में इच्छित बदलाहट लाने के प्रयासों से ही करनी होगी। और आपका यह एहसास, कि बदलाहट लाना कितना मुश्किल है, स्वतः दूसरों से आपकी अपेक्षाएं कमजोर कर देगा।

जब आप इन प्रक्रियाओं से गुजर जाएं और एक ऐसे मुकाम पर आ पहुंचे जहां से आप अपने-आप से काफी हद तक संतुष्ट हो जाएं, तो फिर उससे ज्यादा बदलाहट लाने की कोशिश मत करें। फिर आप जिस मनोदशा में हों, उसे स्वीकार लें कि आप ऐसे ही हैं। क्योंकि एक सीमा से ज्यादा बदलाहट की कोशिश आपको अपने प्रति नफरत से भर

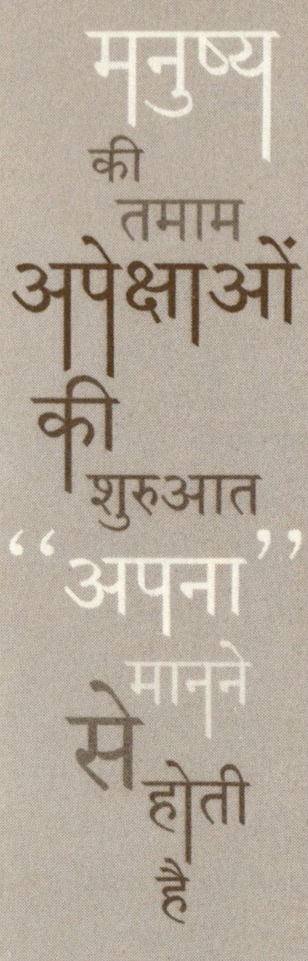

सकती है। और वह भी कम खतरनाक नहीं है। क्योंकि स्वयं से नफरत करनेवाला प्रायः क्रिमिनल माइंड हो जाता है। सो चन्द प्रयासों के बाद स्वयं को स्वीकार ही लें। यह आपका स्वयं को स्वीकारना एक नहीं हजार जादू कर देगा। सबसे बड़ी बात तो यह कि इससे आपके कॉम्प्लेक्स काफी कमजोर हो जाएंगे। क्योंकि जब आपको अपने से कोई शिकायत ही नहीं, तो कॉम्प्लेक्स काहे का?

और भी विस्तार से कहूं तो यह स्वीकार्य-शक्ति एक जादू है। आप जैसे हैं वैसे ही स्वयं को स्वीकारने से तो उसकी शुरुआत होती है, और आगे तो यह एक साथ आपकी तीन समस्याओं यानी इन्वोल्वमेंट, एक्सपेक्टेशन और कॉम्प्लेक्स से आपको निजात तक दिलवा सकती है। सो, बस आप अपनी स्वीकार्य-शक्ति को पकड़कर मजबूत करते जाएं। अपने को तो आप स्वीकार ही चुके हैं, दूसरों को भी वो जैसे हैं वैसे ही आप उन्हें स्वीकारना चालू कर दें। जैसे ही आप दूसरों को स्वीकारना प्रारंभ कर देंगे कि इससे ना सिर्फ आपका इन्वोल्वमेंट, बल्कि उनसे बंधी आपकी अपेक्षाएं भी ढेर हो जाएगी। ...परिणामस्वरूप आपके आधे से ज्यादा दुःख-दर्द तो वैसे ही तिरोहित हो जाएंगे।

जब इससे भी निपट लो तथा दुःख-दर्द कम हो जाने के कारण नई ऊर्जा से भी भर जाओ, तो फिर दो कदम और आगे बढ़ाकर चारों ओर की परिस्थितियों को भी स्वीकारना प्रारंभ कर दो। इससे तो चमत्कार ही हो जाएगा। फिर तो आप बाहरी परिस्थितियां नहीं बदलती तो भी विचलित नहीं होएंगे। क्योंकि स्वीकार्यशक्ति के जादू से आप परिस्थितियों के अनुसार स्वयं को ढालने में माहिर हो जाएंगे। और इससे ना सिर्फ आपके दुःख-दर्द कम हो जाएंगे, बल्कि आप और नई ऊर्जा से भी भर जाएंगे। बस फिर उस बढ़ी ऊर्जा के सहारे संसार के कटु सत्यों को भी स्वीकारना चालू कर दो। उस हेतु थोड़ा इतिहास पर और थोड़ी अपने चारों ओर की परिस्थितियों

पर नजर दौड़ाओ। चारों ओर कभी न बदलनेवाले सत्य रह-रहकर उजागर हो ही रहे हैं। और फिर भी यदि आप कभी न बदलने वाले सत्य तक में बदलाहट की अपेक्षा किए जी रहे हैं, या उस कारण से दुःखी हैं तब तो आप सिवाय मूर्ख के और क्या हैं? अरे, जो बदल ही नहीं सकता उसको भी बदलने की अपेक्षा का दुःख पाले आप जी रहे हैं? ...फिर जवाब मुझे यह दें कि आप बुद्धिमान हुए ही किस दृष्टिकोण से?

सो, अपने चारों ओर नजर दौड़ाएं और उन हकीकतों पर गौर करें जिनको सिवाय स्वीकारने के आपके पास दूसरा कोई उपाय ही नहीं है। जिनको स्वीकारे बगैर आप जीवन में कभी सफल हो ही नहीं सकते। नहीं समझे हों तो मैं विस्तार से समझाऊं। ...जैसे जिन्हें आप भगवान कहते हैं, क्या उन्हें भी आपने एक लिमिट से ज्यादा जीते देखा है? क्या उनमें से कोई भी अमर हो सका है? नहीं, तो आप सीधे-सीधे ''आपकी भी मृत्यु होने ही वाली है'', यह स्वीकारकर ही क्यों नहीं जीते? इससे पहला जादू तो यह होगा कि आपके आधे से ज्यादा भय स्वतः ही तिरोहित हो जाएंगे। यह बात अच्छे से समझ लेना कि मनुष्य के अधिकांश भय के पीछे सिर्फ उसका मौत का भय छिपा हुआ है। ...जिसने मौत को स्वीकार लिया, फिर उसे बात-बात पर डराया नहीं जा सकता।

...आगे आप यह भी देखो कि क्या किसी का शरीर ऐसा देखा है जो बीमारी पकड़े ही नहीं? फिर चाहे वह पक्का संयमी और व्यायामी ही क्यों न हो, या फिर वह मन की किसी भी ऊंचाई पर क्यों न जी रहा हो। तो आपके शरीर को भी बीमारी लग ही सकती है, आपके रिश्तेदार व मित्र भी बीमार पड़ ही सकते हैं। और यदि आप यह सब स्वीकारकर ही जीएंगे, तो ऐसा कुछ होने पर पड़ने वाले बेवजह के दुःखों से आप छुटकारा पा लेंगे। अरे भाई, जब किसी अन्य की कार का एक्सीडेंट हो सकता है तो आपकी कार का भी हो ही सकता है। कुल-मिलाकर ऐसे एक नहीं हजार सत्य हैं जिन्हें स्वीकार कर जीने में ही बुद्धिमत्ता है। और यह स्पष्ट समझ लें कि ऐसे तमाम अटल सत्यों को प्रगाढ़ता से स्वीकारे बगैर आप कभी हवा में उड़ने-सी प्रसन्नता का अनुभव नहीं कर सकते हैं।

चलो, यह सब तो आप समझ ही गए होंगे। सो अब मैं आपका ध्यान आप जो अन्य तरह की अपेक्षाएं पाल के बैठे हुए हैं...उस ओर आकर्षित करता हूँ। उन अपेक्षाओं के बाबत बताता हूँ जिसने हर मनुष्य का जीना दुश्वार कर रखा है। शायद आपने भी गौर किया ही होगा कि लगभग हर व्यक्ति इस दुःख से पीड़ित है कि कोई उसे समझता ही नहीं। मैं सबके साथ अच्छा करता हूँ, पर सब मेरे साथ गड़बड़ कर देते हैं। अब दो-चार का यह दुःख हो तो बात समझ में आती है, परंतु मेरे अनुभव से कहूं तो मुझे तो सौ में से नब्बे इसी दर्द के शिकार नजर आते हैं। और इसका आगे चलकर परिणाम यह आता है कि वे जगत

से ही निराश हो जाते हैं। फिर तो वे ऐसी-ऐसी बातें करते हैं कि सुनने में ही अटपटी लगे। अब यह संसार शरीफ आदमियों के लिए बचा ही नहीं है। यहां जीने का भी क्या फायदा? और भी जाने क्या-क्या?

हालांकि इसकी जड़ में मनुष्य की वो गलतफहमी ही है जो उसने स्वयं के लिए पाल रखी है। हर कोई दूसरे की हरकतों को बड़े गौर से देखता है, उनका विश्लेषण भी खूब करता है; परंतु खुद की हरकतों को ऐसे अच्छे-अच्छे विचारों से ढांक लेता है कि उसको अपने तुच्छ स्वभाव का पता ही नहीं चलता है। चलो यह भी छोड़ो, पर अब यदि आप इससे छुटकारा पाना चाहते हो तो थोड़ा इतिहास उठाकर देख लो। जीसस को किसने समझा? समझा होता तो उन्हें सूली पर कभी नहीं लटकाया जाता। सुकरात को किसने समझा? समझा होता तो उन्हें जहर देकर मारा ही क्यों जाता? फिर तो, ना तो बुद्ध या कबीर जैसों को सताया जाता, न सीता जैसी देवी को अग्निपरीक्षा ही देनी पड़ती। ...तो फिर क्या आप अपने को इन महान आत्माओं से भी श्रेष्ठ मानते हैं, जो दुःख पाल रहे हैं कि आपको कोई समझता नहीं। चुपचाप आप अपने को समझ लें, काफी है। वरना एक मनुष्य दूसरे मनुष्य को समझे, यह आज तक कभी नहीं हुआ है। सो मेहरबानी कर कम-से-कम स्वयं को अपवाद-स्वरूप समझने के कारण से उत्पन्न होने वाले दुःखों से तो आप छुटकारा पा ही लें।

वैसे यही क्यों, ऐसे तो एक नहीं हजार सत्य हैं जिन्हें एक बुद्धिमान को स्वीकारकर ही चलना चाहिए। पर उन सबकी चर्चा करने बैठ जाऊंगा तो इसका अंत ही नहीं आएगा। अतः संक्षेप में कहूं तो जिन सत्यों को इतिहास चिल्ला-चिल्लाकर कह रहा है, मेहरबानीकर उन सारे सत्यों को तो स्वीकारकर ही जीएं। इससे आपकी अधिकांश अपेक्षाएं स्वतः ही टूट जाएंगी। और उसके साथ ही आपको उन अपेक्षाओं से होने वाले दुःखों से भी छुटकारा मिल जाएगा।

कुल-मिलाकर कहने का तात्पर्य यह कि अपेक्षाएं जीवन के अधिकांश दुःखों का मूल है। उनसे छुटकारा ''अपेक्षाएं खराब हैं''-कहने से नहीं होगा। उससे छुटकारा स्वयं में बदलाहट लाने में रस लेने से होगा। ...दूसरों में बदलाहट लाने की चाह छोड़ने से होगा। और जैसे ही आपकी यह बदलाहट की चाह कुछ कम हो जाए, तो फिर आपको पहले स्वयं को जैसे हैं...वैसा स्वीकार लेना पड़ेगा। एकबार यह स्वीकारना आ जाए तो फिर यह भी समझ लेना कि इस स्वीकारते आने से बड़ा करिश्माई जादू मनुष्य-जीवन में दूसरा कोई नहीं है। अतः फिर इस कला को आगे बढ़ाते हुए दूसरे भी जैसे हैं, उन्हें स्वीकारते चले जाना। और जब इन दोनों बातों में काफी हद तक सफलता पा लो, तो फिर आगे संसार

के कभी न बदलने वाले सत्यों को भी स्वीकार कर चलना सीख लेना। बस, इससे आपके इन्वोल्वमेंट और आपकी अपेक्षाएं दोनों एक साथ कमजोर पड़ जाएंगी। ...और जिसके फलस्वरूप निश्चित ही आपका जीवन आंनद व सफलता से भर जाएगा।

सफलता के सार सूत्र

निश्चित ही मनुष्य-जीवन में जितना जरूरी दुःखों व कष्टों से बचना है, उतना ही जरूरी सफलता के शिखर छूना भी है। क्योंकि यह बहुमूल्य जीवन किसी कीमत पर साधारण जीवन जीकर व्यर्थ नहीं गंवाया जा सकता। और फिर वैसे भी हर मनुष्य सफलता की चाह लिए जीता ही है तथा यह उसका जन्मसिद्ध अधिकार भी है। यह तो अपनी ही चन्द गलतियों तथा मेरी कार्यप्रणाली बाबत अज्ञानता के कारण पूरी मनुष्यता असफल हुई पड़ी है।

सो, मैं सीधे उन सारे उपायों पर बातचीत प्रारंभ करता हूँ, जिन्हें समझकर व अपनाकर आप सफलता के शिखर छू सकते हैं।

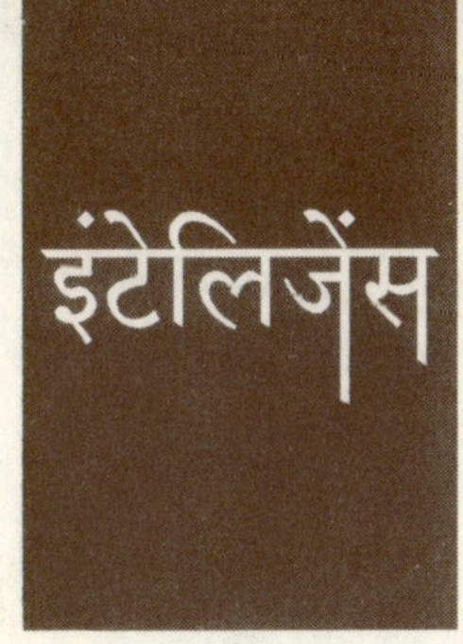

इंटेलिजेंस

पिछले अध्यायों में मैंने कोन्शियस, सब-कोन्शियस तथा अन-कोन्शियस माइंड बनने के कारणों तथा उन्हें कमजोर करने के उपायों पर काफी चर्चा की। साथ ही मनुष्य-जीवन में दुःखों के उठने के कारणों और उसके निदान के उपायों पर भी काफी चर्चा मैंने की। लेकिन हर मनुष्य का एक सपना होता ही है कि वह जीवन में बड़ी सफलता पाए। तमन्ना अच्छी ही है, सो अब आगे वह अपने में किन गुणों को विकसित कर या किन बातों को अपनाकर सफलता पाने की अपनी तमन्ना को पूरी कर सकता है, उस बाबत भी आवश्यक चर्चा कर ली जाए।

और उस चर्चा को प्रारंभ करने से पूर्व मैं आपका ध्यान प्रकृति व आपके बीच के फर्क की ओर आकर्षित करना चाहूंगा। दोनों में सबसे बड़ा फर्क समय व शक्ति को लेकर है। जहां प्रकृति का अरबों वर्ष का इतिहास है, वहीं आपके पास बमुश्किल अस्सी या सौ वर्ष है। और उसमें भी बचपन, बुढ़ापा और जवानी के हजार रोने हैं। रोज के आठ घंटे की नींद है। यानी वास्तव में तो आपके पास समय है ही नहीं। वैसे ही शक्ति की बात करूं तो सूरज चमक रहा है, पृथ्वी घूम रही है, हवाएं बह रही है; अर्थात् पूरी-की-पूरी प्रकृति कभी न चूकनेवाली ऊर्जा से भरी पड़ी है। वहीं दूसरी ओर आपकी ऊर्जा के बाबत तो कुछ बहुत ज्यादा कहने की जरूरत नहीं।

...फिर भी आश्चर्य यह कि यहां सबकुछ महत्वपूर्ण करता इन्सान ही जान पड़ता है। कला हो या साहित्य या विज्ञान; सबकुछ इन्सान की ही उपज है। और यह बात भी एकदम सही है। इसमें भी कोई दो राय हो ही नहीं सकती है। लेकिन यहां समझने लायक बात यह कि ये सारे चमत्कार सम्पूर्ण मनुष्य-जाति नहीं कर रही है। यह तो चन्द हजार लोगों की बात हुई। तो ऐसा क्यों कि कुछ लोग तो प्रकृति को भी चौंकानेवाले काम कर के दिखा रहे हैं, तो वहीं बाकी अधिकांश मर-मरकर जीने को मजबूर हैं? ऐसा क्यों कि चन्द लोग सफलता के शिखर छूए चले जा रहे हैं, और दूसरी ओर बाकियों का जीना-मरना एक ही बात होकर रह गया है?

दरअसल ऐसा मनुष्य द्वारा अपने समय व शक्ति के उपयोग के तरीके की भिन्नता के कारण है। मैं कह ही चुका हूँ और आप भी जानते ही हैं कि समय और शक्ति इन दोनों चीजों की हर मनुष्य के पास बेहद कमी है। और उस पर भी कोई इन दोनों के दुरुपयोग पर ही उतर आए तो आप ही बताइए उसके जीवन का क्या हाल होगा? बस वो ही सौ में से निन्यानवे लोगों का हो चुका है। यानी दूसरे शब्दों में कहूं तो समय व शक्ति का उपयोग करते न आना ही मनुष्य की असफलता का राज है।

अब सवाल यह कि मनुष्य अपने समय व शक्ति का उपयोग करना कैसे सीखे? ...तो उस हेतु यह बताओ कि वह क्या है जो मनुष्य को प्रकृति की तमाम वस्तुओं से भिन्न साबित करता है? लो...इतना भी नहीं जानते? अरे, एक उसका मन यानी मैं और दूसरी उसकी बुद्धि। और इन्हीं दोनों की बदौलत वह प्रकृति की तमाम वस्तुओं से अलग, निराला तथा महत्वपूर्ण है। और आगे इसी संदर्भ में मन और बुद्धि का फर्क समझाऊं तो, ''बुद्धि'' वह जो कुछ क्षेत्र में लाख उपयोगी होने के बावजूद अधिकांश चीजों में तो वह समय व शक्ति का दुरुपयोग ही करवाती है। जबकि मेरे तल पर एक इंटेलिजेंस नाम की वस्तु है जिसका ध्यान सिर्फ समय व शक्ति को बचाने में लगा रहता है। लेकिन दुर्भाग्य से उस इंटेलिजेंस का ठीक तरह से उपयोग बहुत कम लोग कर पाते हैं। और यह स्पष्ट समझ लें कि आपके पास समय व शक्ति बचेंगे तो ही आप कोई बड़ा काम कर पाएंगे।

कुल-मिलाकर मेरे कहने का सीधा अर्थ यह कि मनुष्य-जीवन में कोई भी सफलता पाने के लिए उसे अपनी इंटेलिजेंस को सक्रिय करना जरूरी है। और यह इंटेलिजेंस सब मनुष्यों में समान रूप से उसके मन की तह में यानी मेरे तल पर छिपी ही होती है। यानी इंटेलिजेंस के मामले में मेरे द्वारा किसी मनुष्य के साथ कोई पक्षपात नहीं हुआ है। मनुष्यों में फर्क सिर्फ इतना है कि जो इसे सक्रिय कर पाते हैं वे अपने समय व शक्ति बचाकर आगे निकल जाते हैं, और बाकी अपनी इंटेलिजेंस को सक्रिय न कर पाने के कारण कष्टों भरा साधारण जीवन गुजारने पर मजबूर होते हैं।

और इससे पहले कि मैं आपसे मनुष्यों के मन में छिपी इस इंटेलिजेंस को उजागर करने के उपायों या उसके प्रभावों के बाबत चर्चा प्रारंभ करूं, आपको इंटेलिजेंस व ब्रिलिएंसी का फर्क समझाता हूँ। यह फर्क बड़ा ही सूक्ष्म परंतु महत्वपूर्ण है। और इस फर्क का ज्ञान आपको अपनी इंटेलिजेंस जगाने में बड़ी सहायता करेगा।

ब्रिलिएंसी बुद्धि का विषय है। और ब्रिलियंट होना आवश्यक भी है तथा उपयोगी भी। परंतु ब्रिलिएंसी ही सबकुछ नहीं है। जीवन को बढ़ाने या सम्भालने में यह अकेली सक्षम नहीं है। और उससे भी बड़ी बात यह कि अधिकांश मनुष्य अपनी इस ब्रिलिएंसी का

उपयोग बिन-जरूरी बातों में करके ही अपना जीवन बर्बाद कर रहे हैं। अतः सबसे पहले हम मनुष्य की बुद्धि के प्रभाव-क्षेत्र को समझें, तथा यह भी समझें कि कैसे, कहां व कितना इसका उपयोग करना चाहिए। साथ ही यह भी समझें कि वे कौन-सी बातें हैं जहां मनुष्य को बुद्धि के उपयोग से बचना ही चाहिए।

और बात की शुरुआत करूं तो मनुष्य की बुद्धि की सबसे बड़ी विशेषता उसके पास उसकी प्रगाढ़ मेमरी का होना है। यानी मनुष्य मेमरी-बेस का जो भी उपयोग अपने जीवन को बढ़ाने हेतु करता है, वह सब उसकी बुद्धि की देन होती है। इसमें स्कूल-कॉलेज की पढ़ाई से लेकर जो भी अच्छी-बुरी बातें वह देखता-सुनता है, सब आ जाता है। निश्चित ही इस मेमरी का मनुष्य-जीवन में बड़ा महत्व है। उसे अपने नाम से लेकर तमाम जीवन उपयोगी बातों तक, तथा ABC से लेकर तमाम शिक्षाओं तक जो कुछ भी याद है, वह सब उसकी इस मेमरी के कारण ही है। यह भी सत्य है कि वह जो भी पढ़ता-सीखता है, उसी के सहारे वह अपना जीवन आगे बढ़ाता है। परंतु यहां समझने लायक सबसे महत्वपूर्ण बात यह कि जीवन में हर चीज याद करना तो जरूरी होता नहीं। आवश्यक हो और याद की जाए, तो बात समझ में आती है। परंतु अनावश्यक को याद रखना अवांछित भार के साथ-साथ जोखिम से भी भरा है। यादें ना सिर्फ मौके-बेमौके परेशान करती हैं, बल्कि उन्हें याद रखने में शक्ति का भी बड़ा अपव्यय होता है।

खैर! आपकी मेमरी के अकारण उपयोग के घाटे तो आपकी समझ में आ ही गए होंगे। और यदि आगे बुद्धि के दूसरे गुणों की चर्चा करूं तो सोचना, स्कीम बनाना, तय करना, एनालिसिस करना सबकुछ बुद्धि का ही विषय है। बुद्धि के ये सारे गुण जीवन को आगे बढ़ाने हेतु आवश्यक भी हैं, लेकिन यहां भी बात यही कि बुद्धि द्वारा इन गुणों की आवश्यकता नहीं होने पर भी उपयोग करते रहना घातक सिद्ध होता है। लेकिन यह सब समझे बगैर अधिकांश मनुष्य छोटी-से-छोटी बात में ज्यादा सोचते हैं, जरूरी हो-न-हो तो भी एनालिसिस करने बैठ जाते हैं। बस इसी से सब शक्तिहीन हो गए हैं। और ऐसा शक्तिहीन व थका-थका मनुष्य जीवन में कुछ करे भी तो कैसे?

यानी कुल-मिलाकर कहने का तात्पर्य यही कि बुद्धि के उपयोग तो बहुत हैं, परंतु मनुष्य की बुद्धि को समय व शक्ति का कोई ज्ञान नहीं। अतः वह कई अनावश्यक वस्तुओं में भी इन दोनों की बर्बादी करवाती रहती है। स्पष्ट कहूं तो बुद्धि की सबसे बड़ी दिक्कत ही यह है कि उसे हर चीज आवश्यक जान पड़ती है। अतः वह जो चीज सामने आए उसे जानने, याद करने और उसकी एनालिसिस करने में लग जाती है। अब व्यर्थ की बातें जानने व याद करने से हासिल तो कुछ नहीं होता, उल्टा शक्ति व समय व्यर्थ

में खर्च हो जाते हैं। और यहीं आकर यह इंटेलिजेंस बड़े काम की सिद्ध होती है। क्योंकि वह आवश्यक-अनावश्यक का भेद अच्छे से जानती है। सो अनावश्यक कार्य में लगने से वह बुद्धि को रोक लेती है। परंतु इंटेलिजेंस की दिक्कत यह कि वह सक्रिय अपने नियम से ही होती है। और इंटेलिजेंस के सक्रिय होने का सीधा-सादा नियम यह है कि आपके कोन्शियस, सब-कोन्शियस तथा अन-कोन्शियस माइंड कमजोर होंगे तो ही वह सक्रिय हो पाएगी। वैसे तो इंटेलिजेंस ही क्यों, मेरी शक्तियों के सारे केन्द्रों के बाबत यही सत्य है। वे सक्रिय ही तब होंगे जब आप मेरे नकारात्मक स्वरूपों पर विजय पा लेंगे। और उन्हें कैसे कमजोर करना... उसके सारे उपायों पर मैं चर्चा कर ही चुका हूँ।

सो, अभी सीधे-सीधे इस बात पर आ जाता हूं कि यह इंटेलिजेंस करती क्या है? तो सबसे पहली बात तो यह कि वह आवश्यक व अनावश्यक का फर्क अच्छे से पहचानती है। ...वह बुद्धि को अनावश्यक की तरफ आकर्षित ही नहीं होने देती है, और इससे आपके समय व शक्ति दोनों की बचत हो जाती है। यह तो ठीक, मैं समझा भी चुका हूँ...परंतु आपकी इंटेलिजेंस की सबसे बड़ी शक्ति यह कि वह बुद्धि के एकत्रित किए अनावश्यकों का अनुभवों के सहारे नाश करने की भी क्षमता रखती है। ...यानी कुल-मिलाकर कहूं तो वर्तमान में आपकी इंटेलिजेंस आपकी बुद्धि को अनावश्यक की ओर आकर्षित होने से रोकती है, और साथ ही वह भूतकाल के संग्रहित अनावश्यकों को आपके जीवन से काटने की कूवत भी रखती है। बस इससे आपके पास समय व शक्ति दोनों बचे रह जाते हैं। और ये बचे हुए समय व शक्ति जीवन में कितने उपयोगी हो सकते हैं, यह अब अलग से आपको समझाने की कोई आवश्यकता नहीं दिखती।

चलो, इंटेलिजेंस कितनी महत्वपूर्ण चीज है...यह तो आप समझ ही गए होंगे। और मैंने पहले ही कहा है कि यह इंटेलिजेंस कहीं बाहर से लाने किसी को नहीं जाना है। मेरे तल पर सबमें यह समान रूप से उपस्थित ही है। यह कोई डिग्रियों, संसार के ज्ञान या धर्म से पाई जानेवाली चीज नहीं है। यह तो वैसे ही सबको समान रूप से स्वतः ही उपलब्ध है। यानी बुद्धिमान होने हेतु भले ही आपको बड़ी मेहनत करनी पड़ती हो, पर इंटेलिजेंट तो आप हैं ही। सवाल सिर्फ उस इंटेलिजेंस के सक्रिय होने का है। और यदि आपकी इंटेलिजेंस सक्रिय होगी तो निश्चित ही आपकी बुद्धिमानी स्वतः ही कमजोर पड़ जाएगी। क्योंकि इंटेलिजेंस का काम ही बुद्धि द्वारा किए जाने वाले उन तमाम कार्यों को रोकना है जिनके कारण आपके समय व शक्ति बर्बाद हो रहे हैं। और इसे सीधे शब्दों में कहूं तो या तो आप ज्यादा बुद्धिमान हो सकते हैं, या फिर ज्यादा इंटेलिजेंट। ...चुनाव आपका है। अधिकांश लोग ज्यादा बुद्धिमान हैं, इस वजह से उनके पास न समय बचता है, और ना उनमें शक्ति ही रह जाती है।

खैर छोड़ो! अभी तो आपको चन्द उदाहरण पेश करता हूँ, ताकि आप आसानी से बुद्धिमानी व इंटेलिजेंस का फर्क समझ पाएं। वर्षों पुरानी बात है। तीन जादूगर थे, बड़ी ही उच्च कोटि की जादू-कला वे जानते थे। तीनों में गाढ़ी मित्रता भी थी। एक दिन ऐसे ही वे एक रथ-चालक को लेकर जंगल की सैर को निकल पड़े थे। जंगल में उन्होंने एक मृत शेर का कंकाल देखा। कंकाल देखते ही उनमें से एक जादूगर बोला कि मैं अपने जादू से इसके कंकाल पर हड्डी-मांस-मज्जा चढ़ा सकता हूँ। यह सुनते ही दूसरा भी ताव में आ गया। उसने कहा कि यदि तुम ऐसा कर दो तो मैं इसकी नसों में खून भर सकता हूँ। इतना सुनते ही तीसरे का उत्साह तो सातवें आसमान को छू गया। वह तुरंत बोल पड़ा कि यदि तुम दोनों वाकई ऐसा कर दिखाओगे तो मैं यकीनन उसमें प्राण फूंक दूंगा।

यह सुनते ही वह गरीब व अनपढ़ रथ-चालक चौंक गया। उसने चौंकते हुए निवेदन भी किया कि यदि आप लोग ऐसा कर भी सकते हैं, तो भी यह दुस्साहस योग्य नहीं। अपनी जादूगरी सिद्ध करने के और भी मौके मिलेंगे, भला शेर के साथ ही यह प्रयोग क्यों?

परंतु तीनों पूरे ताव में थे। उन्होंने ना सिर्फ उसे लताड़ा, बल्कि बुजदिल कहकर उसका अपमान भी किया। बेचारा रथचालक क्या करता...? चुपचाप तमाशा देखने लगा। उधर कहे मुताबिक वाकई पहले जादूगर ने शेर के उस कंकाल को व्यवस्थित कर उसपर मांस-मज्जा चढ़ा दिया। रथ-चालक तो यह देखते ही सावधान हो गया। उतने में दूसरे जादूगर ने उसकी नसों में खून भर दिया। यह देखते ही रथ-चालक पूरी तरह चौकन्ना हो गया। और होशियार इतना कि इससे पहले कि तीसरा जादूगर अपनी कला दिखाए, वह रथ पे सवार हो भाग खड़ा हुआ। उधर तीसरे जादूगर ने व्यर्थ की बातों पर ध्यान न देते हुए वाकई उस शेर में प्राण फूंक दिए। ...जाने कबका मरा पड़ा था शेर! और भूखा तो इतना था कि प्राण आते ही उसने उन तीनों जादूगरों को फाड़ खाया।

अब आप ही देख लीजिए कि बुद्धिमानी बड़ी कि इंटेलिजेंस? तभी तो कह रहा हूँ कि ब्रिलिएंसी चाहे जिस लेवल की क्यों न हो, बगैर इंटेलिजेंस के वह बहुत ज्यादा काम की सिद्ध नहीं होती। मान लो किसी को कब व कितनी प्यास उसे लगती है यह समझ आता हो, परंतु उसे पानी का फॉरम्यूला न मालूम हो, तो भी वह प्यासा तो नहीं ही मरेगा। परंतु इसके विपरीत किसी बुद्धिमान को पानी का फॉरम्युला तो पता हो, परंतु अपनी पानी की जरूरत से वह पूरी तरह अनजान हो, तो बताइए ज्यादा समझदार कौन?

बस यही बुद्धि का काम है। सब जान लूं, खूब सोच लूं, बड़े इरादे पाल लूं। पर उससे होगा क्या? ये सब चीजें उपयोगी हैं, परंतु लिमिट में की गई हो तो। जरूरत पहचान कर की गई हो तो। दरअसल जीवन बढ़ाने के लिए अपनी छोटी-छोटी जरूरतें जानना ज्यादा

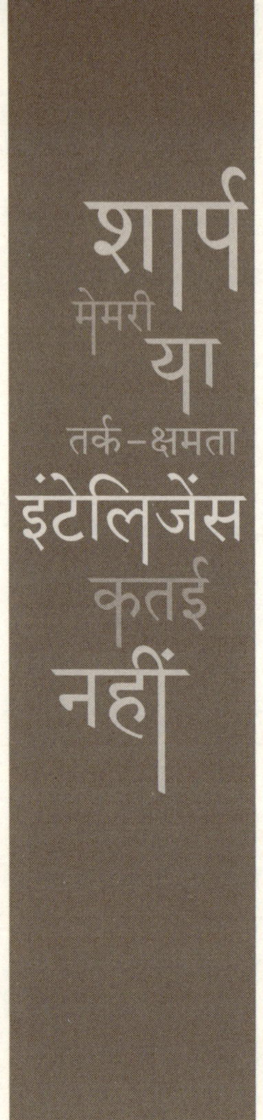

आवश्यक हैं, बजाए कि उटपटांग हजारों बड़ी बातें मालूम करने के। वैसे ही जो भी जानकारियां, जो कोई भी शिक्षा या जिस किसी भी विषय का आप ज्ञान एकत्रित कर रहे हों, कृपाकर पहले अपनी साधारण इंटेलिजेंस से इतना तो सोच ही लीजिए कि वह आपके जीवन को बढ़ाने हेतु आवश्यक है भी या नहीं? क्योंकि आपके हर प्रयास की एक कीमत है। उस हेतु आपको ना सिर्फ श्रम करना पड़ता है, बल्कि अपना बहुमूल्य समय भी उसमें देना होता है। और आपके पास समय है ही कितना?

चलो मैं उपरोक्त बात को एक महान संत श्री रामकृष्ण परमहंस के जीवन के एक दृष्टांत से समझाने की कोशिश करता हूँ। उन दिनों रामकृष्ण का आश्रम एक नदी किनारे बसा हुआ था। एक दिन सुबह-सुबह वे हमेशा की तरह आश्रम के बाहर बैठे-बैठे अपने शिष्यों से चर्चा कर रहे थे। तभी एक अकड़ू संन्यासी वहां आ पहुंचा। वह भी उसी गांव का रहने वाला था, और कारण चाहे जो हो, वह सदैव रामकृष्ण के विरोध में ही रहता था। यह सब तो ठीक, परंतु महत्वपूर्ण बात यह कि वह पिछले कई वर्षों से पानी पर चलने की कला सीखने में लगा हुआ था। और आज उसने उसमें सफलता भी पा ली थी। बस इसी खुशी में वह रामकृष्ण को नीचा दिखाने आ पहुंचा था। और कहने की जरूरत नहीं कि वह आगे क्या करना, यह पूरी तरह तय करके ही आया हुआ था। बस उसने आते ही बड़ी अकड़ भरी आवाज में रामकृष्ण को संबोधित करते हुए पूछा- आप इतने बड़े ज्ञानी बनते हैं, पानी पर चलना जानते भी हैं कि नहीं?

रामकृष्ण ने बड़ी सीधी भाषा में कहा- नहीं मेरे भाई। मैं पानी पर चलना नहीं जानता हूँ। परंतु जीवन में उसके बगैर मेरा काम अटक भी नहीं रहा है। हां, जमीन पर चलना मैं अच्छे से जानता हूँ और वह मुझे रोजमर्रा के उपयोग में भी आता है।

इस पर संन्यासी थोड़ा और तनते हुए बोला- अपनी कमजोरी को अच्छे शब्दों में छिपाने की कोशिश मत करो। मेरी बात सुनो, मैं पानी पर चलने की कला जानता हूँ।

इस पर वहां उपस्थित सारे शिष्य बुरी तरह चौंक गए। लेकिन रामकृष्ण बड़ी अजीब निगाहों से उसे देखने लगे। यही नहीं, उन्होंने बड़ी जिज्ञासा जताते हुए सीधे कहा- यदि वाकई पानी पर चलना जानते हो तो दिखाओ। हम भी तुम्हारी इस कला का आनंद लेना चाहेंगे।

बस यह सुनते ही वह अकड़ू संन्यासी सबको नदी किनारे ले गया। वह वाकई चलकर दूसरे किनारे तक गया भी और वापस लौट भी आया। सब-के-सब आश्चर्य से भर गए। लेकिन सबके विपरीत रामकृष्ण बड़े मुस्कुराते हुए उसकी आंखों में झांकने लगे। संन्यासी को बात समझ में नहीं आई। न तारीफ न कुछ, ...खड़े-खड़े मुस्कुरा रहे हैं। उसने बेचैनीपूर्वक रामकृष्ण के इस हास्य का मतलब समझने की कोशिश भी की। परंतु रामकृष्ण ने उसे तो कोई उत्तर नहीं दिया...लेकिन हां, तत्काल उन्होंने किनारे पर जाते हुए एक नाविक से दूसरे किनारे तक घूम आने की इच्छा व्यक्त की। अब नाविक का तो यह व्यवसाय ही था, वह तुरंत नाव पर बिठाकर रामकृष्ण को चक्कर लगवाकर ले आया। उधर संन्यासी समेत सारे शिष्यगण रामकृष्ण की इस हरकत से चौंक उठे थे। परंतु इधर रामकृष्ण तो बड़ी शान से नाव से उतरे और उस नाविक से इस घुमाने का दाम पूछा। नाविक ने दो पैसे मांगे, रामकृष्ण ने दे दिए। ...फिर पलटकर उस संन्यासी के कंधे पर हाथ रखते हुए बोले- मित्र! यह बताओ कि यह कला सीखने में तुम्हें कितने वर्ष लगे?

वह बोला- बीस वर्ष। यह सुनते ही रामकृष्ण जोर से हंस दिए। और हंसते-हंसते ही बोले-बीस वर्षों के अथक प्रयास के बाद कला सीखी भी तो दो पैसे वाली!

यही गलती हर मनुष्य दोहराता है। वह इस छोटे-से जीवन में समय का मूल्य जानता ही नहीं है। मनुष्य यह समझता ही नहीं है कि जो दूसरों के लिए आवश्यक हो, वह जरूरी नहीं कि उसके लिए भी आवश्यक हो। इसी चक्कर में करोड़ों संन्यासी वेद, कुरान व बाइबल रटे और दोहराए चले जा रहे हैं, बिना यह समझे कि वाकई यह उनके जीवन की आवश्यकता है भी कि नहीं? वस्तु कितनी ही महान व मूल्यवान क्यों न हो, परंतु यदि वह आपका जीवन बढ़ाने वाली नहीं, तो आपके लिए वह दो-कौड़ी की ही हुई। इसी तरह अरबों नौजवान डिग्रियां हासिल करने हेतु अपने जीवन के बहुमूल्य बीस वर्ष गंवा देते हैं। वे कभी यह परखने की कोशिश ही नहीं करते कि वाकई जीवन में इन डिग्रियों का महत्व है भी या नहीं? वे भूल ही जाते हैं कि यहां जीवन में कुछ भी मुफ्त में नहीं मिल रहा है। अतः जीवन में कुछ भी हासिल करने हेतु समय व शक्ति लगाने से पूर्व आपको आपके

जीवन में उसका महत्व अवश्य जान लेना चाहिए। कहीं आपकी सारी कोशिश व्यर्थ ही न जा रही हो? अतः जो मनुष्य किसी भी प्रकार के कोई भी प्रयास से पूर्व प्रयास से प्राप्त होने वाले परिणाम की उपयोगिता तथा व्यय होने वाले समय व शक्ति के गणित को माप-तौल लेता है, वही इंटेलिजेंट है। ...बाकी सब परम ज्ञानी!

यहां सीधा गणित आप एकबार फिर समझ लेना कि जीवन को आगे बढ़ाने हेतु समय व शक्ति दोनों चाहिए। और वह दोनों आपके पास सीमित है। और सच कहूं तो इंटेलिजेंट मनुष्य का अर्थ ही यह है कि उसे अपने समय व शक्ति का ठीक जगह पर उपयोग करते आता है। जबकि बुद्धिमान वह है जो बात-बात पर और बेकार की बातों में अपना बहुमूल्य समय व शक्ति गंवाता रहता है और जीवन में जब ऐन वक्त पर आवश्यकता होती है, तब ऐसे बुद्धिमानों के पास न तो समय होता है और ना ही शक्ति। मैं बार-बार यह इसलिए कह रहा हूँ कि जिन्होंने भी बड़ी सफलताएं पाई हैं, उन्होंने क्षण-क्षण का उपयोग कर ही पाई हैं। हजारों अनावश्यक कार्य में लगने वाली अपनी ऊर्जा बचाकर पाई हैं। सो आप भी अगर सफल होना चाहते हैं तो आवश्यक और अनावश्यक का स्पष्ट भेद अच्छे से पहचान ही लें।

...और इसी संदर्भ में एक और बात समझ लेना कि इस पूरी प्रक्रिया में आपकी बुद्धि का ही अधिकतम योगदान है। दरअसल वह स्वभाव से ही जिज्ञासु है। वह ज्यादा-से-ज्यादा जानने को हमेशा उत्सुक रहती है। लेकिन वह जानना आवश्यक है या अनावश्यक, यह उसका विषय नहीं होता। ठीक वैसे ही बुद्धि का रस अपने प्रभाव का सिक्का दूसरों पर जमाने में भी बहुत होता है। और अक्सर तो इस हेतु ही वह जमाने भर की जानकारियां एकत्रित करवाती रहती है। इसके विपरीत इंटेलिजेंस की निगाह सिर्फ अत्यावश्यक पर लगी रहती है। ...और कायदे से होना भी यही चाहिए। परंतु दुर्भाग्य से इस विषय में अधिकांश मनुष्यों की बुद्धि उसकी इंटेलिजेंस की अवहेलना करने में सफल हो जाती है। और इसके परिणामस्वरूप अधिकांश लोगों का पूरा जीवन व्यर्थ की जानकारियां जुटाने में तथा व्यर्थ के कार्य करने में बीत जाता है। थोड़ा गौर करने पर आपको भी अपने अति-बुद्धिमान होने का अंदाजा हो ही जाएगा। आपको भी आपका बहुमूल्य समय व बेशकीमती शक्ति व्यर्थ व्यय होती नजर आ ही जाएगी।

इसके अलावा भी यह समझ लें कि आपके इन सारे अनावश्यकों की खोज के अन्य कई दुष्परिणाम भी आपको भुगतने ही पड़ते हैं। चलो इस बात को कुछ छोटे-छोटे उदाहरणों से समझाता हूँ जिससे आपको आपकी बुद्धि के उड़ने के आलम का अंदाजा लग जाएगा। आपने कई ऐसे लोग देखे ही होंगे जिनकी कोई अच्छी नौकरी लगी नहीं कि वे सीधे बड़ी गाड़ियों के बाबत जानकारियां एकत्रित करना शुरू कर देते हैं। अब इसका आगे

कुछ परिणाम आएगा या नहीं यह तो नहीं मालूम, वे भविष्य में कोई बड़ी गाड़ी ले पाएंगे या नहीं यह तो सालों की बात है; परंतु उनकी इस बेवकूफी का ऐसा तो असर पड़ता है कि वे अभी से दुःखी रहने लग जाते हैं। बड़ी गाड़ी का आज उनके पास न होना उन्हें बड़ा सताता है। अब जरा सोचिए यह कि इस व्यर्थ की जानकारी हासिल करने के चक्कर में उन्होंने अपने ही दुःख का बीज बो डाला कि नहीं?

बस यहीं इंटेलिजेंस बड़े काम की है। वह हमेशा आज की हैसियत के मुताबिक ही उड़ने व जानकारी हासिल करने में विश्वास करती है। उसकी चलने दें तो वह तब-तक बड़ी गाड़ियों के बाबत कोई जानकारी हासिल करने की कोशिश नहीं करेगी, जब तक उसके पास बड़ी गाड़ी खरीदने लायक पैसा इकट्ठा न हो जाए। बस यही बुद्धिमान व इंटेलिजेंट लोगों का फर्क है कि इंटेलिजेंट व्यक्ति आनंद के रास्ते खोजता है, जबकि बुद्धिमान दुःख के रास्ते खोजता है। और दुःखी व्यक्ति की बुद्धि भ्रष्ट हो जाती है यह तो आप सभी जानते ही हैं। बस यही कारण है कि सभी ज्यादा बुद्धि लगाने वाले असफल हैं।

लेकिन क्या करें...? अधिकांश मनुष्यों की सोच में यह बात ठीक से बैठती नहीं है। यदि कोई अत्यावश्यक-ज्ञान ही हासिल करता रहे तो फिर वह बुद्धिमान कैसा? यदि वह हजारों वस्तुओं की व्यर्थ जानकारी एकत्रित कर उनपर जोरदार ज्ञान न झाड़ सकता हो तो उसकी बुद्धिमानी का क्या? परंतु वास्तविकता यह है कि इन सबका जितना जीवन पर सकारात्मक परिणाम नहीं आता, उससे कहीं ज्यादा इन सबके दुष्परिणाम उसके मन को भुगतने पड़ते हैं। और इसी बात के चन्द और उदाहरण दूं तो कई लोग स्वस्थ होने के बावजूद क्या खाने से क्या होता है और क्या खाने से क्या नहीं होता...बाबत पढ़ते रहते हैं। कौन-सी बीमारी कैसे पकड़ती है और वह न पकड़े उसके क्या-क्या उपाय हैं, इस बाबत ढेरों जानकारियां एकत्रित करते रहते हैं। अब इसका उनको फायदा तो क्या होता है यह तो वे ही जानें, पर इन सारी बातों की मेरे तल पर प्रिंट अवश्य पड़ जाती है। फिर...मैं तो मैं हूँ। बस धीरे-धीरे उन भोजनों का उनपर असर होना भी शुरू हो जाता है। साफ तौर पर देखा जाए तो आज की तारीख में दुनिया में फैली इतनी ओबेसिटी यानी मोटापे की बीमारी का भी यही एक कारण है। बुद्धि ने समझ लिया है कि यह-यह खाना चर्बीयुक्त है। बस मुझपर पर उसकी प्रिंट पड़ गई है, तथा मेरा शरीर पर असर होता ही है। जब यह सारा ज्ञान नहीं था तब इससे दोगुना मनुष्य खाता था, पर मोटापा उस समय इस कदर उन्हें परेशान नहीं किये हुए था।

ठीक इसी तरह जिन-जिन बीमारियों के बाबत मनुष्य ज्यादा पढ़ता है, धीरे-धीरे कर उस बाबत भी मेरे तल पर प्रिंट बननी शुरू हो जाती है। और देर-सबेर वह उसी या

उसके आस-पास की बीमारियों से ग्रसित होना भी शुरू हो जाता है। ध्यान रखना, आपकी अधिकांश बीमारियों के पीछे भी शारीरिक कारण इतने जवाबदार नहीं, जितना कि उन बीमारियों के बाबत मेरे तल पर प्रिंट बनना जवाबदार है।

अतः कुल-मिलाकर कहने का तात्पर्य यह कि बुद्धि की बुद्धिमत्ता इस्तेमाल करने से पूर्व उसका मन व जीवन पर क्या असर पड़ सकता है, यह भी अवश्य समझ लेना। वहीं यह बात तो कभी भूलना ही मत कि इंटेलिजेंस जगाए बगैर आपका जीवन एक सीमा से ऊपर का खुशहाल कभी नहीं हो सकता। वैसे ध्यान तो यह भी रखना कि यह इंटेलिजेंस कार्यशील होगी ही तब...जब बुद्धि उस पर व्यर्थ के ज्ञान थोपना बंद कर देगी।

और जब बुद्धिमत्ता व इंटेलिजेंस के फर्क की इतनी चर्चा चल ही रही है तो यहां एक बात और समझना आवश्यक है। ...और वह यह कि अक्सर चीजें आवश्यक होने के बावजूद उसका पूरा फायदा उठाने हेतु भी बुद्धि के साथ-साथ आपकी इंटेलिजेंस का सक्रिय होना भी उतना ही जरूरी होता है। माना चीजों को याद करना और हर चीज की एनालिसिस करना बुद्धि का श्रेष्ठ गुण है, मैं यह भी मानता हूँ कि उसका भरपूर उपयोग जीवन के हित में भी है; परंतु यहां भी इंटेलिजेंस तो आवश्यक है ही। ...क्योंकि किस जानकारी को कितने भीतर तक ले जाना या उसको कब व कितना उजागर करना, यह कला तो मेरे तल पर ढंकी इंटेलिजेंस के पास ही होती है। वरना तो ये एकत्रित की गई तमाम जानकारियां ही एक दिन मनुष्य के प्राण ले लेती है। क्योंकि हर बात को आवश्यकता से अधिक महत्व देना भी समय व शक्ति की बर्बादी ही है।

और फिर सबसे महत्वपूर्ण बात तो यह है कि बुद्धि चाहे जितनी जानकारियां एकत्रित कर ले तथा चाहे जितना समझ ले, पर अंत में जब तक इंटेलिजेंस द्वारा वह बात नहीं अपना ली जाती...बुद्धि की सारी बातें कोई विशेष परिणाम नहीं ला पाती हैं। क्योंकि बुद्धि के द्वारा एकत्रित की गई जानकारियों से सिर्फ विचार बनते हैं, और विचार कोई बहुत गहरी वस्तु नहीं है। और फिर मनुष्य की बुद्धि की एक और खूबी होती है; उसका ऊंचे विचारों व आदर्शों के प्रति सहज आकर्षण होता है। और यहां यह स्पष्ट समझ लेना कि जरूरत से ज्यादा ऊंचे विचारों व आदर्शों की व्यावहारिक जीवन में कोई जगह नहीं होती। और यदि कोई विचार उपयोगी हो तो भी सवाल यह कि मनुष्य उन विचारों का करेगा क्या? विचारों का उसपर नियंत्रण ही कितना होता है? इसे और स्पष्ट शब्दों में कहूं तो बुद्धि की पहुंच बहुत उपरा-ऊपरी है। जबकि मनुष्य पर मेरा असर पूरा-पूरा और बड़ा गहरा है। बुद्धि का तय किया हजार बार नकारा जा सकता है, परंतु मेरा मनुष्य के पास कोई इलाज नहीं। अर्थात् सीधा-सीधा कहूं तो बुद्धि की कोई बात तब तक परिणामकारी सिद्ध नहीं होती जब

तक मैं उसे ना स्वीकार लूं। और इसीलिए निर्णयों के मामले में भी बुद्धि की बुद्धिमत्ता के मुकाबले मेरी इंटेलिजेंस ही भारी पड़ती है।

चलो, इसी बात को थोड़ा और विस्तार से समझाता हूँ। क्योंकि यह जो मैं कह रहा हूँ वह समझे बगैर आपकी सीखी अच्छी-से-अच्छी बातों का भी जीवन में कोई परिणाम नहीं आनेवाला है। ...क्रोध करना बुरा है, क्रोध करने से हमारा ही नुकसान होता है, अगली बार क्रोध नहीं करेंगे- यह सब आपकी बुद्धि के विचार हैं। और एक नहीं, हजारों बार हर मनुष्य ने स्वयं को इन विचारों से भरा भी है। परंतु वास्तव में जब क्रोध आता है तो कितने लोग नियंत्रण रख पाते हैं? मनुष्य के विचारों की औकात ही क्या कि वह मुझपर नियंत्रण रख सके? ईर्ष्या, पक्षपात, हीनता वगैरह सारी नकारात्मकताएं बुरी हैं, यह आप सभी जानते व मानते हैं। अधिकांश लोग इनसे बचना भी चाहते हैं। यहां तक कि वे इनसे बचने हेतु मंदिर-मस्जिद व चर्च भी हो आते हैं। लेकिन ये सब भी उनके विचारों का ही विस्तार है। मुझे बताओ कि पूजा-पाठ करने से कितनों के क्रोध तिरोहित हो गए? आप स्वयं अपने जीवन के अनुभवों में झांकें- आपकी बुद्धि ने जानकारियों व जिज्ञासाओं के आधार पर कितने ही उच्च विचार क्यों न पाल रखे हों, उन विचारों पर कितने ही श्रेष्ठ आदर्श व आचरण भी क्यों न ओढ़ रखे हों, परंतु जब तक परिवर्तन भीतर मेरी गहराइयों में नहीं उतरता, तब तक सब धरा-का-धरा रह जाता है कि नहीं?

बुद्ध कैसे चलते हैं? कैसे उठते व बैठते हैं? क्या पहनते हैं? कैसा बर्ताव करते हैं? उसकी नकल शायद साक्षात् बुद्ध से भी बेहतर लाखों-करोड़ों लोग कर रहे हैं। परंतु यहां सवाल यह कि उनमें से बुद्ध कितने हुए? एक भी नहीं। ...अतः यहां यह बात और अच्छे से समझ लें कि अच्छी बातें पढ़ना, समझना या उन पर विचार करना, या फिर उस बाबत सब तय करना कोई बड़ी बात नहीं है। ये सारे कार्य बुद्धि के हैं, और सदियों से मनुष्यों से वह यह सब करवाती ही आ रही है। जबकि इंटेलिजेंस का काम है बदलाव। यदि बदलाव ही नहीं आ रहा तो फिर ऊंची बातों का करना ही क्या? उससे तो जैसे हैं, वैसे ही अच्छे हैं।

लेकिन काम तो जैसे हैं उससे भी चलने वाला है नहीं। क्योंकि आप सभी समझते हैं कि चन्द बदलाव तो आपमें आवश्यक हैं ही। यानी चन्द बदलाव तो लाने ही होंगे। लेकिन यहां दिक्कत यह आती है कि वे बदलाव आप अपनी बुद्धि से लाने के प्रयास करते हैं। ये सारे बदलाव आप विचारों तथा आदर्शों से लाने की कोशिश करते हैं। और विचारों का आप पर कितना जोर है, यह मैं आपको समझा ही चुका हूँ। अतः यहीं आकर सारी गड़बड़ हो जाती है। बुद्धि आप में बदलाव ला नहीं पाती, और इससे हताश हुए आप भीतर बदलाव आए बगैर ऊपर से आचरण ओढ़े घूमना शुरू हो जाते हैं। और यह आचरण

ओढ़ते ही आपके बदलने की जो थोड़ी-बहुत संभावना होती है, वह भी खत्म हो जाती है। सो, कुल-मिलाकर मैं कहना यह चाह रहा हूँ कि बदलाव भी आपको मेरे तल पर छिपी इंटेलिजेंस के जरिए ही लाने हैं।

चलो, इतनी बार घुमा-घुमाकर कहे जाने के बाद यह बात तो आपने समझ ही ली होगी कि आपमें चन्द बदलाव आवश्यक तो हैं, परंतु वे बदलाव भीतर मेरी गहराइयों से उठने चाहिए। ...और वे तभी परिणामकारी होंगे। सो, अब मेरी गहराइयों में बात कैसे पहुंचाना, और उसके जरिए आवश्यक परिवर्तन कैसे लाना; उस बाबत चर्चा करते हैं। यानी अब आप आपकी इंटेलिजेंस तक वे सारी बातें कैसे पहुंचाएं, यह समझ लेते हैं। और इस हेतु एक बात समझ लें कि जो मनुष्य जैसा है वैसा है, और उसमें कोई भी बदलाव तब तक नहीं आ सकता जब-तक वह किसी नई बात का अनुभव न कर ले। लेकिन हां, अनुभव हो जाने पर भी बदलाव आ जाए यह जरूरी नहीं। क्योंकि अनुभवों से बदलना इंटेलिजेंस का काम है, यदि आप अनुभव बुद्धि के तल पर ...यानी उपरा-ऊपरी करेंगे तो आपमें कोई बदलाव नहीं आएगा। और इंटेलिजेंस अनुभव तभी कर पाएगी जब बुद्धि उसमें बाधा न पहुंचाए। तथा बुद्धि तब तक बाधा पहुंचाती रहेगी जब तक वह मजबूत है। अतः यह बात एकबार फिर समझ लेना कि मनुष्य बुद्धिमान व इंटेलिजेंट एक साथ नहीं हो सकता। और यह जो मैं कह रहा हूँ वह बड़ा महत्वपूर्ण है, और इसे अच्छे से जहन में उतार लेना। अतः यह बात अच्छे से समझाने हेतु मैं बुद्धिमान और इंटेलिजेंट दोनों का मोटा-मोटी फर्क भी अच्छे से समझा देता हूँ ताकि आप जरूरत से ज्यादा बुद्धिमान हों तो स्वयं को इंटेलिजेंट बनाने की ओर मोड़ सकें। क्योंकि यह ध्यान रख लेना कि बगैर इंटेलिजेंट बने जीवन में सुख, शांति व सफलता हासिल नहीं होने वाली।

बुद्धिमान	इंटेलिजेंट
(1) बुद्धिमान नया जानने, समझने तथा उसके आधार पर दूसरों पे अपना प्रभाव झाड़ने की कोशिश में लगा रहता है।	(1) इंटेलिजेंट को जब और जितना जानना अत्यावश्यक हो, बस उतना ही जानने में रस होता है।
(2) बुद्धिमान को बातें पूरे विस्तार से जानने को चाहिए होती हैं।	(2) इंटेलिजेंट को मतलब सिर्फ बात के सार से ही होता है।
(3) बुद्धिमान एक ही गलती हजार तरीके से दोहरा सकता है।	(3) इंटेलिजेंट के लिए एक अनुभव ही काफी है।

(4) बुद्धिमान लगातार हाथ-पांव मारते रहने को ही जीवन समझता है।	(4) इंटेलिजेंट सिर्फ बड़े मौके भुनाने में विश्वास करता है।
(5) बुद्धिमान को हर वस्तु आवश्यक जान पड़ती है।	(5) इंटेलिजेंट के लिए जो हाथों-हाथ काम न आए, वे सभी बेकार।

अब यदि इन सब आधारों पर मेरी अब तक की कही बातों का पूरा सार सरल शब्दों में समझाऊं तो मनुष्य की इंटेलिजेंस के दो महत्वपूर्ण गुण होते हैं। पहला होता है आवश्यक व अनावश्यक का फर्क अच्छे से पहचानना। यहां आवश्यक की परिभाषा भी अच्छे से समझ लेना, और उस हेतु यह भी अच्छे से जहन में बिठा लेना कि यहां कुछ भी पाने हेतु "समय व शक्ति" जैसी दो महत्वपूर्ण चीजें आपको जाया करनी पड़ती है। यानी जीवन में कुछ भी मुफ्त में नहीं मिल रहा है। इसलिए इंटेलिजेंट मनुष्य की परिभाषा में आवश्यक वह है जो खर्च किये गए समय व शक्ति के अनुपात से कहीं ज्यादा महत्वपूर्ण हो।

चलो यह तो इंटेलिजेंट व्यक्ति का पहला गुण हुआ। और अब आगे मैं इंटेलिजेंट व्यक्ति के दूसरे महत्वपूर्ण गुण की चर्चा करूं। और उसका दूसरा महत्वपूर्ण गुण है उसकी स्वयं में बदलाहट लाने की शक्ति। और उस बाबत भी मैं यह स्पष्ट कर ही चुका हूँ कि जो जैसा है, उस भरोसे तो उसे बड़ी सफलता मिलती दिखाई नहीं पड़ रही है। अतः जीवन सफल बनाने हेतु अधिकांश मनुष्यों को कुछ बदलाहट तो अपने भीतर लाना ही है। और इस विषय में यह तय जानो कि बिना अनुभव के मनुष्य में कोई बदलाहट कभी नहीं आ सकती। इसे और सीधे तौर पर कहूं तो यह अनुभव करने की कला ही आप कितने इंटेलिजेंट हैं, उसका पैमाना है।

और इस अनुभव करने की कला को स्पष्ट रूप से विभाजित किया जाए तो चार प्रकार के मनुष्य होते हैं। बुद्ध इनके चार स्पष्ट विभाजन करते हुए अक्सर कहते थे कि चार प्रकार के घोड़े होते हैं। पहले प्रकार के श्रेष्ठ घोड़े वे होते हैं जिन्हें चाबुक की छाया-मात्र दिखाओ और दौड़ पड़ते हैं। दूसरे प्रकार के घोड़े वे होते हैं जिनको चाबुक की छाया-मात्र पर्याप्त नहीं होती, उन्हें साक्षात् चाबुक दिखाओ तभी दौड़ते हैं। तीसरे तरीके के घोड़े वे होते हैं जिनपर चाबुक दिखाने का भी कोई असर नहीं होता है, उन्हें चलाने हेतु चाबुक की एक फटकार लगानी ही पड़ती है। और चौथी व अंतिम कोटि के घोड़े वे होते हैं जिनको चाहे जितने चाबुक मारो, नहीं हिलते। और यह जानकर ताज्जुब न करें कि अधिकांश मनुष्य इस चौथी श्रेणी में ही आते हैं। वे एक-की-एक बात हजार बार सोच लेंगे तो भी अमल

नहीं कर पाएंगे। लाख बार कोई बात तय कर लेने के बावजूद ऐन वक्त पर फिर सब गड़बड़ कर देंगे। अनुभवों से न सीखना और एक-के-एक तरीके से हजार बार मूर्ख बनना इनकी विशेषता होती है। और इस हेतु यदि किसी को जवाबदार ठहराया जा सकता है, तो वह सिर्फ मनुष्यों के बाहर से उच्च विचारों व आदर्शों को ओढ़ते रहने की आदत को। क्योंकि वे जाने-अनजाने उन्हें श्रेष्ठ होने की गलतफहमी प्रदान कर देते हैं। ...फिर बदलने की आवश्यकता ही कहां रह जाती है?

इस बात को एक उदाहरण से समझाता हूँ। सोचो, यदि आपको जलन, अहंकार, क्रोध, पक्षपात वगैरह पकड़ता है, आपको यदि बेइमानी तथा बदमाशी भी सूझती ही रहती है; तो फिर मुझे सिर्फ इतना बताओ कि आप धार्मिक कैसे हुए? लेकिन आप लोग अपनी सोच का कमाल देखो। सौ में से निन्यानवे लोग इन विकारों से घिरे पड़े हैं; फिर भी वे धार्मिक होने के गुमान में जी ही रहे हैं। ...कैसे? क्योंकि उनकी चतुर बुद्धि ने अपने विचारों तथा आदर्शों से भगवान व पूजा-पाठ का निर्माण कर लिया है। अब मनुष्य को धार्मिक होने के लिए अपने अहंकार या जलन पर नियंत्रण नहीं पाना है, बल्कि सुबह-शाम मंदिर-मस्जिद हो आना है। धार्मिक होने हेतु उसे मन से बेइमानी नहीं निकालनी है, बल्कि हफ्ते में एकाध बार पूजा-पाठ कर लेने हैं। बस ऐसे ही शॉर्ट-कट मनुष्य के विचारों ने हर क्षेत्र में खोज लिए हैं। लेकिन ये सारे बुद्धि के उपाय हैं जो व्यावहारिक जीवन में कुछ काम नहीं आते।

क्योंकि यह पाखंड, यह बेइमानी मेरे तल पर नहीं चलती। और जीवन की वास्तविक बागडोर मेरे ही हाथों में है। वहां अगर ईर्ष्या या अहंकार पकड़ता है...तो फिर आप अधार्मिक ही हैं। फिर चाहे आप चौबीसों घंटे मंदिर-मस्जिद में बैठकर राम-राम या अल्ला-अल्ला क्यों न कर रहे हों? अर्थात् मेरी इंटेलिजेंस की परिभाषा हैः वास्तविक परिवर्तन। और यह तभी आ सकता है जब मनुष्य चारों ओर से विचारों के ऊंचे आदर्शों का सहारा लेना बंद कर दे। इस बात को और स्पष्टता से समझने के लिए थोड़ा बच्चों को गौर से देखें। वे विचारों के आदर्श ओढ़े नहीं घूमते हैं, और जिसके परिणामस्वरूप वे जल्द ही रूपांतरित हो जाते हैं। बड़े लाख सोच लें, उनमें रत्तीभर फर्क नहीं आता है।

अब उपरोक्त बातें समझ ली हो तो यह भी समझ लें कि मनुष्य-जीवन की सारी सफलताएं सिर्फ इस बात पर निर्भर होती है कि कौन कितनी तेजी से अनुभवों के आधार पर बदलता चला जाता है। क्योंकि आप जो भी हैं और जहां भी हैं, उसके भरोसे आपको बड़ी सफलता नहीं मिलनेवाली। अभी तो आपकी बुद्धि के कारण आपका जीवन हजारों-लाखों अनावश्यकों से घिरा पड़ा है। अतः सबसे पहले आपको अपने अस्तित्व पर छाए इन अनावश्यकों के बादल हटाने होंगे। ...और यह हटेंगे अनुभवों से। जैसे ही अनुभव करेंगे

कि यह अनावश्यक है, बादल छंट जाएंगे। और इस बदलाहट के प्रारंभ हुए बगैर आप का समय या आपकी ऊर्जा किसी परिणामकारी कार्य में लगे, यह संभव ही नहीं।

अतः वाकई यदि आप गंभीरतापूर्वक जीवन में सफलता की ओर कोई भी कदम बढ़ाना चाहते हैं तो कम-से-कम अब बुद्धि के चक्कर में आना बंद हो जाइए। आपके लिए क्या जानना या सीखना आवश्यक है, उस बाबत सोचें ही मत। पहले तो आपने हजारों अनावश्यकों को आवश्यक समझकर जीवन में जो जगह दे रखी है, उस बाबत सोचें। उनसे कैसे निजात पाना, उसकी चिंता करें।

और उनसे निजात पाने हेतु आपका अपने स्वयं में कॉम्पैक्ट होकर जीना अति आवश्यक है। आपकी कॉम्पेक्टनेस ही आपको वह तीसरी आंख प्रदान करती है जो आपके जीवन में छाए अनावश्यकों को पहचानना शुरू कर देती है। निश्चित ही वह पहचानती अनुभवों के आधार पर ही है, परंतु यह तीसरी आंख सक्रिय हो जाने के बाद एकाध अनुभव ही काफी हो जाता है।

अर्थात् आपको अपने जीवन में सबसे पहले उस प्रक्रिया में आ जाना है जहां से नया कोई आवश्यक खोजना बंद कर देना है। और फिर जैसे हैं उसी में कॉम्पैक्ट होकर अपनी तीसरी आंख सक्रिय करनी है। और उसके सक्रिय होते ही उसे पूरी छूट देनी है कि वह आपके जीवन के अनावश्यकों को अनुभवों के आधार पर खोजती चली जाए, और उन्हें आपके जीवन से दूर करती चली जाए। फिर एक दिन इस प्रक्रिया के चलते जीवन के सारे अनावश्यक हट जाएंगे, और जो बचा रह जाएगा वही आपके लिए आवश्यक होगा। ...या कहूं आपके जीवन के लिए निर्णायक होगा। और यह तय जान लो कि इस परिस्थिति में पहुंचे बगैर आपसे कोई ऐसा कार्य नहीं होनेवाला जिससे कि ऐतिहासिक पुरुषों की श्रेणी में आप अपना नाम दर्ज करा पाएं।

मनुष्य को आगे बढ़ना हो तो उसे ब्रिलिएंसी और इंटेलिजेंसी का **फर्क** मालूम होना जरूरी है

खैर! चलो मैं इस पूरी प्रक्रिया को कुछ महान व्यक्तियों के उदाहरणों से समझाने की कोशिश करता हूँ। उससे शायद आपको इस तीसरी आंख की कार्यप्रणाली और उसके महत्व दोनों का अंदाजा हो जाएगा। दयानंद सरस्वती भारत के महान संत हुए। उनके पिता शंकर के भक्त थे। जब वे बालक थे तब उनके पिता एक दिन उन्हें अपने साथ शंकर के मंदिर ले गए थे। वहां परंपरानुसार लोग-बाग लड्डू व दूध चढ़ा रहे थे। उसी दरम्यान दयानंद ने देखा कि चूहे शंकर को चढ़ाये लड्डू बड़े मजे से खाये जा रहे हैं। यह देख आश्चर्यचकित दयानंद ने अपने पिताजी से एक बड़ा ही सीधा सवाल किया- यह लड्डू किसको चढ़ाये गए हैं?

पिताजी ने कहा- भगवान शंकर को।

इस पर दयानंद ने कहा- तब तो चूहे उनका हक छीन रहे हैं। अब तो वे निश्चित ही क्रोधित होकर चूहों को भस्म कर देंगे।

पिताजी ने कहा- नहीं, ऐसा कुछ नहीं होनेवाला।

दयानंद ने पूछा-क्यों? क्या उनमें शक्ति नहीं? ...पिताजी की तो एक चुप, सौ चुप। दयानंद समझ गए कि बाकी पत्थरों की तरह यह भी सिवाय एक पत्थर के और कुछ नहीं। उसके बाद उन्होंने खुद तो कभी मूर्तिपूजा नहीं ही की, परंतु उससे भी आगे बढ़कर जीवनभर उसका विरोध भी किया। यही नहीं, भारत की एक अति अद्भुत संस्था 'आर्यसमाज' की उन्होंने स्थापना भी की। यह संस्था आज भी भारत के कोने-कोने में कार्यशील है। ...यह उनकी तीसरी आंख ही थी जिसने मूर्तिपूजा की अनावश्यकता को पलभर में पहचान लिया था। और तीसरी आंख ने एकबार जिस अनावश्यक को अनावश्यक के रूप में पहचान लिया फिर दोबारा पलटकर उसको जीवन में कोई जगह नहीं। उसने आपकी बुद्धि से हमेशा के लिए उसे भस्म कर ही दिया।

यहां सब से बड़ा सवाल यह कि आप जो अपने को इंटेलिजेंट कहते हैं, बताइए यही अनावश्यक पहचानने हेतु आपको कितना समय व कितने अनुभव चाहिए? दस वर्ष - बीस वर्ष या जन्मों के जन्म? कोई बात नहीं, समय चाहे जितना ले लो, पर कम-से-कम अपने को इंटेलिजेंट तो मत ही कहो।

होगा, अभी तो मैं इसी बात को आपको आपके ही युग के एक अति-सफल व्यवसायी और एपल के संस्थापक स्टीव जॉब्स के जीवन में घटे एक वाकये से समझाता हूँ। स्टीव जॉब्स जब कॉलेज की पढ़ाई कर रहे थे तब एक दिन उनके हाथ में एक पत्रिका आई। उस पत्रिका के कवर पेज पर बड़ा कष्ट भोग रहे दो अफ्रीकन बच्चों की तस्वीर थी। स्टीव को बच्चों की उस दुर्दशा ने हिलाकर रख दिया।

जिज्ञासु स्टीव वह पत्रिका लेकर चर्च के पादरी के पास जा पहुंचे। उन्होंने पादरी को वह कवर पेज दिखाते हुए सीधा सवाल पूछा कि क्या भगवान को इन दोनों बच्चों के हाल के बाबत पता है?

पादरी ने कहा- बिल्कुल भगवान सब जानता है। ...बस पादरी का यह जवाब सुनते ही स्टीव क्रोधित हो गए और उन्होंने चर्च जाना बंद कर दिया। सोचो, एक अनुभव और बात पर पूर्णविराम।

चलो इसे भी छोड़ो, महान एडीसन का ही देखो। स्कूल में भरती होने के वर्ष-दो-वर्ष में ही जब टीचर बार-बार उन्हें डल कहने लगे तो उन्होंने और उनकी मां ने मिलकर हमेशा के लिए स्कूल छोड़ दी। यानी चन्द कड़वे अनुभवों के बाद ही उन्होंने तथा उनकी महान मां नैन्सी ने स्कूल की अनावश्यकता स्वीकार ली। फिर एडीसन जीवनभर कभी स्कूल नहीं गए। और परिणाम देखो- वे संसार के सबसे ज्यादा आविष्कार करनेवाले वैज्ञानिक हो गए।

बुद्ध का ही उदाहरण लो। उन्होंने एक बीमार, एक गरीब और एक मृत्यु देखी। बस उन्होंने जीवन के दुःखद पहलू को पहचान लिया। महल छोड़ संन्यास धारण कर लिया। निकल पड़े महासुख की खोज में। ...और खोज भी लिया। इतिहास भरा पड़ा है ऐसे हजारों उदाहरणों से। जो भी सफल व महान हैं, उनकी तीसरी आंख ने जीवन के अनावश्यक को पहचानकर काटा है। और जब सारे अनावश्यक कट गए, तो बचे हुए आवश्यक ने उन्हें एक दिन महान व सफल बना दिया है।

कुल-मिलाकर कहने का तात्पर्य यह कि जीवन की सारी सफलताएं अनावश्यक को पहचानने और उससे छुटकारा पाने में छिपी हुई है। क्योंकि अनावश्यकों से छूटते ही आपके पास समय व शक्ति का भंडार हो जाता है। और तभी उसे आवश्यक में लगाकर आप जीवन में मनचाही सफलता हासिल कर सकते हैं। और यह कला ही एकमात्र ''इंटेलिजेंस'' है, बाकी सब मनुष्य की नादान बुद्धिमानी है जो सिवाय जीवन को तबाह करने के कुछ नहीं करती। अतः मेहरबानी कर कोई भी कार्य करने से पूर्व जीवन में उसकी आवश्यकता को परख लेना, अनावश्यक लगे तो उससे हमेशा के लिए जान छुड़ा लेना; परंतु हरहाल में अपना यह कीमती समय बचा लेना। क्योंकि आपकी बुद्धि को हर वस्तु पढ़ने लायक, हर चर्चा करने लायक तथा हर कार्य अत्यावश्यक नजर आएंगे ही। हर वस्तु आपको ललचाने की कोशिश करेगी ही; परंतु आप अपने बहुमूल्य समय को बचा लेना। उसे सिर्फ आवश्यक में लगाना। ध्यान रखना कि ये बचाए हुए समय और ऊर्जा ही आपको सफलता के मार्ग पर लगा सकते हैं।

जरा सोचें यह कि यदि आपने अनावश्यकों को जीवन से काट दिया तो क्या होगा? आपके पास समय-ही-समय होगा। ऊर्जा-ही-ऊर्जा होगी। ...अब ऐसे में आप कोई फालतू तो बैठेंगे नहीं। परंतु तब आप जो भी करेंगे वह आवश्यक व परिणामकारी होगा। क्योंकि अनावश्यक करना बंद कर ही आपने यह समय और ऊर्जा बचाए हैं। सो, उसे फिर अनावश्यक में तो लगाएंगे नहीं। सो, कुल-मिलाकर इंटेलिजेंस की तीसरी आंख जगाएं और जीवन के सारे अनावश्यकों को भस्म कर दें। और फिर जो आवश्यक बच जाएगा, उसके सहारे निश्चित ही आप सफलताओं के शिखर छूते चले जाएंगे।

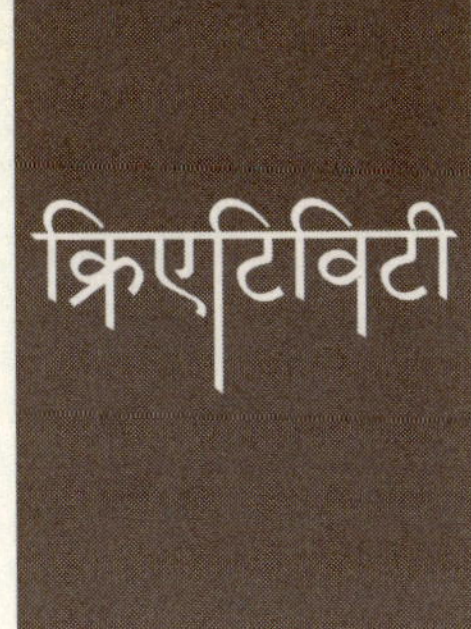

क्रिएटिविटी

'पॉवर ऑफ क्रिएशन' यानी सृजन करने की क्षमता प्रकृति की सबसे उच्चतम कला है। और प्रकृति की सारी ऊर्जा भी इसी में बहती है। आप चारों ओर जहां नजर दौड़ाएंगे, आपको प्रकृति के क्रिएशन नजर आ जाएंगे। ये नदियां, ये पहाड़, यह आसमान, यह चांद और तारे, यह हरियाली, यह पानी, यह बारिश और ये बहती हवाएं...सबकुछ प्रकृति का ही तो क्रिएशन है। चलो प्रकृति के पॉवर ऑफ क्रिएशन से तो आप सभी वाकिफ हैं, लेकिन शायद आपने उसके इस पॉवर की अंतहीनता पर कभी ध्यान नहीं दिया होगा। जी हां, क्रिएटिविटी ही एकमात्र वह शक्ति है जिसका कोई ओर-छोर नहीं। अनगिनत चांद-तारे व सूर्य, तथा कहीं न खत्म होनेवाला यह स्पेस सबूत के तौर पर हमारे सामने है। यही क्यों, जरा गौर से मनुष्य अपने-आपको ही देख ले; उसके एक फीट से भी कम लंबाई-चौड़ाईवाले चेहरे में कितने क्रिएशन हैं? अरबों-अरब चेहरे न जाने कितने लाखों वर्षों से बनते आ रहे हैं, परंतु एकाध अपवाद छोड़ मजाल है कि कोई आपस में मिल जाए? एक छोटे-से चेहरे में इतनी क्रिएटिविटी? क्या यह बात-मात्र आपको क्रिएटिविटी के इस पॉवर की ओर उत्सुकता जगाने को पर्याप्त नहीं?

आप कहेंगे, चलो उत्सुकता तो जागी, कुदरत की अनलिमिटेड पॉवर ऑफ क्रिएटिविटी को भी समझा; पर इसमें आगे हम क्या कर सकते हैं? तो...वही बात समझाने हेतु तो मैंने आपको कुदरत की पॉवर ऑफ क्रिएटिविटी समझाई है। आगे आपके लिए यह कि ऐसी ही क्रिएटिविटी की क्षमता हर मनुष्य में भी होती है। और मनुष्य-जाति का आप पूरा इतिहास उठाकर देखेंगे तो पाएंगे कि जिनके भी नाम इतिहास में दर्ज हैं, उन सभी में एक ही समानता है, और वह यह कि उन्होंने अपने इस क्रिएटिविटी के पॉवर का जमकर उपयोग किया है। और यदि आप भी जीवन में सफलता के शिखर छूते हुए इतिहास में अपना नाम दर्ज कराना चाहते हैं तो आपको भी अपने इस क्रिएटिविटी के पॉवर का उपयोग करना ही होगा।

मेरी इस उपरोक्त बात को चन्द उदाहरणों से समझें। इससे स्पष्ट हो जाएगा कि क्षेत्र चाहे कोई भी हो, सफलता सिर्फ क्रिएटिव लोगों के हाथ ही लगती है। विज्ञान की बात करें

तो एडीसन, आइन्स्टाइन, न्यूटन, गैलिलियो या कोई भी हो, वे महान इसलिए हैं कि उन्होंने कुछ नई खोज की या कोई नया सूत्र दिया। एडीसन ने पहला 'बल्ब' बनाकर इतिहास में अपना नाम दर्ज करा लिया। उसके पश्चात् उससे कई गुना अच्छे...कई बल्ब बनाए गए, परंतु उनके बनाने वालों को हम नहीं जानते। क्योंकि महत्व ही प्रथम बल्ब का है। वैसे ही चित्रकारी के क्षेत्र में पिकासो हो या विन्सेंट; जिन्होंने नया बनाया वे अमर हो गए। फिर उनकी कॉपी कोई कितनी ही कर ले, कुछ हासिल नहीं होता।

ठीक वैसे ही शेक्सपीयर के नाटक हों या मार्क ट्वेन का लेखनः महत्व क्रिएटिविटी का ही है। ठीक वैसे ही चार्ली चैपलिन, लौरेल हार्डी या माइकल जैक्सन ही क्यों न हो, महत्व उनकी अपनी क्रिएटिव स्टाइल का है। फिर उसकी कॉपी कर कभी किसी के हाथ कुछ नहीं लगा। ...यही क्यों, धर्म के क्षेत्र में भी हम याद उन्हें ही करते हैं जिन्होंने कुछ नया कहा था, जिन्होंने मनुष्य-जाति को कोई नई राह दिखाई थी। जैसे जीससः यहूदी घर में पैदा होने के बावजूद उन्होंने यहूदी परंपराओं को नकारा और नई सोच दी, जो आज क्रिश्चियनिटी के तौर पर पूरे विश्व में छायी हुई है। ठीक वैसे ही बुद्धः जो हिंदू घर में पैदा हुए और बावजूद इसके उन्होंने तमाम हिंदू परंपराओं को नकारा। आज उनकी दिखाई राह पर करोड़ों लोग बौद्ध बने घूम रहे हैं।

कुल-मिलाकर कहने का तात्पर्य यह कि हर मनुष्य के भीतर एक प्वाइंट ऑफ क्रिएटिविटी होता ही है। वहां से क्रिएटिविटी निकलने को बेताब भी होती ही है। फिर वह क्रिएटिविटी चाहे जिस किसी भी क्षेत्र की हो; परंतु उसके बहे बगैर मनुष्य का जीवन कभी विशाल नहीं हो सकता। व्यवसाय में भी देखें तो बिल गेट्स हो या स्टीव जॉब्स, वे सफल ही इसलिए हैं कि उन्होंने कुछ नया दिया है। यहां तक कि लीडरशिप में भी नए-नए नारे दिए बगैर कोई लीडर लंबा नहीं चल सकता।

यहां यह बात भी गौर कर लेना कि जैसे कभी मनुष्यों के चेहरे पूरी तरह आपस में नहीं मिलते, वैसे ही उनके स्वभाव भी कभी आपस में नहीं मिलते। यानी हर मनुष्य अपने-आप में कुदरत की एक "मौलिक" रचना है। और इसी कारण हर व्यक्ति में से निकलने वाली क्रिएटिविटी भी हमेशा अलग-अलग ही रहेगी। कहने का तात्पर्य जो धुन मोजार्ट या बिथोवन के भीतर से बह गई, वह कभी किसी और के भीतर से नहीं बहेगी। हां, चोरी कर या नोटस बदलकर कोई उनका उपयोग भले ही कर ले, पर उससे वह कभी मोजार्ट नहीं बन सकता। ठीक ऐसे ही जो कविता या नृत्य, या फिर कोई नई सोच किसी एक के भीतर से बह गई फिर वह किसी अन्य के भीतर से कभी नहीं बहेगी। इसी से आप सिर्फ कुदरत की ही नहीं, मनुष्य की भी क्रिएटिविटी के विशाल दायरे का अंदाजा लगा सकते हैं।

अब यदि आप यह समझ गए हों कि बगैर भीतर से कुछ क्रिएटिव बहे आप जीवन में बड़ी सफलता हासिल नहीं कर सकते, तो मैं आपसे क्रिएटिव कैसे हुआ जाए उसकी चर्चा करूं। इस बात की शुरुआत में यह समझें कि मनुष्य के क्रिएटिव होने में सबसे बड़ी बाधा क्या है? ...तो वह है उसका कॉपी करने का स्वभाव। एक बुद्ध हुए नहीं कि लाखों बौद्ध भिक्षु पैदा हो जाते हैं। वे बुद्ध जैसे कपड़े पहनेंगे, बुद्ध की वाणी दोहराएंगे। लेकिन इससे होगा क्या? वे कोई बुद्ध का ज्ञान थोड़े ही पा जाएंगे? सिर्फ ''बुद्धू'' बने मर जाएंगे। यही जीसस व कृष्ण के साथ भी किया जाता है। और यहीं आकर मनुष्य अपनी क्रिएटिव-क्षमता को ढंक देता है।

अतः जिसे क्रिएटिव होना हो उसे न तो किसी की बात पर अंधा विश्वास करना चाहिए, और ना किसी की कॉपी ही करनी चाहिए। बुद्ध हो या जीसस, एक इतिहास है; उनकी बातों व उनके जीवन से प्रेरणा तो पाई जा सकती है, परंतु बुद्ध या जीसस कभी नहीं बना जा सकता है। और वह बनना आपके जीवन का मकसद भी नहीं है। वे तो हो गए, अब आपको तो कुछ और नया बनना है। ...याद करो बुद्ध का वह अंतिम वाक्य जब उनके शिष्य आनंद ने बुद्ध से ''कौन-सी राह चलें'' बाबत सवाल पूछा था। और बुद्ध ने क्या कहा था। ''अपने दीए आप बनो''। भला बुद्ध कैसे किसी को कहीं पहुंचा सकते हैं? उन्होंने तो इशारा कर दिया कि आपकी राह चुननी भी आपको है, और उस पर चलना भी आपको है। ...और आप ऐसा करते हैं तो पहुंचना भी आपको ही है।

ठीक वैसे ही रवीन्द्रनाथ की कविताएं हों या कबीर के दोहे, शेक्सपीयर के नाटक हों या सोक्रेटिज का चिंतन; उन सबसे आप प्रेरणा तो ले सकते हैं परंतु इनमें से किसी के भी जैसे आप बन नहीं सकते हैं। और ना ही वे-के-वे क्रिएशन आपके भीतर से दोबारा बह सकते हैं। आपके भीतर से तो

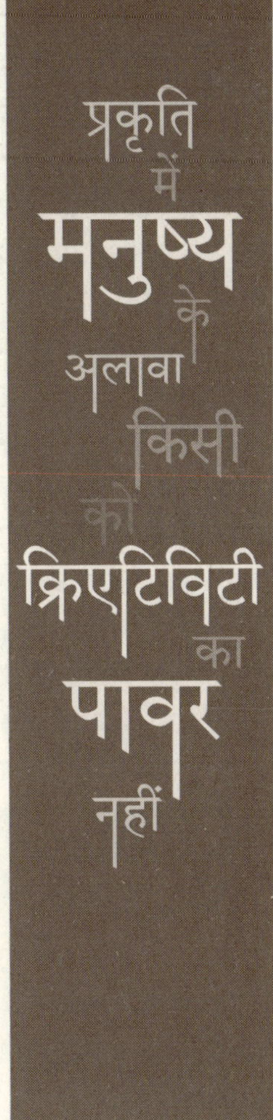

जब भी निकलेगा, आपका कोई नया ही क्रिएशन निकलेगा। आपको उस ऊंचाई तक उठना है तो कुछ नया और क्रिएटिव ही करना पड़ेगा। और यही कारण है कि स्कूल-कॉलेज में अव्वल नंबर लानेवाले जीवन की दौड़ में खो जाते हैं। वे दूसरों की कविताओं, नाटकों व बातों का ऐसा तो रट्टा लगाते हैं कि उनकी खुद की क्रिएटिविटी की क्षमता ही मर जाती है। जैसे ये साधु-संन्यासी व मौलवी-पादरी अपने वेद-कुरान-बाइबल का ऐसा रट्टा लगाते हैं कि फिर वास्तविक धर्म से इनका नाता ही टूट जाता है।

...जबकि जीवन में जिसको क्रिएटिव करना है वह नया सोचेगा, कुछ नया करने का प्रयास करेगा। जरा सोचें, आपको ऐरीस्टोटल का चिंतन शब्दशः याद हो तो क्या उससे आप एरीस्टोटल हो जाएंगे? नहीं, ज्यादा-से-ज्यादा क्लास में अच्छे मार्क्स ला सकते हैं, पर आगे जीवन में क्या? अतः प्रथम बात तो यह कि यदि आपको अपनी क्रिएटिविटी जगानी है तो दूसरों की बातों व विचारों का रट्टा लगाना या उनकी कॉपी करना बंद कर दें। और उसके बजाय उसी शक्ति व समय का उपयोग कुछ नया सोचने या करने में लगाएं। और वह भी उस क्षेत्र में जिस क्षेत्र में क्रिएटिविटी आपका साथ दे रही हो।

ठीक वैसे ही यदि आपको वास्तव में क्रिएटिव होना है तो एक और महत्वपूर्ण बात यह भी ध्यान में रखें कि आप प्रेरणा तो सभी से लें, परंतु प्रभावित किसी से न हों। प्रेरणा आपको आगे बढ़ाती है; जबकि आपका किसी भी व्यक्ति, विचार या वस्तु से प्रभावित होना आपको वहीं-का-वहीं खड़ा कर देता है। ...इस बात को मैं गैलिलियो के उदाहरण से समझाता हूँ। बाइबल में स्पष्ट लिखा है कि सूर्य ''पृथ्वी'' के चक्कर लगाता है। अब सामान्य तौर पर तो किसी क्रिश्चियन के बाइबल पर अविश्वास करने का सवाल नहीं उठता। लेकिन गैलिलियो बाइबल के प्रभाव में नहीं फंसे। उन्होंने अपना चिंतन दौड़ाया और पाया कि पृथ्वी 'सूर्य' के चक्कर लगा रही है। यह बात अलग है कि उनके इस निष्कर्ष के बदले उन्हें कोर्ट और पादरियों द्वारा काफी फटकार लगायी गई, धमकाकर उन्हें यह बात वापस लेने हेतु मजबूर भी किया गया; परंतु इससे यह सत्य तो बदल नहीं गया कि पृथ्वी ही सूर्य के चक्कर लगाती है। और अब यह वैज्ञानिक सत्य है, अब बाइबल इसमें कोई बाधा नहीं। और इस तरह गैलिलियो आखिरकार हमेशा के लिए इतिहास में अमर हो ही गए।

कुल-मिलाकर कहने का तात्पर्य यह कि किसी श्रेष्ठ व्यक्ति या किसी के उत्तम विचार से प्रेरणा लेकर आगे बढ़ना तो समझ आता है, वह सकारात्मक भी है; परंतु उससे प्रभावित होकर अपनी सोच या स्टाइल पर ताले लगा देना हमेशा खतरनाक सिद्ध होता है। प्रभावित तो आपसे दुनिया को होना है, आपको किसी से इस कदर प्रभावित नहीं होना है कि आपका चिंतन ही थम जाए। नहीं..., कितना ही चमकता सितारा क्यों न हो, जहां...

उसके आगे और भी होता ही है। यदि कृष्ण, बुद्ध या जीसस जैसे व्यक्ति कार, हवाईजहाज या बल्ब नहीं बना पाए, तो यह सोचकर कि यह बन ही नहीं सकते ''विज्ञान'' भी रुक जाता तो क्या होता? तभी तो कह रहा हूँ न कि यदि आपको क्रिएटिव होना है तो मानकर ही चलो कि सितारों के आगे जहां और भी है। अर्थात् आपको हर चमकते सितारे को देख प्रेरणा तो लेनी है, लेकिन ध्यान यही रखना है कि जाना आपको उससे भी आगे है।

खैर! ये सारी बातें समझ गए हों तो अंतिम परंतु अतिमहत्वपूर्ण बात समझ लें कि अब तक की बातों से यह तो तय हो ही गया कि बिना बड़ा क्रिएटिव किए जीवन में बड़ी सफलता कभी हासिल नहीं की जा सकती। ऐसे में सवाल यह उठता है कि कोई मनुष्य कैसे अपने प्वाइंट ऑफ क्रिएटिविटी को जगाए और कैसे वह यह पहचाने कि उसके भीतर किस क्षेत्र की क्रिएटिविटी उभर रही है? यहां यह स्पष्ट समझ लें कि हर मनुष्य में से कुछ-न-कुछ क्रिएटिविटी बहने को बेताब रहती ही है। जैसे कोई फूल बिना खुशबू का नहीं हो सकता, वैसे ही कोई मनुष्य बिना किसी क्रिएटिव गुण के नहीं हो सकता। जैसे फूलों व उसकी खुशबू के हजारों-लाखों प्रकार हैं, वैसे ही मनुष्य की क्रिएटिविटी के भी लाखों पैमाने हैं। विज्ञान, कला, धर्म, संगीत, खेल, साहित्य, चित्रकारी, मैनेजमेंट, व्यवसाय जैसे कई क्षेत्र हैं जहां मनुष्य क्रिएटिव हो सकता है। और फिर उन हर क्षेत्रों की भी हजारों शाखाएं हैं। जैसे खेल के कई प्रकार हैं, वैसे ही विज्ञान तो यूं ही अपने में लाखों क्षेत्रों में बढ़ने की संभावना लिए हुए है।

सो, अब सवाल यह कि मनुष्य कैसे पहचाने कि उसकी क्रिएटिविटी किस क्षेत्र में बहना चाहती है। तो इसका सीधा गणित यह कि जिस कार्य में उसे रुचि जागती है तथा जो कार्य करने पर वह कभी नहीं थकता वही उसकी क्रिएटिविटी का क्षेत्र है। ...या कहूं कि जिस कार्य हेतु उसका मूड हमेशा बना ही रहता है, बस उसी दिशा में आगे बढ़ते रहना है। ...या फिर यूं भी कहूं तो चलेगा कि जो कार्य करने हेतु वह हमेशा तत्पर रहता है; बस वही उसका क्षेत्र है। और सोचो यह कि मनुष्य यदि बचपन से ही अपनी रुचि का क्षेत्र पहचानकर उस कार्य में भिड़ जाए तो क्या एक-न-एक दिन वह स्वयं को उस क्षेत्र के टॉप पर नहीं पाएगा?

...लेकिन यहां बाधा दो तरफ से आती है। यह जितना आसान नजर आ रहा है, है नहीं। कई बार मनुष्य स्वयं को उस क्षेत्र में जाने से रोकता है, तो अक्सर उसके आसपास वाले बाधक बनकर खड़े हो जाते हैं। अब यदि किसी बच्चे में खेल की प्रतिभा कूट-कूटकर भरी हुई है, और वह दिन-रात खेलना चाहता है; लेकिन मां-बाप आड़े आ जाते हैं। पहले पढ़-लिख के ग्रेजुएट हो जा, फिर खेल लेना। ...फिर क्या खाक खेलेगा? पच्चीस वर्ष का

हो जाने पर खेल देखने लायक बच जाए...यही पर्याप्त है। यहीं आकर बच्चों के मां-बाप और आसपास वालों को समझदारी बरतनी है, उसे रोकने की जगह प्रोत्साहन देना है। उन्हें समझना है कि संसार ग्रेजुएटों से भरा पड़ा है, किसने क्या कर लिया? उन्हें समझना है कि आठ-दस वर्ष से लेकर पच्चीस वर्ष तक ही मनुष्य की ऊर्जा उसके टॉप पर होती है। और ऐसे में यदि उन पन्द्रह वर्षों में कोई बच्चा किसी एक क्षेत्र में डूबकर लगना चाहता है तो उससे बेहतर और क्या हो सकता है?

सोचो, कोई बच्चा बचपन से संगीत की ओर आकर्षित है, और वह अलग-अलग इंस्ट्रूमेंट अच्छे से बजा भी लेता है; तो भी क्या उससे संगीत छीन उसे आप ग्रेजुएट होने पर मजबूर करेंगे? ऐसे तो आप फूल से उसकी खुशबू ही छीन लेंगे। ...फिर तो वह बड़ा होकर टाई पहने ''कागज-का-फूल'' बना घूमता रहेगा। मोजार्ट हो या बिथोवन, वे पैदा होते ही संगीत के साथ बड़े हुए। यहां तक कि मोजार्ट ने तो पांच-छः वर्ष तक के होते-होते अपनी प्रथम धुन भी बना डाली थी। वहीं बिथोवन ने भी ग्यारह वर्ष के होते-होते अपनी प्रथम धुन बना डाली थी। और परिणाम देखो; आज उन दोनों को हम संगीत के पर्याय के रूप में जानते हैं।

कहने का तात्पर्य यह कि यदि वाकई आप अपने बच्चों को महान व ऐतिहासिक बनाना चाहते हैं तो कृपाकर उनमें से कला की जो कोई धारा बह रही हो उसे दबाने की बजाए उसे अच्छे से निखारने में सहायक बनें। इसे प्रकृति का वरदान समझें कि आपका बच्चा सामान्य जीवन जीने के लिए नहीं पल रहा है। खुश होएं कि वह कुछ बड़ा कर दिखाने की क्षमता के साथ पैदा हुआ है। और सोचो, किसी बच्चे की साहित्य में रुचि हो और बचपन से वह सिर्फ पढ़ता-लिखता रहे तो क्या एक दिन वह ''शेक्सपीयर'' नहीं हो जाएगा? अतः कृपा कर इन खिलते फूलों की स्वाभाविक खुशबू छीन... उन्हें कागज के फूल मत बनाएं। ठीक वैसे ही बच्चों को भी चाहिए कि वह अपनी उभरती कला को समर्पित रहे। हजार दबाव व असफलता झेलकर भी उसे न छोड़े। एक-न-एक दिन वह अवश्य उस कला के उच्चतम शिखर पर विराजमान हो जाएगा।

यहां अंतिम परंतु सबसे महत्वपूर्ण बात यह समझने लायक है कि बच्चों में क्रिएटिविटी होना यह कुदरत की लीला है, परंतु उसे निखारने हेतु ''अद्भुत-दृढ़ता'' व ''अदम्य-साहस'' की आवश्यकता होती है। और यह दोनों न जुटा पाने के कारण ही लाखों में एकाध ही क्रिएटिव और सफल हैं। इस बात को महान एडीसन के उदाहरण से समझाता हूँ। स्कूल तो एडीसन के नसीब में वर्ष-दो वर्ष ही रही। परंतु वे बचपन से अति जिज्ञासु थे। इतना ही नहीं, विज्ञान के प्रति उनकी सहज रुचि बचपन से ही झलक रही थी।

ना तो एडीसन और ना ही उनकी मां ''नैन्सी'' को यह रुचि परखते देर लगी। बस मां ने, जो स्वयं एक शिक्षिका थीं, एडीसन को घर पर ही विज्ञान की किताबें पढ़ाना शुरू कर दी।

यह सब तो ठीक, पर सबसे बड़ी बात तो यह कि परिवार की आर्थिक-हालत कोई बहुत अच्छी नहीं थी। अतः महंगी किताबें खरीदना या पढ़ना-पढ़ाना भी इतना आसान नहीं था। लेकिन बावजूद इसके, ना तो एडीसन ने विज्ञान की किताबें पढ़ना छोड़ी, और ना ही मां नैन्सी ने उन्हें पढ़ाना छोड़ा। यहां तक कि ग्यारह वर्ष के होते-होते एडीसन ने ताजे फल, केंडी व अखबार बेचने प्रारंभ कर दिए। निश्चित ही यह सब कर एडीसन का इरादा सिर्फ नई-नई विज्ञान की किताबें खरीदने का ही था। चलो यह तो समझे, पर उसी उम्र में एडीसन ने अपने पैसों से घर के तहखाने में एक छोटी-मोटी प्रयोगशाला भी डाल दी। यह बात अलग है कि अपने दोस्त माइकल को अपना बनाया रसायन पिलाकर आसमान में उड़ाने के चक्कर में उनकी वह लेबोरेटरी बंद करा दी गई।

लेकिन जो दृढ़ता छोड़ दे, वह कभी एडीसन नहीं बनते। बारह वर्ष की उम्र में एडीसन ने कमाने हेतु ट्रेन में अखबार-बेचने शुरू कर दिए। वह रोज सुबह पोर्ट-पुरोन से डेट्राइट की ट्रेन पकड़कर जाते थे तथा पूरे रास्ते उसमें अखबार बेचते रहते थे। तत्पश्चात् डेट्राइट की लाइब्रेरी में जाकर दिनभर विज्ञान की किताबें पढ़ते थे और संध्या वही ट्रेन पकड़कर वापस अपने घर पोर्ट-पुरोन लौट आते थे। अब दृढ़ता तो ''दृढ़ता'' को बढ़ाती ही है, बस जल्द ही उन्होंने उसी ट्रेन मे अपनी एक छोटी प्रयोगशाला भी बना दी। लेकिन फिर गड़बड़ हो गई। किसी कारण उसमें आग लग गई और इससे भड़के ट्रेन कंडक्टर ने ना सिर्फ उनकी प्रयोगशाला को ट्रेन से खदेड़ दिया, बल्कि एडीसन को भी मार खदेड़ा।

परंतु एडीसन इस सब बातों से हारनेवालों में से कहां थे? जब मौका मिलता, वे दृढ़तापूर्वक अपनी रुचि की ओर कदम बढ़ा ही देते। और यहीं आकर उनके साहस की तारीफ करनी होगी। ''साहस'' यह कि ये तो वे हजार से ऊपर आविष्कार कर पाए तथा दुनिया के महानतम वैज्ञानिकों में अपना नाम दर्ज करा लिया, परंतु कल उठके मान लो वे सफल न होते तो? क्योंकि उनकी आर्थिक हालत देखते हुए ऐसा करने पर जीवनभर भूखों मरने की तलवार तो उनके सर पर लटक ही रही थी। लेकिन उस लटकती तलवार के साये में जीना उन्हें मंजूर था, परंतु अपनी रुचि छोड़ना उन्हें गंवारा नहीं था। और यहां यह स्पष्ट समझ लें कि बड़ी सफलताएं हाथ पसारे आपका इन्तजार नहीं कर रही होती हैं। उस हेतु अपने जीवन को दांव पर लगाने का साहस तो आवश्यक होता ही है।

सो, कुल-मिलाकर कहने का तात्पर्य यह कि कला को निखारने हेतु बड़े साहस की आवश्यकता होती है। आस-पास वालों के हजार दबाव सहकर भी उसमें भिड़े ही

रहना पड़ता है। मान लो, आप खेल के क्षेत्र में आगे बढ़ना चाहते हैं, और उस हेतु आपसे स्कूल-कॉलेज की पढ़ाई की अवहेलना हो जाती है। यहां तक भी ठीक, पर बावजूद इसके आप बड़े खिलाड़ी नहीं बन पाए तो क्या होगा? आपके भविष्य का क्या होगा? बस यह तलवार आपके सर पर मंडराती ही रहती है। आप उसकी अवहेलना कर आगे बढ़ना चाहें तो भी आसपास वाले ना सिर्फ बार-बार आपको ये बातें याद दिलाएंगे, बल्कि उस हेतु आप पर दबाव भी डालेंगे। लेकिन उस समय यदि आप पूरे मन से साहस दिखा गए - दो पाटन पर पांव रखने की बजाए एक पर जमकर खड़े हो गए तो आपको अपने क्षेत्र में सफलता हासिल हो ही सकती है।

और फिर व्यवसाय क्या है? एक साहस ही तो है। और वह भी ऐसा साहस कि जिसमें सिवाय कोई जोखिम उठाए बड़ी सफलता कभी हासिल नहीं की जा सकती है। और यह 'बड़ा-साहस' क्या है? कुछ नया करने का जोखिम उठाना या फिर कुछ नया बनाने का बीड़ा उठाना। अब ऐसा करने पर पासा उलटा तो पड़ ही सकता है। लेकिन क्या ऐसा कोई साहस उठाए बगैर कोई व्यवसाय को कभी फैला सकता है? नहीं। ...यानी बिना साहस उठाये तो व्यवसाय भी नहीं फलता-फूलता है। और वहां भी साहस क्या उठाना है, कुछ नया क्रिएटिव करने का ही तो।

सो, जीवन में सफलता पानी है तो क्रिएटिव तो आपको होना ही पड़ेगा। और इस क्रिएटिविटी को निखारने हेतु साहस भी आपको उठाना ही होगा। परंतु हां, इसमें आपको यह तय कर लेना आवश्यक है कि कहीं आप अपनी प्रतिभा के बाबत गलतफहमियां तो नहीं पाल रहे? बाकी यह बात तय जान लें कि बगैर क्रिएटिव हुए जीवन में कोई बड़ी सफलता हासिल नहीं की जा सकती। और यहां यह भी समझ लें कि सफल होना आपका जन्मसिद्ध अधिकार है, तथा आपको सफल होना ही चाहिए। अतः अपने भीतर जागी रुचियों को ना सिर्फ सम्भालें, बल्कि पूरी दृढ़ता व अदम्य साहस के साथ उन्हें संवारें और निखारें। यदि आपने रुचि पहचानने या अपनी योग्यता परखने में कोई गलती नहीं की है, तो मैं वादा करता हूँ कि एक दिन आप सफलता का शिखर अवश्य छू लेंगे।

और सबसे ज्यादा मजे की बात तो यह कि आप अपनी रुचि के क्षेत्र में कोई बड़ी सफलता हासिल ना भी कर पाएं तो भी, मन-ही-मन बड़ी शांति व सुकून का अनुभव तो आप जीवनभर करेंगे ही। और यह अनुभव करना भी जीवन के महत्वपूर्ण उद्देश्यों में से एक है। और उसी तर्ज पर यह भी समझ लें कि एक अपनी क्रिएटिविटी के क्षेत्र को छोड़कर दूसरे क्षेत्र में आप ज्यादा अच्छी सफलता पा भी लें, तो भी मेरी बात याद रख लेना कि भीतर-ही-भीतर एक बेचैनी तो आपको हमेशा बनी ही रहेगी। उस हालत में भी आपका

जीवन स्वतः ही नर्क हो जाएगा। सच कहूं तो स्वयं में दृढ़ता व साहस पैदा न कर पाने के कारण सौ में से नब्बे इसी बेचैनी में जी रहे हैं। आप गौर करना, आपको भी जीवन में अपनी रुचि के क्षेत्र में कार्य करते बहुत कम लोग मिलेंगे। अब जब मनचाहा कार्य ही हाथ में नहीं तो यूं भी जीवन में जीवन जैसा बचा ही क्या? जीवन तो स्वतः ही मैकेनिकल हो गया। अतः इस लिहाज से भी अपनी क्रिएटिविटी के क्षेत्र में आगे बढ़ना ही आपके जीवन के हित में है।

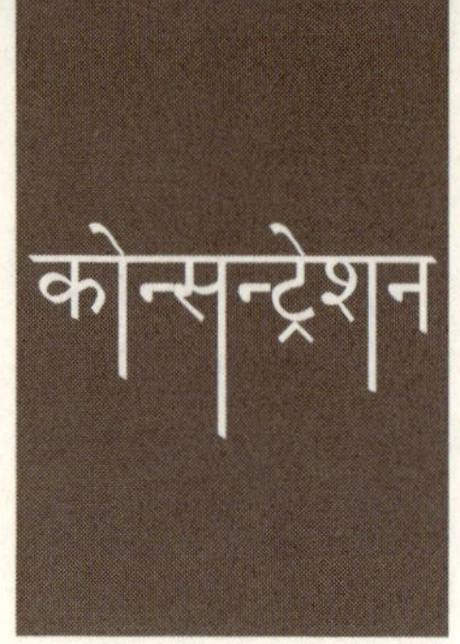

कोन्सन्ट्रेशन

कोन्सन्ट्रेशन एक जादू है। यदि एक इस गुण का मनुष्य के जीवन में पदार्पण हो गया तो उसे आनंद और सफलता के शिखर छूने से कोई नहीं रोक सकता। आश्चर्य यह कि हर कोई जानता भी है तथा स्कूल-कॉलेजों में इस शब्द का इस्तेमाल भी काफी होता है। लेकिन मजा यह कि यह एक गुण हजारों-लाखों मनुष्यों में से किन्हीं दो-चार में ही दिखाई देता है। और इसका परिणाम हमारी आंखों के सामने है, सफल व आनंदित भी लाखों में वही दो-चार दिखाई देते हैं।

अब सवाल यह कि ऐसा क्यों? ऐसा इसलिए कि मनुष्य की बुद्धि ने कोन्सन्ट्रेशन की अपनी ही एक परिभाषा बना रखी है, और जिसका वास्तव में कोन्सन्ट्रेशन से कोई लेना-देना नहीं। मनुष्य की कोन्सन्ट्रेशन की परिभाषा है कि ''ध्यान एक वस्तु पर लगाओ''। जिसे देखोः स्कूल-कॉलेजों में, घर और ऑफिस में...सब एक-दूसरे से यही कहते रहते हैं कि तुम्हारे किए कार्यों का परिणाम नहीं आता, क्योंकि तुम्हारा ध्यान उस कार्य पर नहीं लग रहा है। जरा ध्यान उस पर लगाओ। और परिणाम लाने हेतु हर कोई कार्यों में ध्यान लगाने की बार-बार कोशिश भी करता रहता है। परंतु परिणाम कुछ आता नहीं; ध्यान किसी का लगता नहीं। लग सकता भी नहीं... क्योंकि किसी से कहना कि तुम इस कार्य पर ध्यान लगाओ, और कोई यह सुनकर ध्यान लगाने का प्रयास करे और सफल हो जाए; इससे मूर्खतापूर्ण और कोई बात हो ही नहीं सकती।

सौ बातों की एक बात यह कि मन की गहराइयों व जीवन की ऊंचाइयों के बाबत मनुष्य कभी गंभीर रहा ही नहीं है। जब किसी प्रज्ञावान ने समझाने की चेष्टा की भी, तो भी उसे हमेशा नजरअंदाज ही कर दिया गया। मनुष्य को अपनी मूर्खतापूर्ण बातें ऐसी तो रास आ गई हैं कि उसने शिक्षा से लेकर धर्म तक सबको उन्हीं बातों का जामा पहना रखा है। ना तो वह वास्तव में आंख खोलकर कुछ देखता है, और ना ही देखी चीजों का ठीक से विश्लेषण ही करता है। और परिणाम यह कि दुःख और असफलता को उसने अपना भाग्य बना लिया है।

अब छोड़ो! दुनिया तो इस बात को समझेगी तब समझेगी और अपनाएगी तब अपनाएगी। परंतु यदि आप अपने जीवन को वाकई परिणामकारी बनाना चाहते हैं तो यह तभी संभव है जब आपके द्वारा किये गए कार्यों के अद्‌भुत परिणाम आए। और यह कोन्सन्ट्रेशन से कार्य किए बगैर संभव नहीं। तो अब सवाल यही कि यह कोन्सन्ट्रेशन बढ़ाया कैसे जाए? ...बस यह सवाल ही गलत हो गया। यह सवाल ही पुरानी नासमझ परिभाषाओं का द्योतक है। यदि आप यह समझ गए तो आप कोन्सन्ट्रेशन का पूरा जादू ही समझ जाएंगे। ...दरअसल कोन्सन्ट्रेशन हर मनुष्य का स्वाभाविक गुण है। वह उसमें मौजूद ही है। उसे ना तो पैदा किया जा सकता है, ना बढ़ाया जा सकता है; और ना ही उसे कहीं लगाया जा सकता है। यह हो ही नहीं सकता कि आप कहें कि मैं एकाउंट्स कर रहा हूँ, और हे मेरे कोन्सन्ट्रेशन... तू उसमें लग जा। नहीं, मनुष्य का कोन्सन्ट्रेशन इतना स्वाभाविक है कि वह पूरी तरह ऑटोमेशन पर कार्य करता है। वह ना तो आपके हुक्म का बाध्य है, और ना ही उसको वस्तु विशेष से जोड़ा जा सकता है। वह तो बस है; उसे ना तो आपकी दरकार है, और ना ही किसी वस्तु-विशेष से उसे प्रेम ही है।

निश्चित ही मैं मानता हूँ कि सदियों की कंडीशनिंग के कारण उपरोक्त बात समझना आपके लिए आसान नहीं। ...तो मैं आपको और सरल भाषा में विस्तार से समझाता हूँ। दरअसल जैसा कि मैंने कहा कि कोन्सन्ट्रेशन आपका स्वाभाविक गुण है, इसका सीधा अर्थ यही हुआ कि वह हरहमेशा, पूरे चौबीस घंटे आपके साथ अपनी पूर्णता में मौजूद ही रहता है। हकीकत यह भी समझ लें कि मनुष्य का शरीर एक बार में एक ही कार्य कर सकता है, परंतु आपकी दिक्कत यह कि मेरे यानी आपके मन और आपकी बुद्धि के साथ ऐसा नहीं है। उनमें हजारों चीजें समा सकती हैं, और समायी हुई हैं। और कोन्सन्ट्रेशन की ही तरह वे भी हरहमेशा आपके अस्तित्व में मौजूद ही रहती है। और इस वास्तविकता का भयानक परिणाम यह होता है कि उसका कोन्सन्ट्रेशन अधिकांश समय हजारों वस्तुओं में विभाजित रहता है। फिर वह चाहे भी तो एक कार्य में उसका कोन्सन्ट्रेशन नहीं लगता है। क्योंकि कोन्सन्ट्रेशन उसके चाहने से नहीं अपने नियम से सक्रिय है। और उसका नियम यही है कि आपके जितने विचार, जितनी चिंताएं व इच्छाएं, जितने अपने और पराए; उन सब में वह आपकी दृढ़ता के अनुसार विभाजित। हां यह बात अलग है कि जिसमें आपकी रुचि उसमें कोन्सन्ट्रेशन थोड़ा ज्यादा लग जाता है। लेकिन वह भी इतना नहीं कि कुछ परिणामकारी सिद्ध हो। सो, कुल-मिलाकर शायद अब आप समझ गए होंगे कि मैं क्या कहना चाहता हूँ।

यदि अब भी नहीं समझे तो मैं आपको एक अति साधारण उदाहरण देकर समझाता हूँ। मान लीजिए सुपर-बाजार की एक लुभावनी एडवर्टाइझमेंट देखकर आप

आकर्षित हुए। आपको कुछ भी आवश्यकता तो नहीं थी, पर फिर भी आप एक बड़ा थैला लिए सामान खरीदने उस सुपर-बाजार में पहुंच गए। शायद कोई उपयोगी चीज मिल जाए, या कोई अति लुभावनी डिस्काउंट स्कीम ही नजर आ जाए। अब मैं जो बात समझाना चाहता हूँ वह समझने के लिए एक पल को आप यह समझ लीजिए कि वह थैला आपका ''कोन्सन्ट्रेशन'' है, और जो स्वाभाविक रूप से इस समय आपके साथ है। ...अब आपको हकीकत में तो कुछ खरीदना आवश्यक था नहीं, आप तो यूं ही लोभ में फंस वहां पहुंच गए थे। पर वहां पहुंचकर उसकी डिस्काउंट स्कीम ने आपको ऐसा तो लुभाया कि आपने पचासों चीजें खरीद ली। आप वह भरा थैला लेकर घर आए। वह थैला कोन्सन्ट्रेशन की ही तरह अब भी आपके साथ ही है, फर्क सिर्फ इतना है कि वह अब पचासों वस्तुओं से भरा हुआ है।

खैर, घर पहुंचकर आपको सुपर-बाजार से खरीदे एपल-ज्यूस को पीने की इच्छा हुई। आपने थैले से कोन्सन्ट्रेशन के साथ किए जाने वाले व्यवहार की तर्ज पर ही कहा कि चल मैं थैला उलटाता हूँ... तू सिर्फ ध्यान से एपल-ज्यूस ही बाहर फेंक। क्या यह संभव है? थैले में भरा पूरा सामान बाहर निकल ही आएगा। हां, यदि थैला सिर्फ एपल-ज्यूस से भरा होता तो उलटाने पर सिर्फ एपल-ज्यूस बाहर निकल आता।

उम्मीद है, अब मैं क्या कहना चाहता हूँ, यह आप समझ ही गए होंगे। आप अपने जीवन में कोन्सन्ट्रेशन के साथ भी उस थैले जैसा ही व्यवहार कर रहे हैं। जन्म ले रहे हर बच्चे को कोन्सन्ट्रेशन की परम ऊंचाई प्राप्त होती ही है, परंतु जैसे-जैसे बड़े होते चले जाते हैं, वे हर लुभावनी वस्तु से आकर्षित होते चले जाते हैं। जो अच्छा जंचता है, उसे अपने कोन्सन्ट्रेशन रूपी थैले में डालते चले जाते हैं। उधर बुद्धिमान लोग आपकी इस आदत से वाकिफ होते ही हैं। वे चारों ओर एक-से-एक लुभावने बोर्ड लगाए घूमते ही रहते हैं। बस वे लोग कभी स्कूल के नाम पर तो कभी कैरियर के नाम पर, कभी धर्म के नाम पर तो कभी समाज व सभ्यता के नाम पर आपको चीजें चिपकाये चले जाते हैं। पच्चीस-तीस वर्ष के होते-होते तो क्या कुछ नहीं होता आपके पास। डिग्री होती है, आपका अपना धर्म व समाज होता है, कैरियर की हजार ख्वाहिशें होती हैं, पति-पत्नी व बच्चे होते हैं। यही क्यों...? न जाने कितने सिद्धांत, ज्ञान व मान्यताएं भी आप एकत्रित कर लिए होते हैं। वास्तव में देखा जाए तो आप कुछ छोड़ते ही नहीं। लेकिन पैंतीस-चालीस वर्ष पार करते ही आप समझ जाते हैं कि जीवन असफल हो गया। बन तो कुछ नहीं पाए, ऊपर से दुःखों व चिंताओं का अंबार लग गया। और यह कम पड़ रहा था तो सर पे जवाबदारियां और हजार लाद ली। ऐसा क्यों हुआ? क्योंकि आप जीवन में कोई परिणामकारी कार्य कर ही नहीं पाए।

हजार बेकार की वस्तुओं में विभाजित होने के कारण आपका कोन्सन्ट्रेशन कहीं लग ही नहीं पाया। और अब असफलता व जवाबदारियों का बोझ ढोते हुए मौत का इन्तजार कर रहे हैं।

नहीं, यदि वास्तव में आप अपना जीवन परिणामकारी बनाना चाहते हैं तो अपना ध्यान चारों ओर के लुभावने इश्तेहारों पर लगाएं ही मत। बस बचपन से जो रुचिकर लगता हो और जिसमें आप की प्रज्ञा भी साथ दे रही हो, उसे पकड़ लें। दिन-ब-दिन सिर्फ उसे ही निखारते चले जाएं। और फिर वहां से जब फुर्सत मिले तो उस फुर्सत में संसार के सारे शौक समा लें। जितना हो सके जीवन के हर रंग का मजा लें। अर्थात् आनंद, मस्ती व प्रसन्नता देने वाली चाहे जितनी चीज अपना लें; परंतु कार्य व उद्देश्य के नाम पर एक-दो से ज्यादा को स्वयं में न समाएं। आप उलटा करते हैं, कार्य तो हजार समा लेते हैं परंतु धर्म व समाज के डर से शौक छोड़ते चले जाते हैं। परिणाम यह होता है कि हजार उद्देश्यों के कारण जीवन में सफलता नहीं मिल पाती, तथा दूसरी तरफ शौक त्यागने की वजह से जीवन का मजा भी चला जाता है। और बुद्धिमान तो इतने कि इतना सीधा गणित भी आपकी समझ में नहीं आता है।

और मैं यह दावे से कहता हूँ कि एकबार आप मेरी बताई राह पर चल कर देखें, आप जीवन में सफलता के झंडे न गाड़ दें तो कहना। चलो इस बात को भी महान एडीसन के ही एक महान आविष्कार से समझाने की कोशिश करता हूँ। एडीसन ने बल्ब खोजा यह तो आप सभी जानते हैं। एडीसन को स्कूल की शिक्षा वर्ष-दो-वर्ष के लिए ही नसीब हुई थी, यह मैं आपसे कह ही चुका हूँ। परंतु चूंकि उनकी प्रयोगों में रुचि थी, तो स्कूल से बच जाने के कारण बचपन से ही उन्हें स्वतंत्रता से अपने प्रयोग करने का भरपूर मौका मिला। बड़े होते-होते तो उन्होंने एक-से-एक कई आविष्कार भी किए। यह उन्नीसवीं सदी के आठवें दशक की बात है। एक दिन उन्होंने ऐसा फिलामेंट खोजने की ठानी जिससे बल्ब बनाया जा सके।

अब एडीसन ने ठान ली तो बस ठान ली। उन्होंने कहां लुभावने इश्तेहारों से ललचाकर अपने कोन्सन्ट्रेशन को विभाजित किया हुआ था? बस अपने सहयोगी वैज्ञानिकों के साथ लेबोरेटरी में धावा बोल दिया। अब एडीसन की विशेषता ही यही थी कि वे लेबोरेटरी में अपने साथ कोई पत्नी या बच्चों की चिंता नहीं ले जाते थे। वे कोई घड़ी देखकर भी काम नहीं करते थे। उन्हें रोज-रोज अखबार पढ़ देश-दुनिया की खबरों से अवगत रहना भी जरूरी नहीं था। कहने का तात्पर्य चूंकि उनका कोन्सन्ट्रेशन रूपी थैला हमेशा पूरी तरह खाली रहता था, सो तुरंत वे पूरी तन्मयता से फिलामेंट खोजने में लग गए। और तन्मयता भी कैसी कि एक दिन प्रयोग करते-करते दोपहर हो गई थी, परंतु एडीसन भोजन करने

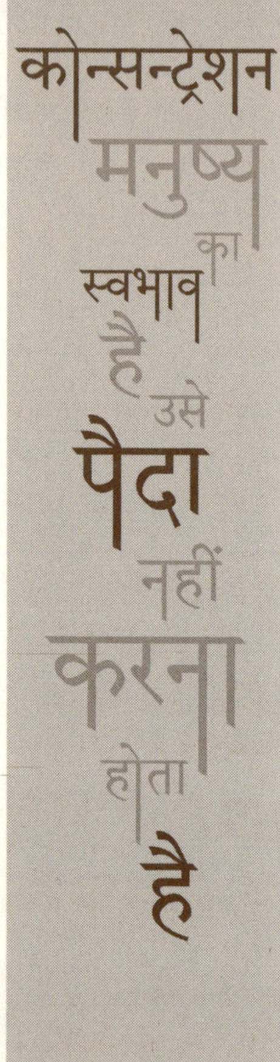

नहीं गए थे। बेचारे सेवक को चिंता पकड़ी, और वह अपने से ही भोजन लेकर एडीसन के कक्ष में गया। पर चूंकि एडीसन प्रयोग में डूबे हुए थे, सो उन्होंने उसे भोजन वहीं रखकर जाने को कहा।

थोड़ी देर बाद उनका कोई साथी वैज्ञानिक उनके कक्ष में आया। एडीसन को प्रयोग में डूबा देख वो वहीं सामने रखी कुर्सी पर बैठ गया। कुछ देर तो वह एडीसन की तन्मयता देखता रहा, पर फिर उससे नहीं रहा गया। दरअसल उसका भी भोजन करना बाकी था। बस उसने वह भोजन चट कर लिया। तभी एडीसन का वर्तमान प्रयोग खत्म हुआ। प्रयोग खत्म होते ही उन्होंने पलटकर देखा तो अपने साथी को टेबल पर बैठा पाया। वह तुरंत उसके साथ बात करने लग गए। बात करते-करते अचानक उनकी नजर भोजन की खाली प्लेट पर पड़ी, और आश्चर्य यह कि खाली प्लेट देखकर उन्होंने मित्र से कहा कि आज कुछ ज्यादा ही खा लिया। देखो न पूरी प्लेट साफ कर दी। ...बोलो, यह व्यक्ति अपने साथ प्रयोगशाला में सिवाय प्रयोग के और क्या ले गया था? और जब ऐसा कोन्सन्ट्रेशन हो तो सफलता को तो कदम चूमनी ही है।

हालांकि सफलता कोई हाथ पसारे किसी का इन्तजार तो कर नहीं रही होती है। वह तो आपके धैर्य, कोन्सन्ट्रेशन व इरादे की पूरी-पूरी परीक्षा लेकर ही दस्तक देती है। एडीसन को भी बल्ब रोशन हो सके, ऐसा फिलामेंट खोजने में एक वर्ष से ज्यादा का समय लगा था। तथा इस दरम्यान उन्होंने 6000 से ज्यादा फाइबरों का इस्तेमाल किया था। और तब कहीं जाकर उनके हाथ यह कार्बन फिलामेंट लगा था जिससे बल्ब प्रकाशमान हुआ था। सोचो, 6000 के करीब नाकामियां देखने के बाद भी वह थके क्यों नहीं? क्योंकि उनका कोन्सन्ट्रेशन पूर्ण था। कोन्सन्ट्रेशन की पुरानी परिभाषाओं के आधार पर सब इस बात का उदाहरण देते हुए कहते हैं कि देखा एडीसन का कोन्सन्ट्रेशन, एक वर्ष

तक 6000 असफलता के बाद भी उनका कोन्सन्ट्रेशन भंग नहीं हुआ। ...इसे कहते हैं कोन्सन्ट्रेशन। ऐसा कोन्सन्ट्रेशन लगाओ तो बात बनेगी।

नहीं, आप किसी के कहने में आकर ऐसा कोन्सन्ट्रेशन लगाने की कोशिश मत करना। ...वह लगेगा भी नहीं। आप अच्छे से समझ लेना कि एडीसन ने कोन्सन्ट्रेशन लगाया नहीं था, बल्कि उन्होंने प्रयोगशाला में कदम ही सारे व्यर्थ के विषय त्यागने के बाद रखा था। और जब वह प्रयोगशाला में अपने साथ कुछ ले ही नहीं गए थे, तो उनके पास 'प्रयोग' करने के अलावा काम ही क्या रह गया था? एक क्या दस वर्ष लगे होते तो भी उनका कोन्सन्ट्रेशन कहां चूकना था? कहने का तात्पर्य यह कि कोन्सन्ट्रेशन किसी एक वस्तु पर लगाने के प्रयास करने या निर्णय कर लेने से नहीं लगेगा, बल्कि उस हेतु आपको बाकी चीजें छोड़नी पड़ेगी। ...बस आपका कोन्सन्ट्रेशन बची हुई चीज पर स्वतः ही लग जाएगा। और यही एकमात्र सिद्धांत है कोन्सन्ट्रेशन का।

चलो, यह तो समझ लिया। यह भी समझ लिया कि लुभावने इश्तेहारों से स्वयं को बचाकर अपना कोन्सन्ट्रेशन बढ़ाना है। पर वह तो भविष्य की बात हुई। अभी तो सवाल यह कि पहले से ही हजारों वस्तुओं को महत्व देकर जो स्वयं को विभाजित कर चुके हैं, उससे कैसे छुटकारा पाएं? क्या करें ताकि हमारे भीतर भी एडीसन जैसा कोन्सन्ट्रेशन जागे? बस यही सब सवाल चल रहे हैं न आपके भीतर। यदि वाकई आपके भीतर यही सब सवाल चल रहे हैं तो आप मेरी कही बात समझ गए। और जो समझ गए उन लोगों की सुविधा हेतु मैं इसका उपाय भी बताता हूँ।

हालांकि इसके लिए आपको पहले ऊर्जा का सिद्धांत यानी 'प्रिंसपल ऑफ एनर्जी' समझना होगा। ऊर्जा के बाबत तो आप जानते ही होंगे कि जो स्रोत जितना सूक्ष्म व कोन्संट्रेटेड होगा, वह उतना ही शक्तिशाली होगा। और जैसा कि आप सभी को पता है कि सबसे सूक्ष्म भी परमाणु है, और सबसे शक्तिशाली भी परमाणु ही है। और ठीक वैसे ही आपके मन के भीतर यह कोन्सन्ट्रेशन भी आपके मन का सूक्ष्मतम स्वरूप है। यह कोन्सन्ट्रेशन शब्द ही इसी से बना है कि यह आपके मन की कोन्संट्रेटेड ऊर्जा है। हिंदी में भी इसे एकाग्रता इसीलिए कहते हैं कि यहां शक्ति एकाग्र हुई पड़ी है। और मन की इस एकाग्रता ने कई चमत्कार भी दिखाए हैं। एकबार रूस में तो एक लडकी ने मन की एकाग्रता से घड़ी की सूइयां तक घुमाकर दिखा दी थी। और-तो-और, लगातार की एकाग्रता से उसने एकबार घड़ी की घूमती सूइयां अटका भी दी थी।

इतिहास में ऐसे एक नहीं हजार उदाहरण हैं। इस बाबत विज्ञान ने भी काफी खोजबीन की है। कुछ-कुछ उसने पकड़ा भी है। और इसमें प्रमुख यह कि मनुष्य के चारों

तरफ उसकी शक्ति-अनुसार एक ''ऑरा'' यानी आभामंडल बनता है। ...निश्चित ही बनता है। आपको भी रोजमर्रा के जीवन में अनुभव होगा। कभी ध्यान न दिया हो तो मैं इसका आपको अभी हाथोंहाथ अनुभव करवा देता हूँ। आप में से हरेक को अनुभव होगा कि कुछ व्यक्ति बड़ा ही आकर्षित करते हैं, या किन्हीं-किन्हीं व्यक्तियों के चन्द मिनटों के साथ से ही आप ऊर्जा से भर जाते हैं। और आप जानते हैं कि ऐसा क्यों होता है? दरअसल यह कमाल उस व्यक्ति के कोन्संट्रेटेड ऊर्जा से बने 'ऑरा' का है। जिस व्यक्ति का जितना मजबूत 'ऑरा', उतना ही वह आकर्षण का केन्द्र। जैसे प्राय: मनुष्य की खूबसूरती आप उसके स्किन के कलर व नाक-नक्शे से नापते हैं, और जो जितना सुंदर उतना ही आकर्षक नजर आता है; वैसे ही मनुष्य के मन की खूबसूरती यानी उसके भीतर की ऊर्जा का पैमाना उसका 'ऑरा' होता है। जिसका जितना बड़ा 'ऑरा' उतना ही वह सबके आकर्षण का केन्द्र।

चलो, इस बात को और आसान बनाने के लिए मैं उलटे तरीके से समझाता हूँ। क्योंकि यूं भी ''शक्तिशाली-ऑरा'' के व्यक्ति संसार में कम ही हैं, सो हो सकता है आपको ऐसे किसी व्यक्ति का अनुभव न हो जिसका ऑरा पॉवरफुल है। हो सकता है आपके जीवन में ऐसा कोई आया ही न हो जिसके साथ को आप तरसते हों, जिसके पास बैठते ही आप शक्ति व उम्मीदों से भर जाते हों, या जिसे देखते ही आपके सारे गम छू हो जाते हों। खैर, तो भी कोई बात नहीं। ...आपको शक्तिहीन ऑरावालों का तो तगड़ा अनुभव होगा ही। शायद आपके आस-पास ही दसियों होंगे भी। उनके लक्षण यही कि आप उनसे दूर-दूर भागते हों, उन्हें देखते ही आपको कुछ-कुछ हो जाता हो, उनके साथ समय-गुजारने पर आपके मन में हजार उचाट पैदा हो जाते हों। यदि ऐसा होता हो तो समझ लेना कि बस वही उनके शक्तिहीन-ऑरा होने का सबूत है। और चूंकि पूरा संसार ऐसे ''शक्तिहीन-ऑरा'' के लोगों से ही भरा पड़ा है, इसीलिए मनुष्यों में आपस में इतना क्लेश है। जिसे देखो वह एक-दूसरे को काटने दौड़ रहा है। जिसे देखो वही अपने आसपास वालों से परेशान है।

तो अब तो आप इस 'ऑरा' का खेल समझ ही गए होंगे। और यह तो समझा ही चुका हूँ कि जितना कोन्संट्रेटेड मन उतना ही शक्तिशाली ऑरा। और खुल के समझाऊं तो जैसे एक खूबसूरत लड़की से विवाह करने हेतु लड़कों की कतार लगी रहती है, वैसे ही शक्तिशाली ऑरा वाले का साथ पाने हेतु सबका मन मचलता ही रहता है। और जैसे लड़की खूबसूरत न होनेपर सब उससे विवाह करने से कतराते हैं, ठीक वैसे ही कमजोर ऑरा वाले के साथ कोई दिल से रहना नहीं चाहता है।

चलो, कोई आपके साथ से खुश हो न हो, उससे आपको क्या? कोई आपका साथ चाहे-न-चाहे, उससे आपका क्या बनता-बिगड़ता है? क्योंकि आप बुद्धिमान हैं

इसीलिए कहेंगे कि चलो, हमारा ऑरा कमजोर है तो उससे हमारा क्या बिगड़ रहा है? तो मैं यह कहूंगा कि कर दी न बुद्धिमानों वाली बात! ...तो अभी समझाए देते हैं। आपका ऑरा कमजोर होने का अर्थ यह है कि आपकी ऊर्जा कोन्संट्रेटेड नहीं है, और चूंकि आपकी ऊर्जा कोन्संट्रेटेड नहीं है, इसलिए आप जीवन में कभी भी मस्ती व सफलता का स्वाद नहीं चख पाएंगे। आपसे कभी कोई परिणामकारी कार्य नहीं होने वाले। और विश्व में जो भी सफल हैं, फिर चाहे वे जिस किसी भी क्षेत्र में सफलता हासिल किए बैठे हों, उन सबके ऑरा थोड़े कम या ज्यादा पॉवरफुल रहे ही हैं।

...अच्छा तो ऐसा है! तब तो हमें अपना ऑरा पॉवरफुल करना है। हमें अपनी ऊर्जा को कोन्संट्रेटेड करना है। देखो, स्वार्थ दिखाया - तो कैसे समझ आया।

कोई बात नहीं, देर से आए पर दुरुस्त आए। क्योंकि जीवन सफल बनाने का यही एकमात्र उपाय है कि आप अपनी ऊर्जा कोन्संट्रेटेड कर दें। अपनी ऊर्जा को एकाग्र करने को छोड़ आप हजार अन्य उपाय कर लें तो भी आप कभी भी सफल व आनंदित नहीं हो सकते। कोई भी मनुष्य सफल अपनी डिग्रियों या अपने धर्म के कारण नहीं है, वह सफल सिर्फ अपनी एकाग्र की हुई ऊर्जा के कारण है। इस बात को ऐसे समझें कि क्या कार कभी हवा में उड़ सकती है? नहीं, अपनी वर्तमान शक्ति से तो नहीं उड़ सकती है। तो क्या वह कभी नहीं उड़ सकती है? बिल्कुल उड़ सकती है यदि उस हेतु उसे आवश्यक ऊर्जा प्रदान कर दी जाए तो। अन्यथा वह कार चाहे हिंदू देश में बनी हो या क्रिश्चियन देश में कोई फर्क नहीं पड़ता; वह हवा में कभी नहीं उड़ सकती। यदि कार को उड़ना है तो उसे अतिरिक्त ऊर्जा देने के अलावा कोई उपाय नहीं।

हां, हवाईजहाज अवश्य उड़ सकते हैं, क्योंकि उन्हें अतिरिक्त ऊर्जा प्रदान की गई होती है। परंतु वे भी पृथ्वी के गुरुत्वाकर्षण की सीमा तोड़ चांद-मंगल पर नहीं जा सकते। यदि उन्हें भी पृथ्वी का गुरुत्वाकर्षण तोड़ चांद-मंगल पर जाना है, तो उन्हें भी और अतिरिक्त ऊर्जा प्रदान करनी ही होगी। ठीक वैसे ही आपको अपना जीवन बैलगाड़ी से कार तक लाना हो तो आपको अपने को ऊर्जा से भरना ही होगा। और यदि आपको हवा में ही उड़ना हो, तब तो आपको और ऊर्जा एकत्रित करनी होगी। और यदि आपको जीवन में सफलता की परिभाषा ही बदल देनी हो, तब तो फिर आपको संसार का गुरुत्वाकर्षण पूरी तरह तोड़ देना होगा। और उस हेतु कितनी ऊर्जा चाहिए, यह समझाने की आपको कोई आवश्यकता नहीं।

अब चलो, यह तो समझ लिया कि बगैर ऊर्जा बढ़ाए मनुष्य का उद्धार नहीं। पर अब सवाल यह कि यह ऊर्जा पायी कहां से जाए? मनुष्य के मन को ऊर्जा से भरने का कोई पेट्रोल-पंप तो उपलब्ध है नहीं? ...तो यह भी समझा देता हूँ। मनुष्य-जीवन में ऊर्जा दो

स्तरों पर उपलब्ध है। कुछ कार्य ऐसे हैं जिन्हें करने से अतिरिक्त ऊर्जा मिलती है, और कुछ कार्य ऐसे भी हैं जिन्हें बंद कर देने से ऊर्जा का अपव्यय बंद हो जाता है। और दोनों ही सूरतों में परिणाम में तो मनुष्य की ऊर्जा बढ़ती ही है।

सो, सर्वप्रथम ऊर्जा कहां-कहां से प्राप्त की जा सकती है, उस बाबत चर्चा कर ली जाए। जैसा कि मैं पहले भी बता चुका हूँ कि मनुष्य के मन, बुद्धि व शरीर के बीच एक गहरा संबंध है। ऊर्जा विषय भले ही सिर्फ मेरा है, परंतु मनुष्य के शरीर व बुद्धि का भी इस पर पूरे-पूरा प्रभाव पड़ता ही है। अतः शुरुआत मैं शरीर से ही करता हूँ। मन को ऊर्जा से भरना हो तो शारीरिक तौर पर ऊर्जा से भरा होना उसमें वाकई बड़ा सहायक सिद्ध होता है। और शरीर को ऊर्जा से भरपूर रखना हो तो उस हेतु आपको कुछ समय निकालकर अपनी कटिबद्धता उस हेतु दिखानी ही पड़ेगी। आपको ऊर्जा प्राप्त करने हेतु शरीर के तल पर निम्नलिखित कार्य करने ही होंगे:

1) व्यायाम:

हर मनुष्य को चाहिए कि दिन में एक घंटा वह नियमित व्यायाम करे। व्यायाम मनुष्य के जीवन में ऊर्जा का बहुत बड़ा व नेचरल सोर्स है। व्यायाम आपके शरीर में एसिड-ऐल्कलाइन का बिगड़ा संतुलन ठीक कर आपके पित्त, वायु और कफ को ठीक-ठीक मात्रा में रखने में मदद करता है। और इससे आप शारीरिक तौर पर ऊर्जावान महसूस करते हैं।

2) नींद:

नींद पूरी होना अपने-आप में ऊर्जा का एक अद्भुत स्रोत है। और नींद पूरी भी इस हिसाब से करनी होती है कि सूर्योदय के साथ ही आप उठ जाएं। लेट उठकर नींद पूरी कर भी ली, तो भी ऊर्जा के स्तर पर कोई विशेष फायदा नहीं होता है।

3) नियमित भोजन:

न खाना या एकबार में ज्यादा खाना दोनों शरीर के लिए बराबरी पर खतरनाक है। हर तीन घंटे में आपकी रुचि के अनुसार नियमित भोजन अपने-आप में ऊर्जा का जाना-पहचाना स्रोत है। क्योंकि खाली या ज्यादा भरा स्टमक आपके एसिड-एल्कलाइन का लेवल बिगाड़ देता है, जिससे आप क्रमशः ऊर्जाहीन होने लगते हैं।

और शारीरिक कमजोरी के दुष्परिणामों के तो आपको कई अनुभव होंगे ही। भले ही आप अच्छे मौसम में स्विटजरलैंड घूमने क्यों न गए हों, पर यदि शरीर में ऊर्जा

न हो तो दुनिया का कोई स्विटजरलैंड आपको आनंद नहीं दे पाएगा। ...ऐसे में मन की ऊर्जा तो बहुत दूर की बात है। सो, अब आप यदि शारीरिक ऊर्जा कैसे प्राप्त करना, यह समझ गए हों तो बुद्धि के स्तर पर चर्चा कर ली जाए। बुद्धि शरीर का ही एक अंग है। अतः जिन चीजों से शरीर ऊर्जा से भरता है, बुद्धि भी उसी से ऊर्जा महसूस करती है। जो खुराक शरीर को मजबूत करता है, करीब-करीब वही खुराक बुद्धि को भी मजबूती प्रदान करती है।

और अब मेरी बात करूं तो...मेरी तो बात ही निराली है। मेरी ऊर्जा का एक ही गणित है। मेरे मुताबिक बात हुई तो ऊर्जा आई, और मेरे विपरीत गए तो ऊर्जा गई। तथा यह बात अलग से या विस्तार से समझाने की कोई जरूरत नहीं। आपको इस बात के हजारों अनुभव होंगे ही। कभी गौर न किया हो तो अब ध्यान दे देना। एक ही दिन के अनुभव से आप जान जाएंगे कि दिन में जितने समय के लिए आपने... अपने में ऊर्जा का अनुभव किया होगा; निश्चित ही उतने समय बात आपके मन मुताबिक हुई होगी। ...वरना आपने शक्तिहीनता का ही अनुभव किया होगा।

अब यदि ऊर्जा खोने की बात की जाए तो उसके इंतजाम तो मनुष्यों के लोभ ने चारों ओर फैलाये ही हुए है। मनुष्य की सबसे बड़ी दुर्गति ही इस कारण हुई है कि अपने लोभ के कारण मनुष्य ही 'मनुष्य' का दुश्मन हुआ पड़ा है। उसने अपनी स्वार्थपूर्ति के लिए चारों ओर मनुष्यों से उसकी ऊर्जा छीनने के चुंबकीय गुरुत्वाकर्षण छोड़ रखे हैं। इस बात को थोड़ा विज्ञान की भाषा में समझें। दरअसल मनुष्य की कोन्संट्रेटेड ऊर्जा का स्रोत उसके मन की अंतिम गहराइयों में नाभि के पास स्थित है। और मनुष्य चल उसकी बुद्धि से रहा है। और जैसे वस्तु को ऊपर की ओर उठाने हेतु ऊर्जा आवश्यक है, वैसे ही मनुष्य को बुद्धि के स्तर से नीचे मन की गहराइयों में स्थित कोन्सन्ट्रेशन के पोइंट तक ले जाने हेतु भी

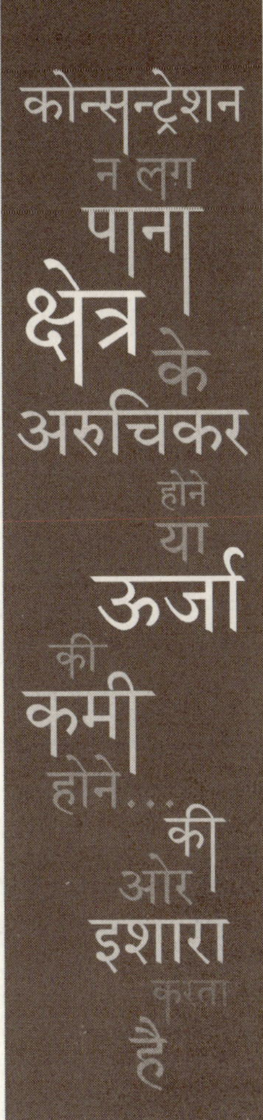

ऊर्जा की आवश्यकता होती है। जैसे पृथ्वी का गुरुत्वाकर्षण वस्तु को ऊपर नहीं उठने देता, वैसे ही मनुष्यों के द्वारा चारों ओर बिछाई तरह-तरह की लालच देती व डराती दुकानों का गुरुत्वाकर्षण मनुष्य को मन की गहराइयों में नहीं उतरने देता।

सो, आप अपनी आंखें खुली रख पहले कैरियर, धर्म, व समाज के नाम पर चलाए जा रहे जात-पात के इन गुरुत्वाकर्षणों को पहचानें। जो जितना इनके चक्करों से बच जाएगा; उतना ही वह अपनी ऊर्जा के हो रहे व्यर्थ के व्यय से भी बच जाएगा। और जितनी उसकी ऊर्जा बढ़ती जाएगी, उतना ही वह मन की गहराइयों में भी उतरता चला जाएगा। और जितना वह मन की गहराइयों में उतरता चला जाएगा, उतना उसका कोन्सन्ट्रेशन बढ़ता चला जाएगा। बस कोन्सन्ट्रेशन बढ़ाने का यही एक उपाय है।

और फिर इस बढ़े कोन्सन्ट्रेशन की एक और खूबी है, यदि आपका मन किसी कार्य में एकाग्र है तो वह कार्य करते वक्त आपकी ऊर्जा सर्क्युलर घूमती है। और जब ऊर्जा सर्क्युलर घूमती है तो ऊर्जा का क्षय नहीं होता। यहां यह भी समझ लें कि पूरी प्रकृति की ऊर्जा भी सर्क्युलर ही घूमती है। और तभी तो देखो, कितने बड़े-बड़े कार्य प्रकृति में चल रहे हैं पर उसकी ऊर्जा है कि कभी चूकती ही नहीं। इसी प्रकार जो कोई भी व्यक्ति जो कोई भी कार्य पूर्ण कोन्सन्ट्रेशन से करता है तो उसमें उसकी ऊर्जा कभी नहीं चूकती है।

और मेरी इस बात का सबूत चाहते हो तो अब तक पैदा हुए सारे ऊर्जावान लोगों को गौर से देखें। उनकी जीवनी पढ़ें। देखें, उन्होंने कैसे स्वयं को मनुष्यों के फैलाए गुरुत्वाकर्षण के मायाजाल से बचाया? आप चकित रह जाएंगे कि उनमें से अधिकांश लोगों के जीवन पर तो स्कूल-कॉलेजों या धर्म की छाया तक नहीं पड़ी है। उनमें से अधिकांशों ने तो स्वयं को पचासों फिजूल की जवाबदारियों से भी मुक्त रखा हुआ है। अर्थात् उन्होंने अपनी ऊर्जा बेकार की बातें सीखने, जानने, पढ़ने या करने में खर्च ही नहीं की है। वे तो बस अपने मन को सूक्ष्म से सूक्ष्मतर बनाते चले गए हैं। और फिर एक दिन उसी कोन्संट्रेटेड एनर्जी से उन्होंने बड़े कार्य कर दिखाए हैं।

यहां एक और बात अच्छे से समझ लेना कि मनुष्य की सबसे ज्यादा ऊर्जा का खर्च बुद्धि चलाने से होता है। और साधारणतः मनुष्य हर छोटी-मोटी या बिन जरूरी चीजों में भी अपनी बुद्धि चलाता ही रहता है। बात-बिना-बात बस सोचता ही रहता है। और इसका अंतिम परिणाम यह होता है कि ऐन वक्त पर जब बुद्धि लगाने की वाकई आवश्यकता होती है, बेचारा रोता है कि बुद्धि चल ही नहीं रही।

...चलेगी कैसे? सारी तो फिजूल की बातें जानने और समझने में खर्च कर दी। इसलिए जीवन में अक्सर देखना कि ज्यादा सोचनेवाले भले ही आपको बुद्धिमान जान पड़े,

पर वास्तव में वह मन के तल पर मूर्ख ही होते हैं। ज्यादा विषयों की जानकारी रखनेवाला भले ही आपको प्रतिभावान नजर आए, पर वास्तव में वह ऊर्जाहीन ही होता है। क्योंकि उसने अपनी सारी ऊर्जा सोचने व जानकारियां एकत्रित करने में बर्बाद कर दी होती है। और ऐन वक्त पर कार्य पार पाड़ने हेतु जो ऊर्जा आवश्यक होती है, वह उसमें बचती ही नहीं। आपने भी देखा होगा कि अक्सर लोग रोते रहते हैं कि सबकुछ होने के बाद भी जीवन में बात नहीं बन रही, हमारा भाग्य ही खराब है। भाग्य वगैरह कुछ खराब नहीं है, कर्म ही गलत है। आपने अपनी पूरी ''जीवन-ऊर्जा'' व्यर्थ गंवा दी है।

अतः मेहरबानी कर जिस किसी क्षेत्र के शिखर पर आप जाना चाहते हों, बस उसके अलावा अन्य विषयों को गंभीरता से लें ही मत। यदि आपकी रुचि वाकई डॉक्टर, इंजीनियर या वैज्ञानिक बनने की है तब तो ठीक है, वरना पढ़ाई को गंभीरता से लें ही मत। अन्यथा जीवन में इसके खतरनाक परिणाम भोगने हेतु तैयार रहें। समझें, मोजार्ट को संगीत के अलावा अन्य किसी विषय का ज्ञान है या नहीं, ...क्या उससे उसकी बनाई धुनों की मधुरता बदल जाएगी? नहीं... परंतु यदि संगीत उनके मन की गहराइयों से नहीं बहता - तो वे मोजार्ट कभी न होते। और वह मोजार्ट हैं ही इसलिए कि संगीत में उनकी कोन्संट्रेटेड ऊर्जा लगी हुई थी।

चलो, शायद आपने मन की इस कोन्संट्रेटेड ऊर्जा का महत्व तथा उस तक पहुंचने के मार्गों व बाधाओं को तो समझ ही लिया होगा। सो, आगे अब मैं आपको मन की गहराई के इस प्वाइंट की सबसे अदभुत विशेषता बताऊं। यह ऊर्जा का इतना शक्तिशाली केन्द्र है कि यदि मैं कहूं कि जीवन को बढ़ानेवाले सारे गुणों का वो ही एकमात्र स्रोत है, तो भी गलत नहीं होगा। क्योंकि कोन्सन्ट्रेशन वह जादू है जिसमें आत्मविश्वास से लेकर उत्साह तक के सारे गुण समाये हुए होते हैं। और यही कारण है कि कोन्सन्ट्रेशन को सब गुणों का राजा कहा जाता है। यानी एक कोन्सन्ट्रेशन पा लिया तो जीवन को बढ़ाने वाले सारे गुण आप स्वतः ही पा लेंगे। चलो इसी बात को आपको...एडीसन के ही पूर्व में दिए एक उदाहरण से समझाता हूँ।

मैंने आपको एडीसन के बल्ब जलाने हेतु फिलामेंट खोजवाले प्रयोग के बाबत विस्तार से बताया ही है। अब जरा सोचो कि एक वर्ष तक एक ही प्रयोग में डूबे रहने को क्या कहेंगे? निश्चित ही इसे आप एडीसन के कोन्सन्ट्रेशन की परम ऊंचाई कहेंगे। वह है भी। ...लेकिन यहां मैं कहना यह चाह रहा हूँ कि कोन्सन्ट्रेशन की उस ऊंचाई पर सारे गुण स्वतः ही प्रकट हो जाते हैं। जैसे, मानो यदि एडीसन ने यह सोचा कि कोई ऐसा फिलामेंट खोजा जा सकता है जिससे बल्ब जल उठे, तो क्या इसे आप एडीसन की दूरदृष्टि का कमाल नहीं कहेंगे? यदि छः हजार फिलामेंट के उपयोग के बाद भी बल्ब नहीं बनने पर उन्होंने फिलामेंट

की खोज जारी ही रखी, तो क्या आप इसे एडीसन का आत्मविश्वास नहीं कहेंगे? क्या यह उनका अपनी सोच के प्रति यकीन नहीं हुआ कि एक-न-एक फिलामेंट तो ऐसा होगा ही जिससे बल्ब जल उठेगा। 6000 असफलताओं के बाद भी वह न हारे, न थके, ना प्रयोग ही छोड़ा-क्या आप इसे एडीसन के उत्साह की पराकाष्ठा नहीं कहेंगे? कुल-मिलाकर कहने का तात्पर्य यह है कि कोन्सन्ट्रेशन वह जादू है, जिसको उपलब्ध होते ही जीवन को आगे बढ़ानेवाले सारे गुण स्वतः ही प्रकट हो जाते हैं।

सो, अब आप इतना तो समझ ही गए होंगे कि कोन्सन्ट्रेशन एक ऐसा जादू है, जिसकी छड़ी घुमाए बगैर जीवन में सफलता का कोई स्वाद नहीं चखा जा सकता। चलो, जब बात कोन्सन्ट्रेशन की चल रही है तो आपको एक बड़ा ही खूबसूरत उदाहरण पेश करता हूँ। वर्षों पहले तुर्की में एक फकीर हुआ। मनुष्य के जीवन से संबंधित बातों पर उसकी पकड़ बड़ी अद्भुत थी। जल्द ही उसकी चर्चा चारों ओर फैल गई। दूरदराज से लोग उनसे ज्ञान लेने आने लगे। हालांकि उस फकीर के ज्ञान देने के तरीके बड़े अजीबोगरीब थे। कइयों की समझ में आते, कइयों के नहीं आते। पर चाहे जो हो, उसकी ख्याति चारों ओर फैलती ही जा रही थी। ...उड़ते-उड़ते उसके ज्ञान की चर्चा राजा तक भी पहुंची। राजा ने सोचा, जब इतने महान फकीर हैं और उनसे पूरा राज्य लाभ ले रहा है; तो मैं यह मौका क्यों छोड़ूं?

बस एक दिन अपने लाव-लश्कर के साथ वह भी उस फकीर के द्वार पर जा पहुंचा। फकीर सामने ही अपने बगीचे में गड्ढ़ा खोद रहा था। राजा ने तत्क्षण सिपाहियों को अपने आने की सूचना उस तक पहुंचाने को कहा। राजा ने सोचा कि मेरे स्वयं के आने की खबर पाते ही फकीर तो मारे खुशी के झूम उठेगा। लेकिन ऐसा कुछ नहीं हुआ। सिपाही तो खबर देकर आ भी गए, पर फकीर अपना गड्ढ़ा खोदता रहा। राजा एक क्षण को तो चौंक गया, अपने ही सेवक-सिपाहियों के सामने उसे अपमान-सा भी महसूस होने लगा। पर उसने सब्र बनाए रखा। वहीं बगीचे के बाहर जोर-जोर से चहल-कदमी करने लगा। उधर फकीर भी अपने कार्य में ही लगा रहा। कुछ वक्त और बीत गया, राजा अब तो पूरी तरह झल्ला उठा। यह फकीर है या पागल? कोई खास कार्य कर रहा होता या इबादत कर रहा होता तो समझ में भी आता था, पर यह तो गड्ढ़ा खोद रहा है...और फिर भी मुझे इन्तजार करवा रहा है। एक क्षण को तो उसका मन लौट जाने को भी हुआ। ...फिर उसने सोचा, जब इतनी दूर आ ही गया हूँ तो मिलकर ही जाऊं। बस मारे बेचैनी के वह और तेज कदमों से चहल-कदमी करने लगा।

उधर फकीर भी फकीर था। उसका अब भी पूरी तल्लीनता से गड्ढ़ा खोदना जारी ही था। इधर बीतते समय के साथ अब राजा को क्रोध भी पकड़ने लगा था। वह

लौट जाना भी चाहता था, पर अब उसको जिज्ञासा ने जकड़ लिया था। वह अब फकीर के इस व्यवहार का राज जाने बगैर जाना नहीं चाहता था। आया था ज्ञान लेने पर अब तो चूंकि फकीर ही उसे पागल जान पड़ रहा था, तो ज्ञान वगैरह लेने का तो सवाल ही नहीं उठता था। ...अब तो वह सिर्फ यह जानने को रुका हुआ था कि आखिर फकीर यह सब कर क्यों रहा है? यहां राजा इन्हीं सब उधेड़बुन में खोया रह गया, और उधर फकीर अपना कार्य सलटाकर आ भी गया। उसने आते ही राजा का स्वागत किया, इन्तजार करवाने हेतु क्षमा मांगी, और हाथोंहाथ भीतर चल आराम से बिराजने का निवेदन भी कर डाला।

लेकिन राजा क्रोध में था। उसने फकीर के आग्रह को कोई तवज्जो नहीं दी। उलटा वहीं खड़े-खड़े उसने फकीर पर सीधा क्रोध उड़ेलते हुए कहा- आया था ज्ञान लेने पर अब मुझे ज्ञान की कोई दरकार नहीं। मुझे यह बताओ कि एक साधारण से कार्य के लिए तुमने मुझे इतना इन्तजार क्यों करवाया?

प्रश्न सुनते ही फकीर ने एक क्षण को सीधे राजा की आंखों में झांका। ...फिर एकदम हंसते हुए बोला- जहां तक कार्य के मामूलीपन का सवाल है तो कार्य कोई भी बड़ा या छोटा नहीं होता है। और जहां तक ज्ञान का सवाल है, तो वह तो तुम ग्रहण करना चाहो या नहीं...पर अपनी ओर से तो मैं तुम्हें दे ही चुका हूँ।

दे चुका? ...राजा और बुरी तरह चौंक गया। अभी तो बातचीत ही नहीं हुई है। अभी तो मैंने कुछ पूछा भी नहीं है, और यह कहता है कि ज्ञान तो वह दे चुका है। यह फकीर पक्के में पागल है... फिर भी राजा की उत्सुकता तो जागी ही हुई थी। ऊपर से ज्ञान दे देने वाली बात कर फकीर ने राजा को एक नई उत्सुकता और पकड़ा दी थी। ...अब तो वह इस सोच में भी पड़ गया था कि क्या वाकई यह पागल है भी या बन रहा है? क्योंकि यदि पूरा गांव इसे पहुंचा हुआ फकीर मानता है, तो फिर पूरा गांव तो पागल हो नहीं सकता। ...वैसे हो भी सकता है। बस इस उधेड़बुन से निकलने हेतु अबकी उसने बड़ी संजीदगी से फकीर से पूछा- बताइए आपने क्या ज्ञान दिया? जबसे आया हूँ तब से आप गड्ढ़ा ही तो खोद रहे हैं।

फकीर बड़े ही करुणा से भरे अंदाज में बोला- यहीं तो मार खा गए महाराज आप। आपने ध्यान से देखा ही नहीं... दरअसल मैं गड्ढ़ा खोद नहीं रहा था, बल्कि उस दरम्यान गड्ढ़ा खोदने की क्रिया हो चुकी थी। यदि आप ध्यान से मेरी गड्ढ़ा खोदने में ऐसी तल्लीनता देख लेते तो सबकुछ सीख जाते। ...क्योंकि जीवन में ऐसी तल्लीनता व ऐसी दीवानगी को छोड़ और कुछ सीखने लायक नहीं है।

अब राजा फकीर की इस बात से क्या व कितना सीखा वह बात जाने दो, पर आपको जीवन में यदि सफलता के शिखर छूने हों तो आप यह बात गांठ बांध लेना कि मन की गहराइयों में छिपे कोन्सन्ट्रेशन के केन्द्र में डुबकी लगाए बगैर जीवन में आपका कोई उद्धार नहीं। दूसरे हजार उपाय या हजार आसरे खोज लें, कुछ हाथ नहीं लगनेवाला। दूसरे हजार उपाय व आसरे तो सभी खोज रहे हैं, फिर तो आपका भी वही होगा जो सभी का हो रहा है। आप कभी अपने को न्यूटन, बिथोवन या शेक्सपीयर की श्रेणी में नहीं पाएंगे। वह तो छोड़ो, बगैर कोन्सन्ट्रेशन के जीवन की साधारण सफलताएं भी आपसे रूठी-रूठी ही फिरेंगी।

सो बात समझ में आ गई हो, और आप वाकई कोन्सन्ट्रेशन की ऊंचाई छूना चाहते हों, तो उस हेतु ना सिर्फ आपको ऊर्जा संग्रहित करनी होगी, बल्कि व्यर्थ की हजार चीजों में खर्च हो रही ऊर्जा को रोकना भी होगा। आपके ध्यान को आपको हरहाल में विभाजित होने से बचाना होगा। उसे एकाग्र कर एक दिशा में लगाना होगा। ...और यदि आप पहले ही ऊर्जा के विभाजन में जी रहे हैं तो उलटा चलना होगा। फिर तो आपने जानकारियों, जिम्मेदारियों व सोचों का जो संग्रह एकत्रित किया हुआ है...पहले उसे रोज एक-एक कर भूलना होगा। और वादा करता हूँ कि जैसे-जैसे आप जीवन में से एक-एक कर वस्तु काटते चले जाएंगे, वैसे-वैसे आपका ध्यान बढ़ता चला जाएगा। ...यही बात तो महान विचारक विवेकानंद ने कही थी। जब वे जगत प्रसिद्ध हो चुके थे तब एक पत्रकार ने उनसे पूछा था कि आप तो परमज्ञानी जान पड़ते हैं। आपको और क्या सीखना रह गया है? जानते हैं तब विवेकानंद ने क्या कहा था? कहा था- जीवन में सीखने की इतनी कोई विशेष आवश्यकता वैसे ही नहीं। लेकिन दुर्भाग्य से इस बात का एहसास मुझे अब जाकर हुआ। आज तो सिर्फ पुरानी सीखी चीजें परेशान कर रही हैं। बस वे ही सब भुलाने की कोशिश में लगा हुआ हूँ। अन्यथा तो आप ठीक ही कह रहे हैं; सीखना तो कुछ भी बाकी नहीं रह गया है।

आप भी थोड़ा अपने जीवन को ध्यान से देखें। आपने आवश्यक समझ-समझ कर जीवन में क्या-क्या चीजें जानी, सीखी व संग्रहित कर रखी हैं। जरा एक बार सब पर गौर करना, आप पाएंगे कि आज वे ही सब आपकी मुसीबतों की जड़ बन गई है। और यह बात तमाम बातों पर समान रूप से लागू होती है। सीखा आपने ज्ञान हो या धर्म, संग्रहित आपने वस्तुएं की हों या रिश्ते। गौर से देखेंगे तो पाएंगे कि वे ही सब मिलकर आपकी पूरी जीवन-ऊर्जा चूसे चले जा रहे हैं। और अब कोन्सन्ट्रेशन जगाने की क्या बात करें, ठीक से जीने तक की ऊर्जा आप में नहीं बची है। सफलता के शिखर छूने की क्या बात करूं, आपका तो जीना तक दुश्वार हुआ पड़ा है। फिर भी यदि आप आज और अभी से विवेकानंद

की कही बात पर भिड़ जाएंगे, और रोज एक-एक कर चीजें छोड़ते चले जाएंगे, तो आज भी आप ऊर्जा से भर सकते हैं। देर अवश्य हो गई है, पर इतनी भी नहीं कि हथियार ही डाल दिए जाएं।

कहने का तात्पर्य मनुष्य-जीवन का पूरा खेल ऊर्जा का है। जिसमें जितनी ऊर्जा उतना ही उसका कार्यों में कोन्सन्ट्रेशन। और जितना उसका कार्यों में कोन्सन्ट्रेशन- उतने ही परिणामकारी कार्य उससे होते हैं। और यदि आप गलती से फिजूल की बातें सीखने-जानने या करने के कारण ऊर्जा पूरी तरह विभाजित किये ही जी रहे हैं, तो भी मेरी बात समझकर नए सिरे से शुरू कर ही सकते हैं। बस आज से ही जीवन में जो भी अनावश्यक जान पड़े उसे छोड़ते जाएं और कोई भी नया अनावश्यक संग्रहित न करें। ...देखना, जल्द ही आप फिर ऊर्जा से भरना शुरू हो जाएंगे।

और एकबार जब कुछ ऊर्जा से भर जाएं तो फिर शांति से एकान्त में बैठकर देखें कि क्या करने में आपको मजा आता है। बस उसे ही पकड़ लें। उसे ही जीवन-निर्वाह का सहारा बनाएं। यहां तक कि आपको जिस कार्य में रस नहीं, और फिर भी ऊंची पगार के चक्कर में वह नौकरी कर रहे हैं तो उसे छोड़ने का इरादा बनाएं। और जिसमें रस है; उस क्षेत्र की नौकरी खोजें। भले कम पगार ही सही, थोड़ा कष्ट उठा लें। क्योंकि पसंद का कार्य करने में आपका ध्यान लगेगा। ध्यान लगेगा तो कार्य ढंग से कर पाएंगे। कार्य ढंग से करेंगे तो नए बॉस की निगाह आप पर अवश्य पड़ेगी। कुछ कष्ट के बाद ही सही, पर यहां आपकी पदोन्नति तेजी से होगी। क्योंकि लगातार कार्य में ध्यान लगने से आपकी ऊर्जा सर्क्युलर बहना शुरू हो जाएगी। इससे आप और ऊर्जा से भरते चले जाएंगे। और एक दिन आप इस नए जॉब में बहुत आगे बढ़ जाएंगे। यहां यह बात भी ध्यान रख लेना कि आपमें किस क्षेत्र की प्रज्ञा छिपी पड़ी है, यह जानने का एकमात्र तरीका यही है कि किस कार्य में आपका ध्यान लगता है और कौन-सा कार्य करने में आपको आनंद आता है। और यह बात अच्छे से जहन में बिठा लेना कि जिस कार्य में आपका ध्यान लगता हो और जिसे करने में आपको आनंद भी आता हो, बस एक उसको छोड़ अन्य किसी भी क्षेत्र में आप कोई परिणामकारी छाप नहीं छोड़ सकते हैं।

लो, आनंद से याद आया। ऊर्जा का यह भी एक प्रमुख स्रोत है। जैसा कि मैंने कहा ही है कि जब भी आप अपनी पसंद का कार्य कर रहे होते हैं तो आपकी ऊर्जा व्यर्थ में खर्च नहीं होती है। उलटा वह संग्रहित होती चली जाती है। लेकिन लगातार व चौबीसों घंटे तो वही-का-वही कार्य आप नहीं कर सकते। उसकी भी एक सीमा होती है, फिर उस कार्य में भी ऊर्जा चूकने लग ही जाती है। और ऊर्जा चूकते ही फिर आप स्वयं को शक्तिहीन

महसूस करने लगते हैं। और यही वो समय है जब आपको ब्रेक की आवश्यकता पड़ती है। ब्रेक यानी रूटिन कार्य से हटकर किसी मनपसंद के कार्य में डूबना। फिर वह खेलना हो, घूमने जाना हो या फिर आराम ही क्यों न करना हो। निश्चित ही यह ब्रेक, आपकी खोई ऊर्जा वापस लाने की क्षमता रखता है। ...और यह रोज-रोज जरूरी है। कार्य करने का आनंद अपनी जगह है, और कार्य से ब्रेक लेने का आनंद अपनी जगह।

अतः यदि आप चाहते हैं कि आपकी ऊर्जा जीवनभर न चूके तो रोज के कार्यों से रोज थोड़ा विश्राम लेना आवश्यक है। यह कार्य से हटकर लिया उचित विश्राम अगले दिन आपको फिर कार्य करने की क्षमता से भर देता है। और यह विश्राम लेने के लिए मनुष्य का कला-प्रेमी, खेल-प्रेमी व उच्चकोटि का शौकीन होना जरूरी है। बस कार्य करने से चूकी ऊर्जा सिर्फ इन्हीं सब चीजों से प्राप्त की जा सकती है। वरना आपने कितनी ही ऊर्जा संग्रहित क्यों न कर रखी हो, एक दिन चुक ही जाएगी। और ऐसा एक नहीं हजारों प्रज्ञावान मनुष्यों के साथ हुआ है। आपने स्वयं देखा होगा कि कई संगीतकार, चित्रकार और व्यवसायी एक उम्र तक तो बड़ा जोश दिखाते हैं; एक-से-एक कार्य कर सफलता भी पाते हैं; परंतु फिर अचानक चुक जाते हैं। क्यों...? क्योंकि वे यह नहीं समझ पाते हैं कि एक-का-एक कार्य कर खो चुकी ऊर्जा की भरपाई करने का प्रमुख स्रोत उचित आनंद, उत्सव व विश्राम है। और कला प्रेम...? वह तो यूं ही बेजोड़ है। ऊर्जा का उससे बड़ा दूसरा कोई स्रोत ही नहीं। यहां कला से मेरा तात्पर्य है कि स्वयं कोई पेंटिंग बना ली हो, भले ही टाइम पास। या कोई अच्छा ड्रामा, मूवी ही देख ली हो। या फिर दिन में एक-दो घंटे अच्छा संगीत ही सुन लिया हो। लेकिन जैसे नई ऊर्जा प्राप्त करने हेतु दिन में एक घंटे का व्यायाम जरूरी है, वैसे ही खोई ऊर्जा वापस प्राप्त करने हेतु रोज कम-से-कम घंटे-दो-घंटे कला या खेल में डूबना भी आवश्यक है।

इतना ही नहीं, उज्ज्वल जीवन के लिए मनुष्य का शौकीन होना भी उतना ही जरूरी है। फिर वह शौक चाहे नृत्य का हो या खाने का, कपड़े पहनने का हो या घूमने का। शौक जितने ज्यादा हों उतने अच्छे। क्योंकि उससे आप में एक तरन्नुम बना ही रहता है। और वे सारे शौक पूरे करते वक्त आपके मन में उठनेवाली उन शौकों की मस्ती की धुन हमेशा आपको एक नई ऊर्जा से भरती ही रहती है। इस कारण आप स्वयं को कभी ऊर्जाहीन महसूस नहीं करते। आप गौर से देखना, जीवन में जो शौकीन नहीं, आप उसे ऊर्जाहीन ही पाएंगे। ठीक वैसे ही स्वभाव से मस्तीखोर, नॉटी या हंसमुख होना भी आपको हमेशा हल्का बनाए रखता है। अतः जीवन में कभी गंभीर रहना ही मत। बचपना छोड़ना ही मत... क्योंकि गंभीरता एक रोग है जो आपकी पूरी जीवन-ऊर्जा खा जाता है।

आप खुद भी मेरी कही बात का अनुभव करते होंगे। अब तक न किया हो तो अब अनुभव करके देख लेना। मन की तमाम बातों की यही तो खूबी होती है, सच्ची सायकोलॉजी हमेशा अपनी कही बात सिद्ध करती चली जाती है। विज्ञान को तो हजार प्रयोग कर अपनी बात सिद्ध करनी पड़ती है, पर चलो सिद्ध होती तो है। लेकिन इन तथाकथित धर्मों की बातें तो कभी सिद्ध ही नहीं हो पाती। छोड़ो, अभी तो हम सायकोलॉजी की चर्चा कर रहे हैं, और जो अपने से ही स्वयं-सिद्ध है। आपने अनुभव किया ही होगा कि साल में जब भी आप ब्रेक लेने हेतु चार-छः रोज के लिए कहीं घूमने जाते हैं, तो लौटकर अगले छः महीनों के लिए ऊर्जा से भर जाते हैं। हालांकि यहां एक बात और कहूंगा - अक्सर देखा गया है कि अधिकांश लोगों को ठीक से ब्रेक लेना भी नहीं आता। आनंद व विश्राम के क्षणों में भी उनका मोबाइल बजता ही रहता है। घूमने गए हों तो भी मन में तो पूरी दुकान साथ ले गए होते हैं। नहीं, फिर कोई ऊर्जा नहीं मिलेगी। आनंद व विश्राम का अर्थ ही यह है कि जीवन में रोज घंटे-दो-घंटे, तथा वर्ष में चार-छः दिनों के ऐसे दो-तीन विश्राम भोगते ही रहें। और यदि आप अच्छे से विश्राम करने की यह कला सीख जाएंगे, तो मैं वादा करता हूँ कि आपकी ऊर्जा जीवनभर नहीं चूकेगी। हां, यहां एक बात पुनः स्पष्ट कर दूं कि यदि आप अन्य समय भी सिर्फ अपनी पसंद के क्षेत्र में ही कार्यशील होंगे तो।

खैर; कुल-मिलाकर अब आप अच्छे से कोन्सन्ट्रेशन का जादू, ऊर्जा का गणित तथा दोनों को प्राप्त करने और बढ़ाने के रास्ते के बाबत सबकुछ समझ गए होंगे। सो, उम्मीद करता हूँ कि कोन्सन्ट्रेशन और ऊर्जा का यह राज जानने के बाद आप अपना जीवन सफल बनाने में कोई कसर नहीं रख छोड़ेंगे।

महत्वाकांक्षाएं घटाएं

यदि आपको वाकई जीवन में सफल होना हो तो अपनी महत्वाकांक्षाओं को कमजोर रखें। आप कहेंगे यह तो आपने उलटी बात कह दी। नहीं, दरअसल मैं हूँ ही उलटा। या यूं कहूं कि आपकी बुद्धि की परिभाषा से मैं विपरीत हूँ... इसीलिए उलटा जान पड़ता हूँ। और चूंकि 'सफलता' मन का विषय है, बुद्धि का नहीं, बुद्धि सफलता का यह सार-सूत्र कभी नहीं समझ पाती। वह यही समझाते रहती है कि आगे बढ़ना हो तो बड़ी महत्वाकांक्षाएं रखो। लेकिन गलत...

और मैं कोई भी बात ऐसे ही नहीं कहता हूँ। मेरी भाषा भी सबूतों की है, और मेरी कार्यप्रणाली तथा उसके परिणाम भी अपनेआप में स्वयं-सिद्ध हैं। एक बात और स्पष्ट कर दूं आपसे कि जैसे यह पूरी प्रकृति और उसकी हर एक चीज नियम से चलती है, वैसे ही मैं भी नियमों से ही बरतता हूँ। और मेरा यह नियम है कि जितनी बड़ी महत्वाकांक्षाएं, जीवन में उतनी ही बड़ी असफलताएं। और मेरी कही बात का पूरा इतिहास गवाह है। संसार में कौन है जो महत्वाकांक्षी नहीं...? कौन-सा बच्चा है जिससे बड़ी-बड़ी उम्मीदें नहीं बांधी जाती? कौन है जो बड़े बनने के सपने नहीं देख रहा? लेकिन परिणाम में सफलता कितनों को मिल रही है? हजारों-लाखों में कोई एक! क्या ये आंकड़े मेरी कही बात सिद्ध करने को पर्याप्त नहीं?

यदि आप मेरी यह सीधी बात समझ गए हों तो मैं आपसे इसके कारणों पर चर्चा करता हूँ। क्योंकि मैं जो कहूंगा वह सिद्ध भी करूंगा। लेकिन चूंकि मैं स्वयं अदृश्य हूँ, अतः मेरी बातें व उनके प्रभाव कोई विज्ञान की प्रयोगशाला में तो सिद्ध होनेवाले नहीं। मेरी प्रयोगशाला तो मनुष्यों का जीवन है, सो अपने व दूसरों के जीवन में झांकें, मेरी बातें स्वयं सिद्ध होती चली जाएगी।

तो अब मैं आपको यह समझाने का प्रयास करता हूँ कि आपकी महत्वाकांक्षाएं कैसे आपकी सफलता के मार्ग में रोड़ा बनती है। और इस विषय में सबसे पहली बात तो यह कि महत्वाकांक्षाएं या तो आपको पकड़ाई जाती है, या बाहर की दुनिया से प्रभावित

होकर आप उसे ओढ़ते चले जाते हैं। लेकिन आपकी बाहर से ओढ़ी इन महत्वाकांक्षाओं से मेरा कोई लेना-देना नहीं बनता। क्योंकि मैं अपने ही कारणों से अपने ही अंदाज में बरतता हूँ। बाहर का जगत मुझे रत्तीभर प्रभावित नहीं करता है।

अब सवाल यह उठता है कि मेरे निराले अंदाज के तहत मनुष्य को जीवन में सफलता मिलती कैसे है? तो उसका सीधा-सीधा एक ही गणित है कि वह किसी एक क्षेत्र में मास्टर हो जाए। अब सवाल यह कि वह क्षेत्र कौन-सा हो, यह तय कौन करेगा? ...निश्चित ही ''मैं''। मैं ही मनुष्यों में रुचियों को पैदा करनेवाला हूँ, और मैं ही उन रुचियों को निखारने की क्षमता भी रखता हूँ। तथा वह भी मैं ही हूँ जो उन रुचियों में मनुष्यों का ध्यान लगवाता हूँ। और यह मेरी ऐसी ''परमसत्ता'' है जिसमें किसी बाहरी ताकत की कोई दखलंदाजी मुझे मंजूर नहीं। और सच तो यह भी है कि इसमें बाहरी ताकत कुछ कर भी नहीं सकती है। किसी में व्यवसाय, तो किसी में वैज्ञानिक इंटेलिजेंस मैं ही पैदा करता हूँ। किसी में संगीत तो किसी में साहित्यिक-कला मेरे ही कारण है। जैसे अगर पूरा विश्व एक हो जाए तथा किसी एक बच्चे को मार-पीटकर कवि बनाना चाहे, तो भी वह नहीं बना सकता।

यदि आप मेरी यह परमसत्ता समझ गए हों तो आप यह भी समझ लें कि सफलता मनुष्य का जन्मसिद्ध अधिकार है। लेकिन गड़बड़ मेरे कार्यक्षेत्र में दखलंदाजी करने से हो जाती है। जब मनुष्य के भीतर की रुचि मैं पैदा करता हूँ, तो स्वाभाविक रूप से वह किस क्षेत्र में सफल हो सकता है यह भी मेरे द्वारा तय हो ही जाता है। और बच्चे को उसकी राह पकड़ाकर चलाना शुरू ही करता हूँ कि परिवारवाले उसकी राह में रोड़ा अटकाना शुरू कर देते हैं। मां बच्चे को डॉक्टर बनने की महत्वाकांक्षा पकड़ा देती है, तो पिताजी व्यवसायी बनाने पर तुल जाते हैं। चाचा वैज्ञानिक तो नानाजी कवि बनने की सलाह दे डालते हैं। बच्चा सुनने को बाध्य है। और जब सुनेगा तो उम्मीदें भी जगाएगा ही। और उम्मीदें भी कैसी कि बड़ा बनते-बनते स्वयं ही भटक जाता है। जवान होते-होते तो उसने कई क्षेत्रों की महत्वाकांक्षाएं पाल ली होती हैं। दो-चार में हाथ भी आजमा चुका होता है। ...पर सब बेकार। क्योंकि वह मेरी इच्छा के विरुद्ध कोशिश कर रहा होता है। मैं भीतर से काव्य भेज रहा होता हूँ, और वह व्यवसाय में हाथ आजमा रहा होता है। बस यहीं से उसकी बुद्धि व मेरे बीच संघर्ष चालू हो जाता है। कविताओं को बुद्धि मौका नहीं देती और व्यवसाय में ''मैं'' उसका साथ नहीं देता। जबकि मनुष्य यह स्पष्ट समझ ले कि वह सफल सिर्फ मेरे सुझाये क्षेत्र में ही हो सकता है। अतः परिवारवालों को चाहिए कि बच्चे को महत्वाकांक्षाएं पकड़ाने की बजाय गौर से उसकी आती-जाती व बदलती रुचियों को देखें। और जिस भी

क्षेत्र में उसकी प्रज्ञा झलकती मालूम पड़े, बस उस क्षेत्र में उसे प्रोत्साहित करें। एक-न-एक दिन वह उस क्षेत्र में सफलता अवश्य पा लेगा।

यह बात समझ गए हों तो दूसरी बात भी समझ लें। मूड, ध्यान, विश्वास यह सब मेरे विषय हैं, बुद्धि के नहीं। और मैं मूड, ध्यान व विश्वास सिर्फ अपने चुने क्षेत्र में ही लगने दूंगा। बुद्धि का कोई उपाय मुझपर काम नहीं करेगा। सीधी बात है, मेरे सुझाए क्षेत्र के विपरीत जाने पर मैं मनुष्य का ध्यान ही उस क्षेत्र में नहीं लगने दूंगा। उसका कार्य करने में मूड ही नहीं बनने दूंगा। भला सोचिए, बिना मूड व ध्यान के आप किसी भी कार्य में कितनी ही मेहनत क्यों न झोंक दें, परिणाम क्या खाक आएगा? अरे, मेहनती लोग मजदूर कहलाते हैं। और देखो, मेरे विरुद्ध जाने वालों को मैंने मजदूर ही तो बनाकर छोड़ा हुआ है।

चलो छोड़ो। अभी तो इस बात का एक दूसरा खतरनाक पहलू भी समझ लीजिए। माना एक क्षेत्र में लगातार मेहनत करने से आप उस क्षेत्र के कुछ ज्ञाता हो जाते हैं, यह भी सच है कि लगातार एक क्षेत्र में की गई मेहनत से उस क्षेत्र में आपकी प्रज्ञा भी जागती ही है; सो हो सकता है उसकी बदौलत आप जीवन में छोटी-मोटी सफलता हासिल भी कर लें, परंतु देखो यह कि इतनी मेहनत कर तथा इतने कष्ट उठाकर आपने छोटी-मोटी सफलता हासिल कर भी ली तो भी आपके हाथ क्या लगा? मैंने आपको अपनी रुचि के विरुद्ध कार्य करने के एवज में कितने कष्ट पहुंचाए? मैंने आपको भीतर-ही-भीतर कितना खसोटा? और फिर सफलता पाने के बाद भी मैं आपको अपनी रुचि-अनुसार कार्य न कर पाने की बेचैनी तो मरते दम तक महसूस करवाता ही हूँ। उससे तो मेरी सुझाई राह पर चलते, कार्य करने का भी आनंद देता और कम मेहनत में सफलता भी इससे हजार गुना हासिल करवा देता।

उम्मीद है अब तक आप आपके जीवन की सफलता पर मेरे एकाधिकार के बाबत अच्छे से समझ गए होंगे। यह भी समझ गए होंगे कि बाहर से ओढ़ी महत्वाकांक्षाओं के कारण आप अपनी सफलता से किस कदर भटक जाते हैं। और यह समझाने की तो अलग से कोई आवश्यकता ही नहीं कि कैसे पहचानें कि मैं आपमें किस क्षेत्र की 'प्रज्ञा' निखारना चाहता हूँ? यह मैं आपसे कई बार कह चुका हूँ। फिर भी बात साफ करने हेतु एकबार फिर बता देता हूँ। जिस क्षेत्र में आपकी बार-बार रुचि जागे, और जो कार्य करने में आपका ध्यान भी लगे तथा आपको आनंद भी आए; समझ लेना मैं उसी क्षेत्र की प्रज्ञा आप में जगाना चाहता हूँ। और जिस कार्य को करने के बाद आप में संतोष का अनुभव होने लगे, तब तो बात पूरी तरह पक्की हो गई। फिर तो आप परिवार, स्कूल या समाज किसी की मत सुनना। बस भिड़ जाना। देखिए मैं आपको कहां-से-कहां पहुंचा देता हूँ।

अधिकांश महत्वाकांक्षी हैं और इसीलिए अधिकांश असफल हैं

चलो, यह समझ गए हों तो आपको महत्वाकांक्षाओं के दूसरे घाटों से भी अवगत कराता हूँ। यह तो आप समझ ही गए होंगे कि आपके जीवन का पूरा खेल मेरे परदे पर चलता है। सुख-दुःख या संतोष-उचाटपन सब कुछ आप मेरे थकी ही अनुभव करते हैं। फिर मेरी कार्यप्रणाली पूरी तरह नियमानुसार है। और चूंकि वह नियमानुसार है, अतः आपके लिए निर्णयों व किए कार्यों के अनुसार उसपर मेरे थकी ऑटोमैटिक प्रतिक्रियाएं होती रहती हैं। और निश्चित ही वे सारी प्रतिक्रियाएं आपकी सोच के विपरीत परिणाम वाली होती हैं। इसलिए कार्य आप मेरे नियमों से तालमेल बिठाते हुए करेंगे तो ही आपका उद्धार हो सकता है। वरना मेरी जटिल प्रक्रिया के नियमानुसार आपको परिणाम भुगतने के लिए तैयार रहना ही होगा।

चलो, इतना सब समझ गए हों तो आगे मैं आपको अति सूक्ष्म बात बताता हूँ। थोड़ा ध्यान से समझ लेना। मैं महत्वाकांक्षियों को अपने नियम से किस कदर कुचलकर रख देता हूँ, यह वाकई बड़ा समझने लायक है। अब होता यह है कि यदि आप महत्वाकांक्षा करते हैं तो तत्क्षण आप कार्य से भटक जाते हैं। और परिणाम महत्वाकांक्षा करने से नहीं, कार्य सटीकता से करने के आते हैं। मान लो, एक बच्चा है जो कक्षा में प्रथम आने को महत्वाकांक्षी हो जाता है। होने दो, यहां तो उसके महत्वाकांक्षा करते ही मुझे काम मिल जाता है। फिर जब भी वह पढ़ने बैठता है कि मैं उसे एक नहीं अनेक विचारों से भर देता हूँ। उसने जरा पढ़ाई में ध्यान लगाया नहीं कि मैंने शंका का बीज उत्पन्न किया नहीं, मेहनत तो कर रहा हूँ पर प्रथम आऊंगा या नहीं? ...यानी पहले कदम पर ही उसे अविश्वास से भर देता हूँ।

चलो, उसने उससे जान छुड़ा भी ली और फिर पढ़ाई में ध्यान लगाने की कोशिश करने लगा, लेकिन उससे भी होना क्या है? मैं फिर बीच में आ जाता हूँ और उसे प्रथम

आने के सपनों में खो जाने पर मजबूर कर देता हूँ। ...सारे मित्र छके रह जाएंगे जब मैं अचानक प्रथम आऊंगा। माता-पिता का तो लाड़ला ही हो जाऊंगा। जब प्रिंसिपल द्वारा मेरा स्वागत होगा तो पूरी स्कूल देखती रह जाएगी। अब जो भरे दिन में सपने देखेगा वह पढ़ाई क्या खाक करेगा? चलो किसी तरह वह इन सपनों से बच निकले तो क्या? तो क्या मतलब? अरे, मैं उपद्रवी उसे तत्क्षण "प्रथम नहीं आ पाया तो क्या" का दुःख पकड़ा दूंगा। कहने का तात्पर्य मैं हजार उपद्रव खड़े कर पढ़ाई में उसका मन नहीं ही लगने दूंगा। बताइए ऐसे में वह प्रथम आयेगा भी तो कैसे?

और इसके विपरीत कोई ऐसा लड़का हो जिसे पढ़ाई में रुचि हो, या उसको पढ़ने में मजा आता हो, तो फिर उसे कार्य के परिणामों के बाबत इतना सोचने की आवश्यकता नहीं रह जाती है। वह प्रथम आ ही सकता है। क्योंकि परिणाम कार्य के आते हैं, सोचने के नहीं। और फिर एक सीधा गणित क्यों नहीं समझते कि कार्य किया है तो परिणाम तो आएगा ही। और निश्चित ही वह किये गए कार्य की गुणवत्ता के अनुपात में ही होगा। उसके लिए आपको कार्यों के परिणाम के बाबत अलग से सोचने की कोई आवश्यकता नहीं। तो फिर परिणामों के बाबत सोचकर क्यों अकारण अपनी ऊर्जा आप विभाजित करते हैं?

याद रखना, महत्वाकांक्षा का यह नियम छोटे-से-छोटे और बड़े-से-बड़े हर तरह के कार्य पर लागू होता है। कदम-कदम चलें तो हजार फर्लांग का फासला भी आसानी से तय किया जा सकता है, परंतु हर कदम पर हजार विचार करनेवाला कभी नहीं पहुंच सकता। और पहुंचे भी तो, समय से तो कभी भी नहीं पहुंच सकता है। अतः जिसका ध्यान कार्य के परिणामों के बाबत विचार किए बगैर सिर्फ कार्य पर है, वह एक-एक कर जीवन में हजार सफल कदम उठा ही लेता है। मानो कोई संगीतकार है। यदि वह अपने जीवन में हजार-दो-हजार सफल धुनें बनाने की सोचे तो क्या होगा? ऐसी महत्वाकांक्षा उसकी बनाई प्रारंभिक धुनों की ही क्वॉलिटी बिगाड़ कर रख देगी। और फिर ऐसा महत्वाकांक्षी जो अवॉर्ड्स या नेम-फेम के सपनों में खोया रहता हो, धुन क्या खाक बनाएगा?

जबकि उसके विपरीत कोई दूसरा संगीतकार हो। उसे नई-नई धुनें बनाने में आनंद आ रहा हो, तो उससे एक के बाद एक हसीन धुनें बनती चली जाएगी। और ऐसे में अवॉर्ड्स व नेम-फेम एक दिन उसका भाग्य हो जाएगा। उसके लिए कोई अलग से महत्वाकांक्षा करने की आवश्यकता थोड़े ही रह जाती है। यानी कार्य पर ध्यान देनेवाला और उस कार्य में आनंद अनुभवनेवाला ही सफलता के शिखर छू सकता है। इसे ही मनुष्य का पैशन या जुनून या लगन कहते हैं। और जुनूनी व्यक्ति को महत्वाकांक्षा करने की कोई आवश्यकता नहीं रह जाती। यहां यह भी समझ लेना कि एक-एक कदम कर आगे बढ़ रहा यह जुनूनी

व्यक्ति भी यदि कभी बीच रास्ते में महत्वाकांक्षी हो जाए, तो वह भी वहां से फिर कभी आगे नहीं बढ़ पाता। क्योंकि महत्वाकांक्षा जागते ही उसके कार्यों की गुणवत्ता स्वतः ही कम हो जाती है। और परिणाम कार्यों की गुणवत्ता के ही आते हैं।

मैं उम्मीद करता हूँ कि आप मेरी समझाई बात समझ गए होंगे। आप समझ गए होंगे कि परिणाम कार्य पर ध्यान देने के आएंगे, महत्वाकांक्षा में ध्यान विभाजित कर उलटा आप कार्यों को बिगाड़ेंगे ही। यूं भी जीवन में आगे बढ़ने के लिए आगे बढ़ने का सोचने की कोई आवश्यकता नहीं, एक के बाद एक सफलतापूर्वक निपटाये जानेवाले कार्य आपको आगे बढ़ाते ही चले जाएंगे। आप सोचें-न-सोचें, और आप चाहें-न-चाहें, सफलता आपके कदम चूमती ही चली जाएगी।

हालांकि यह सब बातें तो उन लोगों की हैं जो एक क्षेत्र में कार्यरत हैं, यानी एक महत्वाकांक्षा के साथ जी रहे हैं। लेकिन उन लोगों का क्या, जो हजार महत्वाकांक्षाएं लिए जी रहे हैं? वैसे 'उनका क्या' बाबत ना तो मुझे कुछ कहने की जरूरत है, और ना ही आपके कुछ पूछने की; अपने व आसपास वालों के जीवन पर नजर फेर लें, स्वतः ही समझ जाएंगे।

और यदि न समझ आए तो समझ लेना कि अभी आपने जीवन का महत्व ही नहीं जाना है। जीवन होता है दिल खोलकर आनंद लेने तथा मृत्यु से पहले कोई बड़ा कार्य कर दिखाने के लिए। जैसे प्रकृति की हर वस्तु मूल्यवान है, वैसे ही हर मनुष्य भी मूल्यवान है। जैसे सूर्य, हवा या पानी सबकुछ इतना महत्वपूर्ण है कि उनके बगैर जीवन असंभव है; वैसे ही आपकी उपस्थिति का भी और आपके जाने का भी मनुष्य-जाति पर असर होना ही चाहिए। जीवन सांस चलने का नाम नहीं, बल्कि अपने पदचिह्न छोड़ जाने का नाम है।

चलो, बात को स्पष्ट करने के लिए कुछ उदाहरणों का सहारा लेता हूँ। यह समझाता हूँ कि बिना महत्वाकांक्षा पाले सिर्फ कार्य का आनंद लेने वालों को मैंने कहां-से-कहां पहुंचा दिया है। विन्सेंट नामक महान चित्रकार का नाम तो आपने सुना ही होगा। चित्रकारी उनका पैशन था। बस वे चित्र बनाते रहते, उसे बेचना या नाम व दाम कमाना उनका उद्देश्य कभी नहीं रहा। उनके लिए तो चित्रकारी करने में मिलनेवाला आनंद ही उनके कार्यों का एकमात्र इच्छित परिणाम था। अब ऐसे व्यक्ति की चित्रकारी का क्या कभी कोई जोड़ हो सकता है?

बस वे चित्र बनाते और रखे रहते। बहुत हुआ तो दोस्तों के घर जाकर अपनी पेंटिंग्स टांग आते। दोस्त भी दोस्त थे। पेंटिंग्स की कोई पहचान तो थी नहीं उन्हें, विन्सेंट के जाते ही अपनी दीवारों से उसे निकालकर यहां-वहां रख देते। व्यर्थ ड्राइंग-रूम की

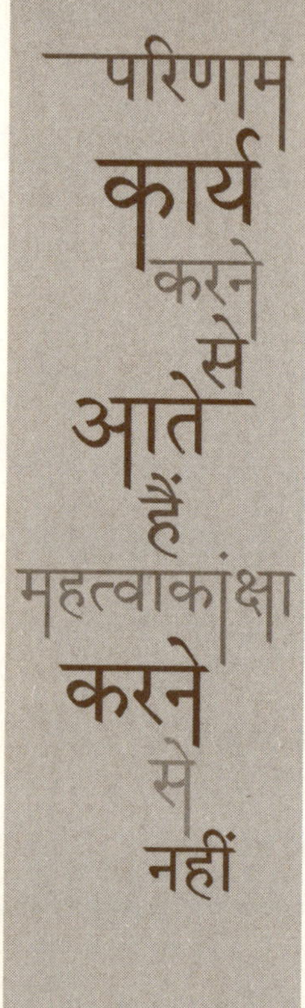

शोभा क्यों बिगाड़ना? उधर विन्सेंट का ध्यान इन बातों में कहां विभाजित होनेवाला था। वे तो बस चित्रकारी के दीवाने थे। उनका पूरा ध्यान बस पेंटिंग्स बनाने में ही लगा रहता था।

एक दिन ऐसा हुआ कि वे किसी पहाड़ी से सूर्यास्त देख रहे थे। यह सूर्यास्त उन्हें ऐसा तो भाया कि उन्होंने उसकी पेंटिंग बनाने की ठान ली। महीनों उसी पहाड़ी पर डेरा डाले सूर्यास्त की पेंटिंग बनाते रहे। अब ऐसी दीवानगी के परिणाम तो आने ही थे। उनकी वह पेंटिंग अमर हो गई हां, यह बात अलग है कि उनकी उस पेंटिंग को ख्याति उनकी मृत्यु के पश्चात ही मिली। लेकिन इसके बाद उनकी इस पेंटिंग ने उन्हें रातोंरात विश्वविख्यात चित्रकार बना दिया। फिर तो उनकी तमाम पुरानी पेंटिंग की भी मांग बाजार में निकल आई। ऊंचे-ऊंचे दामों पे वे भी बिकना शुरू हो गई। निश्चित ही इससे विन्सेंट के साथ-साथ दोस्तों की भी उड़ के लग गई। उनकी बनाई पेंटिंग्स बेचकर वे भी अमीर हो गए।

कुल-मिलाकर कहने का तात्पर्य यह कि सफलता कार्य करने से मिलती है, और सफलता का अनुपात कार्य की गुणवत्ता पर निर्भर होता है। तथा कार्य की गुणवत्ता कार्य पर ध्यान देने से आती है। इसके अलावा सफलता का और कोई सार-सूत्र नहीं। मनुष्य की इतनी असफलताएं इस गणित को न समझ पाने के कारण ही है। वरना "मैं" तो मनुष्य को सफलता के शिखर पर बिठाने को तत्पर ही बैठा हुआ हूँ।

और अब भी यदि आपको मेरी बात का यकीन नहीं आता तो जरा अपने जीवन में ही झांक के देख लें। महत्वाकांक्षा क्या है? यह सिर्फ एक तरह की चाह है। और जैसा मैंने कहा कि चाहते ही आपका ध्यान कार्य पर से हट जाता है। जबकि प्राप्ति कार्य करने से होगी, चाहने से नहीं। और यहां मैं यह स्पष्ट कर दूं कि बड़ी सफलताओं के चाह की तो छोड़ो, जीवन की रोजमर्रा की चाहों के साथ भी मैं यही सलूक करता हूँ। इसीलिए यदि आप अपने जीवन में

गौर करेंगे तो पाएंगे कि जो आप चाहते हैं, वह आपको मिल नहीं रहा। तथा जो मिल रहा है, वह आपने चाहा नहीं है। आपने चाही सफलता-मिली असफलता। आपने चाहा सुख-मिला दुःख। आपने चाही रिश्तों में मधुरता-पैदा हुई कड़वास। क्यों...? क्योंकि आपके चाहने-मात्र से आपका ध्यान इस हेतु किए जानेवाले कर्मों से हट गया। ...और जिसके परिणामस्वरूप आपका वर्तमान जीवन आपकी आंखों के सामने है।

चलो, आप अपने जीवन की असफलताओं से भी नहीं सीखना या समझना चाह रहे हों तो कोई बात नहीं। हो सकता है आपका अहंकार आड़े आ रहा हो। क्योंकि अपनी गलती या असफलता स्वीकारना मनुष्य के अहंकार को रास नहीं आता। तो मैं आपसे निवेदन करता हूँ कि आप मनुष्य-जाति का इतिहास उठाकर देखें। सफल मनुष्यों के जीवन चिल्ला-चिल्लाकर मेरी कही बातों को सत्य सिद्ध कर रहे हैं। और इतिहास में आप एक नहीं ऐसे हजार उदाहरण पाएंगे। इसमें कोई अपवाद कभी नहीं पाएंगे। क्योंकि सबकुछ नियमानुसार ही घट रहा है।

जरा सोचो, क्या मुश्किल से वर्ष-दो-वर्ष तक ही स्कूल में पढ़नेवाला बच्चा एडीसन संसार का सबसे सफल वैज्ञानिक होने की महत्वाकांक्षा कर सकता है? नहीं, जरा उनका जीवन पढ़ें, वह सफल अपनी दीवानगी की वजह से है। ऐसे ही स्कूल में साधारण बच्चे समझे जानेवाले आइन्स्टाइन क्या विश्व में सबसे ज्यादा बुद्धिमान कहलाने की महत्वाकांक्षा पाल सकते थे? नहीं, यह महानता उनके ध्यान ने उन्हें दिलवाई है। जरा सोचो, क्या पेट्रोल-पंप पर नौकरी करनेवाले धीरूभाई अंबानी कभी यह महत्वाकांक्षा कर सकते थे कि एक दिन संसार के बड़े धनवानों में उनका नाम शुमार होगा? नहीं, यह उपलब्धि उन्होंने अपनी दूरदृष्टि व चारों ओर घट रही परिस्थितियों को बेहतर तरीके से समझने के कारण पाई है। साथ ही जिस क्षेत्र की उनमें प्रज्ञा थी उसी ओर कदम बढ़ाने के कारण पाई है। अभी ताजा उदाहरण ही लो, क्या एडॉप्टेड-चाइल्ड के तिरस्कार से पल रहे व भरी जवानी में जीवन से भाग संन्यास सीखने हेतु भारत आए स्टीव जॉब्स कभी उनको मिली सफलता की महत्वाकांक्षा कर सकते थे? परंतु नई सोच और आत्मनिर्भरता की जिद्द ने उन्हें इस मुकाम पर पहुंचा दिया।

सो, यदि अपनी बात को समेटूं तो कुल-मिलाकर कहने का तात्पर्य यह कि मनुष्य की महत्वाकांक्षा ही उसकी सफलता की राह में सबसे ज्यादा बाधक है। क्योंकि इससे ना सिर्फ कार्य पर से उसका ध्यान विभाजित हो जाता है, बल्कि अक्सर वह इन महत्वाकांक्षाओं को ओढ़ने के चक्कर में अपनी रुचि के क्षेत्र से भटक भी जाता है। और यह तय है कि मनुष्य की प्रज्ञा सिर्फ उसकी रुचि के क्षेत्र में ही पूरी तरह निखरकर सामने

आती है। और जब कार्य रुचि अनुसार पूरी प्रज्ञा व ध्यान लगाकर किए जाते हैं तो उसके चमत्कारिक परिणाम भी आते हैं। और एक के बाद एक लगातार ऐसे कार्य किए जाने से ही मनुष्य अपने जीवन में सफलताओं के शिखर छू सकता है। अतः आप भी मेरी कही बातों पर गौर करते हुए अपना ध्यान महत्वाकांक्षाओं से हटाकर कार्यों पर लगाते हुए सफलता के शिखर छूना प्रारंभ कर देंगे, बस इसी उम्मीद के साथ मैं इस विषय पर पूर्णविराम लगाता हूँ।

आत्मविश्वास

यह तो आप सुनते ही आए होंगे कि आत्मविश्वास सफलता की कुंजी है। बिना आत्मविश्वास के कोई बात नहीं बनती। सब एक-दूसरे को आत्मविश्वास बढ़ाने की सलाह देते भी नजर आते हैं। परंतु वास्तव में यह आत्मविश्वास क्या है, यह बहुत कम लोग जानते हैं। मन के अन्य गुणों की तरह यह आत्मविश्वास भी मनुष्य का स्वाभाविक गुण होता है। इसे पाया या बढ़ाया नहीं जा सकता है।

इस बात को समझने से पूर्व थोड़ा मनुष्य की परम-स्वतंत्रता को समझें। मेरी स्वतंत्र उड़ानों को समझें। पूरे विश्व की सारी शक्ति एक होकर भी मुझे यानी आपके मन को किसी बात के लिए एक क्षण को भी मजबूर नहीं कर सकती। पूरे विश्व की सेना भी एकत्रित होकर किसी एक मनुष्य पर इस बात के लिए दबाव नहीं डाल सकती कि उसे फलां-फलां वस्तु को हमेशा के लिए भूलना होगा। वह न भूलने के लिए स्वतंत्र ही है। वह ''भूल-गया'' का अभिनय कर पूरी सेना को बेवकूफ तो बना सकता है, परंतु वास्तव में भूलना-न-भूलना उसके ही हाथों में होता है। हां, मनुष्य का शरीर अवश्य बांधा जा सकता है, परंतु मैं फिर भी हर हाल व हर परिस्थिति में पूर्ण स्वतंत्र ही हूँ।

अब सोचनेवाली बात यह कि इतनी परम स्वतंत्रता प्रकृति के अन्य किसी पदार्थ या जीवन को उपलब्ध नहीं है। और जब मैं इस कदर स्वतंत्र हूँ तो आपके जीवन को बढ़ाने की जवाबदारी भी मेरी अपनी होती है। और जो मुझपर विश्वास कर अपनी यह जवाबदारी मुझे सौंपता चला जाता है, उसका आत्मविश्वास मैं बढ़ाता चला जाता हूँ। परंतु जो इस जवाबदारी को अन्यों में बांटता चला जाता है, उसका तत्काल मैं स्वयं पर से ही विश्वास उठाता चला जाता हूँ। और जिसका अपने पर से विश्वास उठता चला जाता है, भला वह जीवन में सफलता का स्वाद कैसे चख सकता है?

अब जीवन आपका व जवाबदारी किसी बॉस या परिवार की। सफलता आपको चाहिए व आसरा किसी डिग्री या किसी तावीज का। आगे आपको बढ़ना है और राह कोई मंदिर-मस्जिद या भगवान दिखाए। यह कौन-सा न्याय हुआ? यह तो सीधा-सीधा नियम

को तोड़ना हुआ। ...स्वयं पर अविश्वास हुआ। और जब आपका स्वयं पर ही विश्वास नहीं तो परिणाम क्या खाक आएंगे? यूं भी आप जब दूसरों के आसरे होते हैं तो स्वयं चेष्टा करने से बचते ही हैं, जबकि परिणाम स्वयं कोशिश करने के ही आते हैं।

चलो, यह बात समझ में आ गई हो तो आपको यह समझाऊं कि यह विश्वास दो स्तर पर होता है। पहला स्तर तो वह है जिसका आप सबको अनुभव होगा ही। जैसे आप रोज ऑफिस जाते हैं, और इस कारण आपको ऑफिस जाने का रास्ता अच्छे से मालूम होता है। यदि कोई आपसे पता पूछे तो आप बड़े विश्वास से कह देते हैं कि ऑफिस कहां है, या वहां तक कैसे पहुंचा जा सकता है। वैसे ही खाना बनाना हो या अकाउंट्स करना हो, कार चलाना हो या अन्य कोई गतिविधि हो; जिस व्यक्ति को जिस चीज का अनुभव होता है, उस हेतु वह विश्वास से भरा ही रहता है।

लेकिन आप जो जानते हैं सिर्फ उसी के भरोसे तो आगे बढ़ नहीं सकते। आगे बढ़ने हेतु कुछ नया व पहली बार तो करना ही होता है। और बस यहां आकर आप गच्चा खा जाते हैं। यह नया करने का विश्वास आप स्वयं में नहीं जुटा पाते हैं। शादी को सफल बनाने हेतु अवश्य आप चर्च में जाकर रीति-रिवाज के अनुसार विवाह करते हैं, लेकिन जब वैवाहिक जीवन से अभ्यस्त हो जाते हैं तो फिर रोज-रोज चर्च में जाकर रिश्तों की दुहाई नहीं मांगते। वैसे ही नई दुकान व्यक्ति मुहूर्त देखकर खोलता है, फिर अनुभव होते ही अगले दिन से वह दुकान ग्राहकी के हिसाब से खोलने लग जाता है। कहने का तात्पर्य नया करते वक्त लाखों में कोई एक अपने भरोसे आगे बढ़ता है। और जो अपने में ऐसा विश्वास दिखाता है, वही वास्तव में सफलता का उत्तराधिकारी होता है।

कुल-मिलाकर कहने का तात्पर्य यह कि नया करते वक्त भी जो सफलता हेतु सिर्फ अपनी प्रतिभा पर भरोसा करता है, वही जीवन में सफल हो सकता है। और यदि आपको ऐसा भरोसा स्वयं पर बिठाना हो तो उसका एक ही उपाय है कि अपने जीवन के छोटे-से-छोटे व बड़े-से-बड़े कार्य व निर्णय हेतु सिर्फ स्वयं की सोच व प्रतिभा पर विश्वास करें। यूं भी यह संभव ही नहीं कि आप अपने अलावा अन्य किसी पर पूर्ण विश्वास बिठा भी सकें। दूसरों पर किया हर विश्वास ऐन वक्त पर चूर-चूर हो ही जाता है।

चलो, इस आत्मविश्वास को मैं कुछ साधारण व कुछ उच्चकोटि के उदाहरणों से समझाता हूँ। सोचो, यदि एक साहुकार को पैसा ब्याज पर किसी को उधार देना होता है...तो वह क्या करता है? वह उससे ना सिर्फ हुंडी लिखवाता है, बल्कि एक तगड़ा एग्रीमेंट भी करता है। वहीं यदि किसी बड़े माफिया को किसी को पैसा उधार देना होता है तो वह न तो हुंडी लिखवाएगा, ना ही एग्रीमेंट करेगा। और मजा यह कि हुंडी लिखवाने व

एग्रीमेंट करनेवालों का पैसा अक्सर डूब जाता है, बेचारे पैसा वसूलने हेतु कोर्ट के चक्कर लगा-लगाकर थक भी जाते हैं; परंतु वह माफिया जिसने न हुंडी लिखवाई है न एग्रीमेंट किया है, उसका पैसा कभी नहीं डूबता। क्योंकि उसने हुंडी या एग्रीमेंट की जगह भरोसा अपनी माफियागिरी पर किया होता है। ...यानी स्वयं की प्रतिभा पर किया होता है।

इसी आत्मविश्वास को एक बड़े ही खूबसूरत किस्से से समझाता हूँ। एक गांव में एक फकीर हुआ करता था। बड़ा ही ज्ञानी व करुणा से भरा हुआ फकीर था वह। पूरा गांव उसकी बड़ी इज्जत करता था। उधर फकीर भी अपनी जिद्द का बड़ा पक्का था। वह किसी से अनावश्यक भेंट नहीं स्वीकारता था। फलस्वरूप बड़ा ही सादा जीवन था उसका। एक कक्ष के झोपड़े में रहता था। उसके पास कुल दो ही कंबल थे। अब उसे वस्त्र कह दो या उसका ओढ़ना-बिछौना कह दो, परंतु जो कुछ उसके पास था, बस वही था।

यह बात जो मैं बता रहा हूँ, वह सर्दी के मौसम की है। बड़े कड़ाके की ठंड पड़ रही थी उन दिनों। रात का समय था और फकीर अपने एक कंबल ओढ़े व एक बिछाये सो रहा था। अब फकीर तो वही है जो स्वयं के भरोसे जीते हैं। सो, झोपड़े के दरवाजे पर सांकल वगैरह लगाने का तो सवाल ही नहीं उठता था। उधर उसी समय एक भूखा चोर गांव में तफरीह पर निकल पड़ा। उसे अन्य कहीं घुसने में तो सफलता नहीं मिली, परंतु चूंकि फकीर का द्वार खुला था, सो वह चोरी करने वहीं घुस गया। दस-एक मिनट तक उसने पूरा झोपड़ा टटोला पर उसे छोटा भगोना व एक टूटे गिलास के अलावा कुछ न मिला। अब इस मौसम में यह दो टूटे-फूटे बर्तन प्राप्त करने हेतु तो उसने यह कष्ट उठाए नहीं थे। स्वाभाविक तौर पर वह निराश हो गया।

इधर फकीर की नींद क्या? वह पहली आहट से ही जाग गया था। परंतु फकीर भी, फकीर था। वह आंखें बंद किए ही इस तमाशे का मजा ले रहा था। उधर चोर को अंत में जब कुछ न सूझा तो उसने फकीर का ओढ़ा हुआ कंबल ही झपट लिया। कम-से-कम कुछ आत्मसंतोष तो मिलना चाहिए। इतनी रात को इतनी तकलीफें उठाने के बाद भी हाथ कुछ न लगे तो वह चोर कैसा? सो बस, कंबल मारने के आत्मसंतोष के साथ वह दरवाजे से बाहर निकलने को हुआ।

उधर फकीर तो यह सारा तमाशा देख ही रहा था, और अब उसकी भी दरम्यानगिरी दिखाने का वक्त आ ही गया था। बस उसने दरवाजे के बाहर जाते चोर को कड़क आवाज में रुकने को कहा। फकीर की रुआबदार आवाज सुन चोर के तो पांव ही जकड़ गए। इस दरम्यान फकीर उठ खड़ा हुआ और उसे भीतर आने को कहा। चोर के तो भरी ठंड में पसीने छूट गए। ...बेचारा चुपचाप अंदर आ गया।

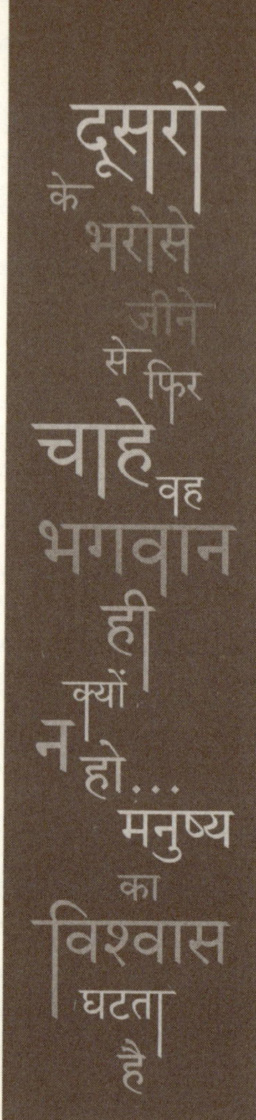

इधर चोर के चेहरे पर ऐसी घबराहट देख फकीर ने बड़ी विनम्रतापूर्वक उससे माफी मांगते हुए कहा- माफ करना भाई! तुम इतनी ठंड में इतनी दूर से आए पर मैं तुम्हारी कोई सहायता न कर सका। घर में कुछ है ही नहीं कि तुम्हें संतुष्ट कर पाऊं। लेकिन अगली बार आना हो तो इत्तला कर के आना। आसपास से मांगकर कुछ एकत्रित कर लूंगा, ताकि तुमको इस कदर निराशा लेकर न जाना पड़े।

उधर चोर जो पहले ही फकीर की कड़क आवाज सुन घबराया हुआ था, फकीर का ऐसा हसीन प्रस्ताव सुनते ही बर्तन के साथ-साथ उसके हाथ से कंबल भी छूट गया। बौखला तो ऐसा गया कि बिना कुछ लिए ही भागने को हुआ। यह देख फकीर ने फिर गरजते हुए उससे कहा- जो लेकर जा रहे थे...वह सब तो लेकर ही जाना होगा। और हां, जाते वक्त यह दरवाजा जरा सरका देना, ताकि मैं ठंड से बच सकूं। बेचारा चोर! उसकी हालत तो यह हो चुकी थी कि वह फकीर का हर हुक्म मानने को बाध्य हो गया था। उसने वह फेंका कंबल व बर्तन फिर उठाए, और जैसा कि फकीर ने कहा था, दरवाजा अड़ा कर चलते बना।

यहां तक तो सब ठीक, पर सुबह-ही-सुबह वह पकड़ा गया। अब फकीर के कंबल से पूरा गांव परिचित था। सबको क्रोध भी बड़ा आ रहा था। दुष्ट को चोरी करने के लिए क्या यह सज्जन फकीर का ही झोपड़ा मिला? बस पकड़कर उसे पंचायत में पेश कर दिया गया। उधर यह खबर उड़ते-उड़ते फकीर के पास भी पहुंची। वह तुरंत दौड़ा-दौड़ा पंचायत जा पहुंचा। उसने वहां जाकर साफ कहा कि यह कंबल व बर्तन उसने चुराए नहीं हैं, मैंने ही उसे यह ले जाने को कहा था। यह तो बड़ा ही सज्जन व्यक्ति है, उसने जाते-जाते मुझे ठंड न लगे, इस खयाल से घर का दरवाजा तक अड़ा दिया था।

खैर! पंचायत ने तो फकीर के बयान के बाद उसे छोड़ दिया। पर चोर का रो-रोकर बुरा हाल हो गया। वह

फकीर के चरणों में ही गिर पड़ा। उसने फकीर से उसे अपना सेवक बनाने की रट ही पकड़ ली। कुछ आनाकानी कर फकीर ने उसे सेवा का मौका देना तय किया और उसे अपने साथ घर ले आया। कहने की जरूरत नहीं कि उस चोर के साथ-साथ फकीर के कंबल व बर्तन भी घर वापस लौट आए। यह तो ठीक, पर घर लौटते ही फकीर उस चोर पर खूब हंसा। और हंसते हुए ही बोला- देखी मेरी चाल। मेरे कंबल व बर्तन तो वापस लौट ही आए, साथ में सेवा करने हेतु एक सेवक भी ले आए। फकीर का कोई सौदा कभी घाटे का नहीं होता। ...इसे कहते हैं आत्मविश्वास। वह जानता ही था कि उसका कंबल पचाना आसान नहीं। ...निश्चित ही यह फकीर का अपनी फकीरी पर विश्वास का श्रेष्ठ दृष्टांत है।

बस इसी आत्मविश्वास की मैं बात कर रहा हूँ। मनुष्य का अपनी काबीलियत व नीयत पर पूर्ण विश्वास ही आत्मविश्वास है। दूसरा कोई आत्मविश्वास संसार में होता भी नहीं है। यदि आपको अपनी काबीलियत पर विश्वास नहीं होगा तो कोई भी कार्य आप कभी भी विश्वासपूर्वक नहीं कर पाएंगे। वैसे ही यदि आपको अपनी नीयत पर विश्वास नहीं होगा तो हर कार्य करने से पहले हजारों विचार करेंगे कि यह पाप तो नहीं, यह बुरा तो नहीं। यानी कार्य हेतु पूरी तरह शास्त्रों व समाज पर निर्भर रहेंगे। और जो विचार हेतु दूसरों पर निर्भर हो वह कैसे कोई कार्य विश्वासपूर्वक कर सकता है। लेकिन जिसे अपनी नीयत पर भरोसा है वह "शास्त्र और समाज क्या कहते हैं" की परवाह ही क्यों करेगा? क्योंकि वह जानता है कि वह जो भी करेगा वह पुण्य भी है ही और अच्छा भी है ही। वह तो बिना किसी प्रतिसाद की आशा के और बिना "कौन क्या सोचेगा" की चिंता किए सीधे विश्वासपूर्वक उसे जो करने योग्य लग रहा है, कर ही डालेगा।

सो, कुल-मिलाकर कहने का तात्पर्य यह कि चूंकि प्रकृति से मनुष्य को पूर्ण स्वतंत्रता उपलब्ध है, इसलिए अपना जीवन सफल बनाने की जिम्मेदारी भी उसी की होती है। जीवन सफल कार्यों से बनता है, और कार्य बिना विश्वास के किए नहीं जा सकते। और विश्वास बगैर अनुभव के आ नहीं सकता। अब आप कहेंगे कि पहले अनुभव कर लें, कुछ विश्वास जगा लें फिर कार्य करेंगे। लेकिन यह संभव कहां...? क्योंकि अनुभव बिना कार्य किए हो ही कैसे सकता है? यानी मामला कुछ ऐसा है कि आप तैरना तो चाहते हैं, पर पानी में जाने से डर लगता है। सोचते हैं, एकबार तैरना सीख लें फिर पानी में डुबकी लगा लेंगे। और जीवन की हकीकत यह कि बिना पानी में गए आप तैरना सीख नहीं सकते। बस आपका पूरा जीवन इसी उलझन में बीत जाता है।

और इस उलझन से निकलने की कुंजी यही है कि नए-नए कार्य तो आपको करने ही पड़ेंगे, और वह भी पूर्ण विश्वास के साथ। और यथार्थ यह भी है कि वह विश्वास

जगाने हेतु आप अनुभव के भरोसे कतई नहीं रह सकते। यदि आप में विश्वास ही नहीं कि आप तैरना सीख सकते हैं, तो हजार प्रयासों के बाद भी हो सकता है कि आप तैरना न सीख पाएं। जबकि विश्वास के सहारे आप दो-चार रोज में ही तैरना सीख सकते हैं। अर्थात् विश्वास की जड़ी-बूटी आपका समय तथा ऊर्जा दोनों बचा लेती है।

अब अनुभव के बाद तो विश्वास जागता ही है। परंतु अनुभव प्राप्त करने में वर्षों बीत जाते हैं, यह भी हकीकत है। ...और समय उतना आपके पास है नहीं। सो, अब सवाल यह कि बिना अनुभव के भी नए-नए कार्य पूर्ण विश्वास से कैसे किये जाएं, क्योंकि उसके बगैर कोई सफलता दूर-दूर तक नजर नहीं आती। ...तो इसका तो एक ही उपाय है कि आप अपनी बुद्धि से छुटकारा पाकर सीधे मेरी शरण आ जाएं। क्योंकि एक तो बुद्धि हजार अनुभव करना चाहती है, उसपर मजा यह कि हजार लोग उसे हजार बातों को उकसाते भी हैं, तथा उससे भी बड़ा मजा यह कि वह लोगों के उकसावे में आ भी जाती है। ...लेकिन मैं आपको अपनी प्रतिभा और अपने गुणों को ही पकड़े रहने की सलाह देता हूँ। यूं भी आपके लिए अपने गुणों व अपनी प्रतिभाओं पर विश्वास बैठना कोई बड़ी बात नहीं, उस पूरता आप कभी अनुभव के मोहताज भी नहीं; बस आप अपने प्रतिभा के क्षेत्र को अच्छे से पहचानें।

चलो, इसी बात को थोड़ा खुल के समझाता हूँ। समझें कि आप में व्यावसायिक बुद्धि नहीं। लेकिन व्यवसाय में नफा तो बहुत है। होने दो, परंतु दूसरों को देख या किसी के उकसाये जाने पर आप एमबीए करने मत पहुंच जाना। मेहनत कर आप डिग्री तो पा लेंगे पर प्रतिभा की अनुपस्थिति के कारण कभी व्यवसाय हेतु विश्वास नहीं जगा पाएंगे। समय व शक्ति दोनों व्यर्थ हो जाएगी और करोगे फिर भी नौकरी ही। इसके विपरीत जिसमें व्यावसायिक बुद्धि कूट-कूटकर भरी है...वह एमबीए की डिग्री का मोहताज कभी नहीं होता। आपके हाथ में डिग्री आते-आते तो वह व्यवसाय के क्षेत्र में झंडे गाड़ चुका होगा। यह भी हो सकता है कि आपको उसी के यहां नौकरी पर लगना पड़ जाए। और यह अक्सर देखा गया है कि कंपनी के मालिक से उनका स्टाफ ज्यादा पढ़ा-लिखा होता है।

अतः मेहरबानी कर जीवन को आगे बढ़ाने हेतु आप बुद्धि की सुनकर कोई क्षेत्र मत चुन लेना। और ना ही अन्य लोगों के कहने या उकसाने पर अपना क्षेत्र चुनना। लाख प्रयत्नों के बाद भी आपको ओढ़े हुए क्षेत्र में विश्वास नहीं ही आ पाएगा। आपका क्षेत्र वही है जिसमें आपकी प्रतिभा है। और जिस क्षेत्र की आपमें प्रतिभा होगी, उस कार्य में आपका विश्वास स्वतः ही जाग जाएगा। यहां सबसे बड़ी बात यह कि विश्वास कोई ऐसी वस्तु नहीं जो बाजार से उधार मिल जाए। लेकिन चूंकि आप मन के विरुद्ध दूसरे क्षेत्र में हाथ-पांव

आजमाने का प्रयास करते हैं, इसीलिए आपको बाजार में विश्वास खोजने निकलना पड़ता है। और वहां किस्म-किस्म की दुकानें लगी पड़ी हैं। कोई तरह-तरह की डिग्रियां सजाकर बैठा है, तो कोई मंत्र व तावीज लिए तैयार खड़ा है। आप वहां से विश्वास खरीद भी लाते हैं, परंतु वह आपके किसी काम नहीं आता। ...क्योंकि यह मेरे नियम में फिट नहीं बैठता है। उलटा इससे आपका बचा-खुचा विश्वास भी चकनाचूर हो जाता है।

बस इसी कुचक्र में पूरी मनुष्य-जाति फंसी हुई है। एक नहीं अनेक कारणों से पहले तो वह गलत जगह पर हाथ-पांव मारती है, फिर बात न बनने पर विश्वास खोजने निकल पड़ती है। इससे और विश्वास खो जाता है। फिर तो और हाथ-पांव मारना और औंधे मुंह गिरने पर और नए-नए विश्वास खोजने निकल पड़ना, यही उसका जीवन हो जाता है। और अंत में बेचारा अपने ही जीवन के प्रति पूरी तरह विश्वासहीन हो जाता है। इस पूरे कुचक्र में लॉटरी सिर्फ विश्वास बेचनेवालों की निकलती है। वे विश्वास बेचने के नाम पर आपकी सारी कमाई ले जाते हैं। हालात ऐसे हो जाते हैं कि विश्वास तो आपको नहीं ही मिलता, कमाई पूंजी अलग गंवा बैठते हैं।

खैर! आपने कभी गौर नहीं किया होगा, परंतु इसी कारण विश्वास को आत्मविश्वास कहा जाता है। ...यानी जो वास्तविक विश्वास है वह सिर्फ स्वयं की आत्मा पर ही किया जा सकता है। और स्वयं पर विश्वास भी अपनी प्रतिभा व गुण के आधार पर ही बैठ सकता है, और वह भी उस पूरता ही। कवि लाख चाहकर भी गाना गाने हेतु अपना विश्वास नहीं जगा सकता है। बुद्ध जीवन की फिलॉसोफी बाबत हजार विषयों पर हजारों घंटे बोल सकते हैं, परंतु वे कोई आविष्कार कर लेने के बाबत अपना विश्वास नहीं जगा सकते हैं। इसीलिए तो बुद्ध का अंतिम वाक्य था ''अप्प दीपो भव'' यानी अपने दीए स्वयं बनो। जीवन में उजाला चाहिए तो अपना ही दीया जलाओ। बुद्ध ने अपना दीया ना सिर्फ जलाया, बल्कि उसकी लौ से पूरा जगत प्रकाशित भी कर दिया। वे यह कर पाए क्योंकि उन्होंने स्वयं पर विश्वास किया- पूजा-पाठ या भगवान में उन्होंने पूर्णतः अविश्वास जताया। उन्हीं की तरह एडीसन ने अपनी वैज्ञानिक बुद्धि पर पूरा भरोसा किया, तथा उन्होंने भी बल्ब बनाकर जगत को रोशन कर दिया। और उन्होंने भी अपने अनुभव के आधार पर यही कहा कि "All Bibles are man-made. Religion is all bunk", यानी सारी बाइबिल बकवास हैं।

कहने का तात्पर्य मनुष्य सिर्फ अपनी प्रतिभा तथा अपने गुणों पर ही विश्वास पैदा कर सकता है। और आगे यदि इस विश्वास के सहारे वह अपने प्रतिभा के दीये को पूर्णरूपेण ज्वलित कर देता है, तो जल्द ही उसका जीवन जगमग हो जाता है। वरना वह उधार का विश्वास खोजता रह जाता है और अंत में बिना कुछ हासिल किए दुनिया से बिदा भी हो

जाता है। भला दूसरे पर किया विश्वास कभी कोई काम आता है? इस बात को समझाने हेतु एक सीधी बात करता हूँ। अधिकांश लोग कहते हैं कि जगत भगवान ने बनाया। वे यह भी कहते फिरते हैं कि उसकी मरजी के बगैर पत्ता तक नहीं हिलता। फिर आप जो जीवन में पूरी तरह हिल गए हो, तो क्या वह आप भगवान की मरजी के बगैर हिल गए हो? तो फिर अपनी असफलता स्वीकारकर मजा क्यों नहीं लेते? क्यों स्वयं या दूसरों को कोसते रहते हो? क्योंकि सुनना और मानना एक बात है, परंतु वास्तव में विश्वास करना संभव ही नहीं। ...किसी ने गाली दी नहीं कि आप क्रोधित हुए नहीं। उस समय आप यह थोड़े ही मानते हैं कि उसने गाली भगवान की मरजी से दी। मानते यह हैं कि एक पत्ता तक ईश्वर की मरजी के बगैर नहीं हिलता, और दुश्मनी हजारों से पाले घूम रहे हैं। है न आपकी बुद्धि कमाल की!

सो, आपको यह पूरी दृढ़ता से कह रहा हूँ कि यदि आपको बाहर से विश्वास ओढ़ने की जरूरत पड़ रही है, फिर चाहे वह किसी भी स्वरूप में क्यों न हो; तो आप गलत राह पर हैं। यानी गलत जगह व गलत कामनाओं से हाथ-पांव मार रहे हैं। लौट आना - बच जाएंगे। खोजना वह कार्य जो आप पूर्ण विश्वास से कर सकते हैं बस आप-'आप' हो जाएंगे। और उस समय आपको किसी आसरे, सहारे या विश्वास की कोई आवश्यकता नहीं रह जाएगी। जब ऐसी मनोदशा आ जाए तो समझ जाना कि आपके जीवन का फूल पूरी तरह खिलने ही वाला है।

अंत में यह मानकर चलता हूँ कि आज के बाद आप स्वयं को उधारी के विश्वासों व दिलासों से बचाएंगे। जीवन आपका - कार्य व अनुभव आपका। सफल बनना आपको है - विश्वास अपने अलावा किसी पर कर ही कैसे सकते हैं? आप प्रतिभावान हैं - दूसरों के आसरे, सहारे या विश्वास की जरूरत ही क्या? बस देखिए आप कैसे क्या-से-क्या हो जाते हैं। क्योंकि उधार के विश्वास खोजने से बेहतर है वे कार्य करना जिसे आप विश्वास के साथ कर सकते हों। क्योंकि आपका विश्वास ही वह मार्ग है जो आपको आपकी मंजिल तक पहुंचा सकता है।

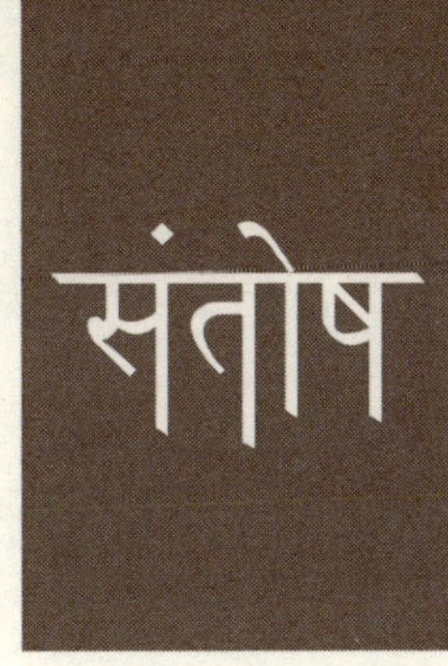

संतोष

संतोषं परमं धनम्। यह शायद आप सुनते भी आए होंगे। मैं भी आपसे कहता हूँ कि जीवन के सारे उपद्रवों को मिटाकर सफलता के शिखर छूने का इससे बड़ा कोई जादू नहीं। लेकिन आप कहेंगे कि संतोष ही मान लेंगे तो आगे कैसे बढ़ेंगे? और यही बात समझाने वाले हजारों लोग बैठे हुए हैं, बस भिड़ जाओ। लग जाओ, हाई-एम्बीशन्स पालो, यदि कुछ बनकर दिखाना है तो संतुष्ट रहो ही मत। दुर्भाग्य से यह बात सीधी भी जान पड़ती है, सो लगे हुए हैं सभी आपा-धापी में। परंतु एकबार आप जरा ठहरकर देख लें कि इतने उपद्रवों, इतनी आपा-धापी के बाद आपको मिल क्या रहा है? न जाने कितनी बेचैनियां, कितने फ्रस्ट्रेशन और कितनी शिकायतें पाले आप जी रहे हैं। और इन सबके बावजूद सफलता तो दूर...सामान्य जीवन जीने के भी लाले पड़े हुए हैं। और सत्य वही जो दृष्टिगोचर हो रहा है, तथा दृष्टिगोचर यही हो रहा है कि हर कोई आगे बढ़ने की दौड़ में लगा हुआ है, परंतु फिर भी आगे कोई नहीं बढ़ पा रहा है। ...फिर तो यह स्वीकारना ही रहा कि उपद्रव मनुष्य को आगे नहीं बढ़ा सकते।

चलो, मैं जानता हूँ कि आपकी बुद्धि इस बात को आसानी से समझनेवाली नहीं। सो मैं इस बात के हर सायकोलोजिकल पहलू से आपको अवगत कराता हूँ। पहली बात तो यह कि संतोष का अर्थ क्या है? संतोष का अर्थ यही है कि आप जहां हैं व जिस हाल में हैं, तथा आपके पास जो कुछ भी और जैसा भी है, आप उससे संतुष्ट हैं। और आपकी बुद्धि इस परिभाषा का अर्थ यह निकालती है कि यदि संतुष्ट ही हो गए तब तो बढ़ चुके आगे। पर बुद्धि 'मन' के गणित जानती नहीं, सो इस संदर्भ में वह भ्रमित होती व करती रहती है।

लेकिन जरा एक पल ठहरकर यह सोचो कि यदि आप अपने वर्तमान से पूरी तरह संतुष्ट हो गए तो इसका मुझपर असर क्या होगा? निश्चित ही मैं सुकून तथा शांति का अनुभव करूंगा। आनंद व मस्ती से भर जाऊंगा। दुःख, चिंता, क्रोध सब तिरोहित हो जाएंगे। और एक दृष्टि से देखा जाए तो यह मनोदशा अपने-आप में किसी उपलब्धि से कम नहीं। आखिर अंत में तो मनुष्य यह समस्त आपा-धापी भी सुकून व शांति का जीवन

बिताने हेतु ही तो कर रहा होता है। तो ऐसा जीवन भविष्य की जगह आज ही मिल जाए, फिर इस सौदे में घाटा कहां हुआ?

और अब आपको इस संतोष से जीने का सबसे बड़ा फायदा बताता हूँ। संतोष मानने पर जैसा कि मैंने आप से कहा कि आप आनंद व मस्ती से तत्क्षण भर जाते हैं। और जैसे ही आप इस निर्मल मनोदशा में पहुंच जाते हैं कि फोकट के उपद्रवों के कारण उलटे कामों में लगी हुई आपकी बुद्धि अपनेआप ठीक तरह सोचना शुरू कर देती है। आपके निर्णय सही होने लगते हैं। और जीवन का पूरा खेल तो लिए गए सही व गलत निर्णयों पर ही निर्भर है। आप दिल में लाख बिल गेट्स बनने की तमन्ना लिए जी रहे हों, पर यदि आपके निर्णय ही एक-के-बाद एक गलत होते चले जाएंगे तो आप क्या खाक बिल गेट्स बन पाएंगे? फिर तो आप ठीक से कम्प्यूटर लॉग-इन या लॉग-ऑफ करने लायक बच जाएं, वही काफी है।

आप एक सीधी बात क्यों नहीं समझते कि जहां हैं उसी से संतुष्ट रहने का अर्थ यह थोड़े ही है कि आपने सारे कामकाज बंद कर दिए। यह भी नहीं है कि आपने आसपास नजर घुमाना ही बंद कर दिया। नहीं, आप अपना वर्तमान कार्य तो करते ही रहेंगे, बस आपने आपा-धापी व देखा-देखी करना छोड़ दिया। अपने जीवन व व्यवसाय के रूटीन में लग गए आप। और चूंकि ऐसे में आप आपा-धापी से दूर अच्छी मनोदशा में होंगे, अतः आपको आगे बढ़ने के मौके भी अच्छे से दिख जाएंगे। और जब मौका अच्छा दिखेगा तो आप उसे भुना भी लेंगे।

...परंतु इसके विपरीत जब आप कुछ भी कर आगे बढ़ने हेतु हाथ-पांव मार रहे होते हैं, तो आपको हर बात व हर परिस्थिति मौका जान पड़ती है। और यहीं आकर आप फंस जाते हैं। एक तो पहले से असंतोष में जी रहे होने के कारण आपका मन यूं ही हजार चिंताओं व फिक्रों में उलझा हुआ होता है, और उस कारण आपकी निर्णय-क्षमता वैसे ही धोखा दे चुकी होती है; तथा ऊपर से ऐसी मनोदशा में आप आगे बढ़ने के हजार उपाय खोज लाते हैं। बस आपके दस में से नौ निर्णय गलत हो जाते हैं, और अंत में आप आगे बढ़ने की जगह और पीछे हट जाते हैं। जबकि इसके विपरीत संतोष से जीने में कम-से-कम आपकी पीछे-हट तो नहीं ही होती है। और यह सत्य तो आप सभी लोग जानते ही हैं कि आगे वही बढ़ सकता है जो जहां है वहीं दृढ़ता से खड़ा हुआ हो। क्योंकि पीछे-हट नहीं होने की गारंटी आपको एक अनोखे विश्वास से भर देती है। और यह विश्वास आगे बढ़ने हेतु कितना सहायक है, वह मैं आपको समझा ही चुका हूँ। वहीं संतोष का दूसरा फायदा बताऊंतो संतोषी व्यक्ति के पास अपने जीने और शौक पूरा करने हेतु टाइम-ही-टाइम होता

है। जबकि आपा-धापी में लगा व्यक्ति अपने लिए समय ही नहीं निकाल पाता है। और जो व्यक्ति अपने लिए समय नहीं निकाल पाता, ...उसका जीना तो वैसे ही व्यर्थ हो गया।

चलो, इसी बात पर इस बार इस विषय का समापन एक बड़े ही खूबसूरत किस्से से करता हूँ। एक बड़ा ही संतोषी व्यक्ति था। उसका जमा-जमाया व्यवसाय था। सो, खाता-पीता सुखी था। कुल जमा छः घंटे उसे अपने व्यवसाय को देने पड़ रहे थे। अतः उसके पास समय-ही-समय था। इस कारण ना सिर्फ उसका खाना-पीना व व्यायाम नियमित था, बल्कि उसके पास गाना सुनने का शौक पूरा करने हेतु भी समय-ही-समय था। साथ ही, परिवार व मित्रों के साथ भी वह पूरी मस्ती से जी रहा था।

उसका एक साला था जो सॉफ्टवेयर इंजीनियर था। वह बड़ा ही महत्वाकांक्षी और उपद्रवी था। आगे बढ़ने के चक्कर में वह अब तक चार-पांच तो नौकरियां बदल चुका था। हमेशा कोई बड़ा व्यवसाय करने की फिराक में घूमता रहता था। एक दिन ऐसे ही दोनों जीजा-साले बैठे हुए थे। उस दिन मौका जान जीजा ने बात-बात में अपने साले साहब से पूछा कि भाई कई बार सोचता हूँ पर समझ नहीं आता कि आखिर तुम जीवन में करना क्या चाहते हो?

साला थोड़ा तनता हुआ बोला- बस एकबार अपने व्यवसाय का रास्ता खोल लूं, फिर मेहनत कर उसे जमा लूं, खूब कमा लूं तो सब सेट।

जीजा थोड़ा हैरान होता हुआ बोला- सबकुछ ठीक-ठाक चला तो भी यह सब होते-होते तुम साठ साल के तो हो ही जाओगे। चलो वह भी छोड़ो, पर फिर आगे क्या?

साला बोला- ''आगे क्या, फिर सुकून और शांति का जीवन बिताऊंगा।''

इस पर जीजा थोड़ा हंसता हुआ बोला- ''वह तो तुम कहीं टिककर नौकरी करो तो आज से ही बिता सकते हो। फिर उस हेतु और तीस वर्ष इन्तजार करने तथा इतनी जोखिम उठाने की क्या आवश्यकता है?''

इसका जबाब न उनके साले के पास था न आपके पास। समझदार हो तो यह इशारा ही काफी है। वरना तो यूं भी आपसे ज्यादा समझदार कौन?

सो, कुल-मिलाकर संतोष का प्रथम मजा तो यह कि मनुष्य आज से सुखी। दूसरा, उसकी मनोदशा हमेशा सकारात्मक बनी रहती है। और यह तो आप सभी जानते हैं कि श्रेष्ठ निर्णय लेने हेतु सकारात्मक मनोदशा कितनी जरूरी होती है। तथा यह सत्य समझाने या दोहराने की तो कोई भी आवश्यकता नहीं कि जीवन में लिए श्रेष्ठ निर्णय ही मनुष्य की गति व मति दोनों निश्चित करते हैं। और साथ ही जीवन का सबसे बड़ा मकसद ''सुख व शांति'' का अनुभव भी सिर्फ संतोषी व्यक्ति ही कर सकता है। और उससे भी बड़ी

बात यह कि संतोषी को कभी पीछे-हट नहीं देखनी पड़ती है। और आज जो उसके पास है, उसका मजा भी सिर्फ संतोषी व्यक्ति ही ले सकता है। सो, उम्मीद करता हूँ कि पलभर में जीवन से सारे कष्टों को दूर करनेवाले तथा सफलता के शिखर को चूमने में सक्षम ऐसे "संतोष" नामक परम-गुण को अपनाकर आप अपना मनुष्य-जीवन आज से ही सफल बनाने में लग जाएंगे।

सार

खैर! अब मैं यदि आपको और अच्छे से स्पष्ट करने के लिए अब तक की बातों का सार कहूं तो मनुष्य-जीवन के दो ही उद्देश्य हैं, आनंद से जीना और सफलता के शिखर छूना। उद्देश्य साफ होते हुए भी लाखों में दो-चार ही सफल व सुखी हो पाते हैं। वरना अधिकांश लोग ना सिर्फ अपने वर्तमान जीवन से असंतुष्ट होते हैं, बल्कि अपने भविष्य के प्रति शंकित भी होते हैं। हालांकि वे अपने जीवन को सफल बनाने हेतु परिवार से लेकर समाज तथा मित्रों से लेकर सरकार तक; सबके आसरे ले ही चुके होते हैं। धर्म व शिक्षा के भी सहारे वे खोज ही चुके होते हैं। परंतु सुख व सफलता उनसे कोसों दूर ही रह जाती है। मजा यह कि फिर भी मनुष्य सदियों से इन पुराने आसरों के सहारे ही सुख व सफलता खोजने में लगा हुआ है।

बस यहीं चूक हो रही है। चूक यह हो रही है कि यह बुद्धिमान मनुष्य हजारों वर्षों से लगातार नाकाम हो रहे आसरों के भरोसे ही अपना जीवन बनाने में लगा हुआ है। चूक यह भी हो रही है कि वह जानता ही नहीं कि मनुष्य-जीवन को एक नहीं अनेक फोर्स प्रभावित कर रही है। जहां उसकी बुद्धि कुछ चाहती है, तो वहीं दूसरी

ओर उसके डीएनए, जीन्स तथा शरीर अपना ही राग अलापने में लगे रहते हैं। ऊपर से समाज व कुदरत रूपी दो विरोधाभासी शक्तियां तो उसे छोड़ती ही नहीं। और उस पर भी मजे की बात यह कि आपके जीवन को सबसे ज्यादा मैं प्रभावित करता हूँ, फिर भी आप मेरे बाबत बहुत कम जानते हैं।

और यदि मैं अपने बारे में कहूं तो, मैं पूर्ण स्वतंत्र हूँ और मेरी कार्यप्रणाली बड़ी ही कॉम्प्लीकेटेड है। यहां ध्यान रखने लायक खास बात यह कि इन सबके बावजूद मैं पूरी तरह नियम से ही चलता हूँ। अर्थात् मुझे समझा जा सके, ऐसा है। और मेरी विशेषता यह कि जहां एक ओर मैं अनेक शक्तियों का केन्द्र हूँ, तो वहीं दूसरी ओर मैं अपने में कई विकार भी छिपाये हुए ही हूँ। सवाल यह कि मैं जैसा भी हूँ, लेकिन मेरे विकारों को समझे बगैर तथा उनसे निपटे बगैर मनुष्य न तो अपने दुःखों से निजात पा सकता है, और ना ही मेरी शक्तियों का उपयोग किए बगैर सफलता के शिखर ही छू सकता है।

यहां सबसे ज्यादा महत्वपूर्ण व समझने लायक बात यह कि मनुष्य के दुःख दूर करने हेतु मैंने जो सायकोलोजिकल उपाय सुझाए, ...जैसे वर्तमान में जीना, हीनता से बचना, तथा इन्वोल्वमेंट व एक्सपेक्टेशन कम रखना वगैरह से बच्चे नेचरली ओत्पोत् होते हैं। और यही कारण है कि बच्चा प्रायः चिंतित या फ्रस्ट्रेटेड नहीं होता है। वहीं दूसरी ओर सफलता दिलाने हेतु मैंने आपसे जिन गुणों को उजागर करने हेतु कहा है, जैसे आत्मविश्वास, टू द प्वाइंट इंटेलिजेंस, इनर पर्सनलिटी का विकास, कोन्सन्ट्रेशन, क्रिएटिविटी, उत्साह वगैरह...वगैरह। और यदि आप गौर से देखेंगे तो चकित रह जाएंगे कि बच्चों में ये सारे गुण कूट-कूटकर भरे होते हैं।

आप सबने अनेक बार बच्चों को गौर से देखा होगा। आपने महसूस किया ही होगा कि वे एक ही खिलौने से घंटों खेलने की क्षमता रखते हैं। खिलौने छोड़ो, मिट्टी व पानी से खेलने पर भी वे नहीं ऊबते। और उनके डूबकर खेलने व तल्लीनता की तो बात ही क्या करना? उनके सामने बड़े-से-बड़ा ध्यानी फेल हो जाए। यानी जीवन व उसकी ऊर्जा को बढ़ाने वाले सबसे अद्भुत गुण कोन्सन्ट्रेशन की भी उनमें कहीं कोई कमी नहीं होती है। इसी से अधिकांश बच्चे मेरे सुपर-कोन्शियस माइंड के स्वरूप में जीते हैं। उत्साह, आत्मविश्वास व दृढ़ता मेरे उस स्वरूप के स्वभावगत गुण हैं। आपने भी गौर किया होगा कि बच्चे एक बार जिद्द पकड़ लें तो फिर उनकी बात माननी ही पड़ती है। सचमुच बड़े कमाल की दृढ़ता होती है उनमें। और उत्साह तो ऐसा कि पचासों बार चलने की कोशिश में नाकाम होते हैं, कितनी ही बार चोटें भी लगती हैं, लेकिन हार नहीं मानते। और एक दिन चलना सीख ही जाते हैं। ...वहीं सारे दुःखों को दूर करनेवाली जड़ी-बूटी 'स्वीकार्य-शक्ति' तो उनमें

कूट-कूटकर भरी होती है। चाहे कोई खिलौना टूट जाए या कोई चोट लग जाए, दो-चार मिनट का रोना और फिर तुरंत किसी नई चीज पर ध्यान लगाकर डूब जाना।

विज्ञान कहता है कि बच्चे के दिमाग का करीब-करीब 80 प्रतिशत विकास चार-पांच वर्ष की उम्र तक ही हो जाता है। विज्ञान की यह बात सही है भी और नहीं भी। क्योंकि विज्ञान मेरी अदृश्य उपस्थिति से पूरी तरह अनजान है, अतः वह मेरे सुपर-कोन्शियस माइंड के स्वरूप को ही बुद्धि समझता है। लेकिन वह गलत है। चार-पांच वर्ष तक बच्चों के ब्रेन का विकास नहीं हुआ रहता है, बल्कि उसमें सुपर-कोन्शियस माइंड उपस्थित होता है इस कारण उनमें उस माइंड के गुण झलकते हैं। और बच्चों के ठीक विकास का अर्थ ही यह है कि उनका यह माइंड सलामत रहे। हकीकत तो यह है कि ब्रेन का वास्तविक विकास तो उम्र बढ़ने के साथ ही होता है। और चूंकि मजबूत ब्रेन व सुपर-कोन्शियस माइंड एकसाथ नहीं रह सकते, अतः बच्चा ब्रेन के विकास के साथ ही सुपर-कोन्शियस माइंड से धीरे-धीरे कोन्शियस-माइंड में जीने पर मजबूर होता चला जाता है। यहां मैं एकबार फिर स्पष्ट कर दूं कि जब तक आप मेरा व बुद्धि का फर्क नहीं समझेंगे, मेरा इतना बताने का भी आप पर कोई विशेष असर नहीं होगा। जब तक आप दोनों की कार्यप्रणाली और उनके कार्य-क्षेत्र के बाबत ठीक से नहीं समझेंगे, या दोनों को अलग-अलग नहीं पहचानेंगे, आप ना तो मेरी कही बातों का कोई फायदा उठा पाएंगे और न अपने जीवन में कोई बड़े चमत्कारिक परिणाम ही ला पाएंगे। अतः मेरा व बुद्धि का जो फर्क मैंने समझाया है, उसे बार-बार पढ़ना।

अब सवाल यह कि जो बच्चा सुपर-कोन्शियस माइंड के सारे गुणों को लिए जी रहा है, और जहां से वह जीवन की तमाम ऊंचाइयां छूने में सक्षम है; फिर वे गुण उसके बड़े होते-होते उसमें से नदारद कैसे हो जाते हैं? निश्चित ही ब्रेन की मजबूती के कारण। और यह ब्रेन मजबूत कैसे होता है? तो वह गलत शिक्षाओं के कारण तथा मेरे बाबत अनजान होने की वजह से। अतः जब भी अपने जीवन के बारे में गंभीर हो जाओ, तब सबसे पहले तो वापस अपने बचपन वाले मन की स्थिति फिर पकड़ने के प्रयास में लग जाना। क्योंकि बगैर सुपर-कोन्शियस माइंड के गुण पाए आप हजार दूसरे उपाय कर लेंगे, तो भी जीवन में सुख व सफलता दस्तक नहीं देनेवाले। और यही कारण है कि प्रारंभिक तौर पर मेरी कार्यप्रणाली बाबत दी जानेवाली सारी सायकोलोजिकल ट्रीटमेंट मनुष्य को पीछे ले जाती मालूम पड़ती है। वे पीछे ले जानेवाली ही होती है, क्योंकि आपको पीछे लौटकर फिर अपने सुपर-कोन्शियस माइंड से ही जीना प्रारंभ करना होता है। और एकबार वह स्थिति फिर प्राप्त कर लें, फिर आगे क्या करना, यह सर्वथा दूसरा विषय है। लेकिन उन सब की चर्चा अभी

नहीं। अभी तो मैंने आपको वे सारे उपाय बताए जिससे आप फिर से अपने सुपर-कोन्शियस माइंड में जीना प्रारंभ कर दें।

सो, कुल-मिलाकर मैं आपसे यही निवेदन करता हूँ कि बच्चों के साथ ज्यादा छेड़खानी व प्रयोग मत करें। कृपया परिवारवाले, स्कूल-कॉलेज, समाज व धर्म पहले स्वयं सुपर-कोन्शियस माइंड से आगे बच्चों को कैसे ले जाना यह समझें व सीखें। यह स्पष्ट समझ लें कि खुद को पता न होने के बाबजूद जबरदस्ती की राहें दिखाकर आप ही अपने बच्चों को भटका रहे हैं। आपकी सलाहों व शिक्षाओं की बदौलत ही बच्चा सुपर-कोन्शियस माइंड की स्थिति खो देता है। और फिर आगे चलकर वह कोन्शियस माइंड में जीने पर मजबूर हो जाता है। दुःख, चिंता, फ्रस्ट्रेशन, व्यथा, आपा-धापी...वगैरह उस कोन्शियस माइंड के स्वाभाविक गुण हैं। अतः कड़क भाषा में करुणा से भरकर कहूं तो मनुष्य की मनुष्य पर की गई इस जबरदस्ती की नासमझ-मेहरबानी का ही यह परिणाम हो चुका है कि आज पूरी मनुष्य-जाति परेशान है।

मेरा यह दावा है कि जीवन में जो भी और जितना भी सुखी व सफल है, वह या तो उसने अपने बचपन के प्राप्त सुपर-कोन्शियस माइंड के गुणों को सम्भाल कर रखा है इसलिए है या फिर उनके माता-पिता या किसी समझदार शिक्षक अथवा अन्य किसी ने उस पर यह मेहरबानी की है। परंतु सुखी व सफल मनुष्यों की आप हजारों की सूची क्यों न बना लें, आप पाएंगे कि वे वही हैं जिनका सुपर-कोन्शियस माइंड बड़े होने पर भी सक्रिय रहा है। निश्चित ही इनमें कई ऐसे भी हैं जिन्होंने अपनी समझ से यह मुकाम वापस पाया है। परंतु उसके आगे तो उनके कोन्सन्ट्रेशन, उनके आत्मविश्वास, तथा उनके उत्साह जैसे सुपर-कोन्शियस माइंड के गुणों ने ही उन्हें सफलता के शिखर तक पहुंचाया है। अतः एकबार फिर निवेदन करता हूँ कि बच्चों को सुपर-कोन्शियस माइंड से आगे की यात्रा पर ले जानेवाली शिक्षाएं ही प्रदान करना। उनको मस्तिष्क के विकास व उनके स्वयं के अनुभवों की छाया प्रदान कर, उनके मन की शक्तियों को और निखरने का मौका देना। और यदि यह न आता हो तो कम-से-कम उनके जीवन के साथ जबरदस्ती तो मत ही करना।

और अंत में "मैं" आपको एक राज की बात पूरी स्पष्टता से बताता हूँ। आपका पूरा जीवन सही मायने में देखा जाए तो मेरे इर्द-गिर्द ही घूमता है। और मेरे कॉम्प्लीकेशन तथा मेरी शक्तियां, दोनों का विस्तार बहुत बड़ा है। अतः अभी मैंने अपनी चर्चा का दायरा सुपर-कोन्शियस माइंड की स्थिति प्राप्त करने तक ही रखा है। यह मेरी कुल शक्तियों का दस प्रतिशत भी नहीं। मैं तो ऐसी-ऐसी अद्‌भुत शक्तियों से भरा पड़ा हूँ कि जिसे छूकर आप अपने ही नहीं, सबके जीवन के जादूगर हो जाएं। लेकिन चूंकि पहली बार अपने बाबत

विस्तार से चर्चा कर रहा हूँ, अतः स्टेप-बाय-स्टेप। लेकिन वादा करता हूँ कि जल्द ही आपकी उंगली पकड़कर आपको सुपर-कोन्शियस माइंड से आगे की यात्रा पर ले जाऊंगा।

धन्यवाद!

दीप त्रिवेदी द्वारा लिखित अन्य बेस्टसेलर्स

मैं कृष्ण हूँ

"मैं कृष्ण हूँ" **(6 किताबों की सेट)** बहुआयामी व्यक्तित्व के मालिक 'कृष्ण' के संपूर्ण जीवन की एक बायोग्राफी के साथ-साथ मनुष्यजाति के इतिहास की सर्वश्रेष्ठ रोमांचक कहानी भी है। इस किताब में कृष्ण का जीवन पढ़कर आप उनकी पूरी सायकोलॉजी समझ जाएंगे। इससे आपका सायकोलॉजिकल पॉवर ऐसा तो जागेगा जो जीवन के हर युद्ध में आपके काम आएगा।

3 आसान स्टेप्स में जीवन को जीतो

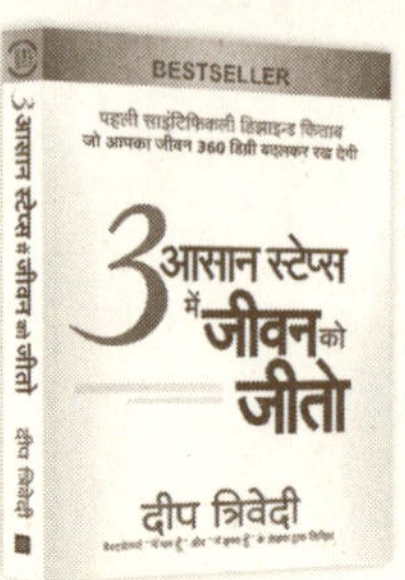

पहली साइंटिफिकली डिझाइन की गई किताब 50+ आसान डे-टू-डे प्रैक्टिकल एप्लीकेशन्स के साथ जो आपका जीवन 360 डिग्री बदलकर रख देगी।

101 सदाबहार कहानियां

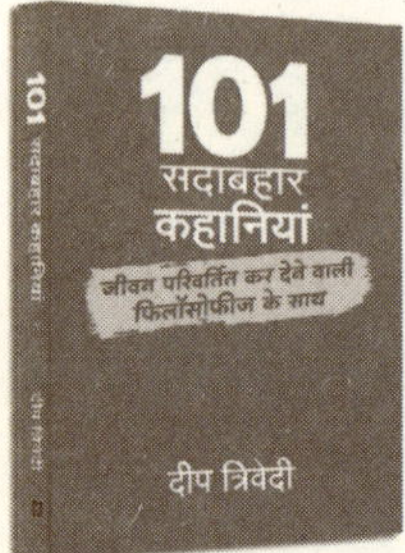

कहानियां, महान लोगों की गहरी शिक्षाओं को समझने का सबसे श्रेष्ठ माध्यम है। सरल भाषा में लिखी हुई इस किताब की कहानियां आपको महान लोगों, कलाकारों और दार्शनिकों के रोमांचक दुनिया की सैर पर ले जाएगी।

आप और आपका आत्मा

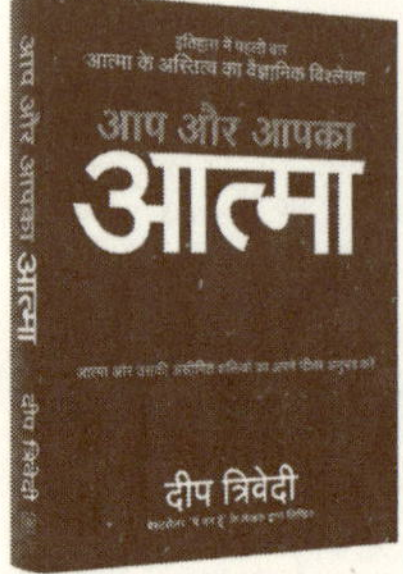

"आप और आपका आत्मा" में पहली बार मनुष्य की सर्वोच्च सत्ता - आत्मा और उसकी शक्तियों को साइंटिफिक तरीके से समझाया गया है। इस किताब के जरिए आप आत्मा और उसकी शक्तियों का अपने भीतर अनुभव कर अपना जीवन आसानी से कई गुना बेहतर बना लेंगे।

कृष्ण के 200+ चौंकाने वाले सत्य

कृष्ण के चाहने वालों को कृष्ण के जीवन के बाबत फैलायी गई हवाई बातों से छुटकारा दिलवाने हेतु, इस किताब में 30 पौराणिक शास्त्रों से गहरी रिसर्च करने के बाद "कृष्ण के जीवन के 200+ चौंकाने वाले सत्य" रोचक सवाल और जवाब के माध्यम से प्रस्तुत किये गए हैं।

सबकुछ सायकोलॉजी है

सायकोलॉजी के फंडामेन्टल्स को अति सरल भाषा में समझाने वाली पहली किताब जो हर क्षेत्र में कार्यरत सभी उम्र के लोगों के लिए सहायक सिद्ध होगी।

उपरोक्त सभी किताबें अंग्रेजी, हिंदी, मराठी और गुजराती में www.aatmanestore.com के साथ-साथ सभी प्रमुख बुक स्टोर्स, ई-कॉमर्स साइट्स और दीप त्रिवेदी ऐप में ई-बुक और ऑडियोबुक फॉर्मेट में उपलब्ध है।

DEEPTRIVEDI APP

now available on

  firetvstick androidtv PWA

- 500+ घंटे का एक्सक्लूसिव ऑडियो और वीडियो कंटेंट जिसे देखिए और सुनिए अपनी सुविधानुसार ऑफलाइन मोड में।
- सुनिए दीप त्रिवेदी द्वारा लिखित ''मैं कृष्ण हूँ - कृष्ण की सम्पूर्ण आत्मकथा'' सहित उनकी अन्य किताबों की 200 घंटों से भी अधिक की ऑडियो बुक्स सिर्फ दीप त्रिवेदी ऐप में।
- दीप त्रिवेदी द्वारा लिखित सभी 24 ई-बुक्स पढ़ें एक्सक्लूसिवली सिर्फ दीप त्रिवेदी ऐप में।
- दीप त्रिवेदी ऐप को अंग्रेजी और हिंदी भाषा में चलाने की सुविधा उपलब्ध।
- देखिए दीप त्रिवेदी के इंटरएक्टिव सेशन्स का लाइव प्रसारण सबसे पहले सिर्फ दीप त्रिवेदी ऐप में। स्लो इंटरनेट स्पीड में भी शानदार ऑडियो और वीडियो प्लेबैक।
- दिन की शुरुआत करें कबीर के अनमोल दोहे, भगवद्गीता के अद्भुत सूत्र और दीप त्रिवेदी के 5000+ सुप्रीम सायकोलॉजिकल कोटेशन्स से।

DeepTalks TAO TE CHING by DEEP TRIVEDI

DeepTalks Ashtavakra Gita by DEEP TRIVEDI

DeepTalks bhagavad gita by DEEP TRIVEDI

DeepTalks Secrets by DEEP TRIVEDI

WORKSHOPS by DEEP TRIVEDI